上海检察文库

检察业务论丛

积极刑法观的确立与展开

Jiji Xingfaguan De Queli Yu Zhankai

曹化◎著

中国检察出版社

图书在版编目（CIP）数据

积极刑法观的确立与展开 / 曹化著 . — 北京：中国检察出版社，—ISBN 978-7-5102-3156-8

Ⅰ. D924.04

中国国家版本馆 CIP 数据核字第 2025MU6094 号

积极刑法观的确立与展开

曹　化　著

责任编辑：刘思昊
技术编辑：王英英
美术编辑：徐嘉武

出版发行：中国检察出版社
社　　址：北京市石景山区香山南路 109 号（100144）
网　　址：中国检察出版社（www.zgjccbs.com）
编辑电话：（010）86423796
发行电话：（010）86423726　86423727　86423728
　　　　　（010）86423730　86423732
经　　销：新华书店
印　　刷：河北宝昌佳彩印刷有限公司
开　　本：710 mm × 960 mm　16开
印　　张：15.5
字　　数：257 千字
版　　次：2024 年 12 月第一版　　2024 年 12 月第一次印刷
书　　号：ISBN 978-7-5102-3156-8
定　　价：50.00 元

总　序

“实践没有止境，理论创新也没有止境。”注重发挥理论研究对检察工作的先导性、基础性、统摄性作用，及时为检察实践和改革创新提供高品质的理论支撑和智力支持，是上海市检察机关的优良传统，也是上海市检察机关推进新时代检察工作高质量发展，推进检察队伍革命化、正规化、专业化、职业化建设的重要抓手。

近年来，上海市检察机关持续学深悟透践行习近平新时代中国特色社会主义思想，全面贯彻习近平法治思想，发扬上海检察理论研究根植实践、勇立潮头、锐意创新、笃行致远的理论品格，依托“大调研”“大研究”工作格局，不断深化理论研究与实务探索的良性互动，持续创新丰富课题制、年会制、论坛制等载体和平台，产生了一批较高质量的理论研究成果，在引领理念、辅助决策、服务办案、助推改革等方面发挥了积极作用，为推动新时代上海检察工作行稳致远提供了有力支撑。

“上海检察文库·检察业务论丛”系列丛书以“理论建设与业务建设相辅相成、学术研究与实践应用统筹兼顾”为目标，主要择优收录本市检察业务专家、检察理论骨干人才和在本市检察系统挂职学者，就新时代检察机关法律监督工作相关重点问题撰写的专著、译著，旨在为检察官构建更为广阔的检察研究成果展示交流平台，以文见人、以文树人，建设高质量检察智库。

丛书编录秉持放眼全局、立足实践，以展示检察学术研究成果的方式，生动展现上海检察官在推进全面依法治国、坚持和完善中国特色社会主义检察制度，促进深化对检察工作基础性、战略性、全局性问题进行的深入思考、理论阐述和研究探索，以期形成既有学科覆盖面与研究的系统性，又具有鲜明的时代特征、检察特质和上海特色的检察理论研究成果体系，从而为推动新时代检察工作高质量发展，更好发挥法治固根本、稳预期、利长远保障作用提供理论支撑和智力支持。

理论是实践的先导、行动的指南。当前，世界百年未有之大变局加速演进，世界之变、时代之变、历史之变的特征更加明显。党的二十大开启全面建设社会主义现代化国家新征程，面对高质量发展对高水平法治保障新要求，面对人民群众在民主、法治、公平、正义、安全、环境等方面更趋多元多样的需求，迫切需要从检察理论和实践的结合上深入回答关于中国式现代化进程中法治保障的时代课题。上海检察机关将把牢宪法对检察机关的职责定位和上海在国家改革发展大局中的战略定位，以时不我待“争一流、走在前、排头兵”的担当，不断推进理论探索和创新，为在法治轨道上全面建设社会主义现代化国家贡献检察力量。

由于水平有限，难免纰漏，不当之处，敬请批评指正。

“上海检察文库”编委会

2022 年 12 月

目录
contents

绪 论

自《刑法修正案（八）》以来，我国刑事立法进入了一个新的活跃期，几乎每两年就要进行刑法典的修订，以应对我国社会发展变革过程中所凸显的各种矛盾和问题。在刑法典修订如此频繁的背景下，思考转型时代刑事立法的方向和路径、确立并发展积极刑法观，业已成为我国刑法学最前沿亦是最重要的课题之一。

随着我国犯罪圈的不断扩张，刑法在一定意义上已经逐渐从古典时代消极保护法益的最后手段演变为积极抗制风险的优选工具。① 这种转变不但深刻地影响着刑事司法实践，也促使刑法学界萌生了积极刑法观的立场和理论。基于“严而不厉”刑事政策的要求，积极刑法观以增设新罪作为立法实践方式，并以法益侵害原理作为刑法理论限制，体现了防范和化解重大风险的政策要求，契合了转型社会的时代背景，满足了民众“体感安全”的价值诉求，有利于填补因刑法规范供给不足造成的法律漏洞。在积极刑法观这一理论的支配下，刑事制裁被视为抑制风险、保障安全的工具，立法者的注意力也从惩治已然犯罪转向了犯罪的防控上，刑法成为针对未来可能发生危险的防范措施。

近年来，刑事立法的活跃化业已成为不可否认的事实，有学者对《刑法修正案（十一）》评价道，“整部修正案就是积极预防性刑法观的立法实践”。学界也基本认同《刑法修正案（十一）》是一次践行积极刑法观的重要体现。但实际上，我国刑法已经经历了一个单行刑法、十二个刑法修正案的修改，对这十三次刑法条文的修改内容进行总体考察，无疑可以对积极刑法观有更深层的把握。

在当下积极刑法观受到热捧而大行其道的背景下，亦有不少学者主张给这一理论“泼冷水”，不少学者甚至旗帜鲜明地反对这一观点，认为无论从现实还是从法理层面而言，积极刑法观都存在许多疑问，应当坚持消极刑法

① 陈璇：《责任原则、预防政策与违法性认识》，载《清华法学》2018 年第 5 期。

观抑或是折衷刑法观的立场。[①] 这些批评意见对我们认识和理解积极刑法观提供了更为全面、开放的视野，理性看待质疑并一一进行回应，以期还原理论的全貌，有助于我国今后刑事立法的科学化发展。

积极刑法观属于典型的预防性立法，当刑法积极回应社会热点和民意，是否会不受控制、演化而成为工具性立法、象征性立法？对此，学界对积极刑法观也提出了诸多隐忧和质疑。当然，对已有刑事立法中不合理现象的质疑不能简单归咎于积极刑法观本身。积极刑法观虽然以一般预防理念为导向，但主张的仍是适度的犯罪化。立法的扩张仍然要在符合法益保护原则、恪守谦抑原则的范围内进行。已有对积极刑法观的批判放大了可能的风险，人为制造了对立。客观来看，积极刑法观仍未摒弃对象征性立法的批判能力，一些表面上看是回应民意的立法实际上蕴含了正当性的深层考量。

当前，风险已经渗入社会生活的各个方面，基于防范和抵御风险的需要，刑法表现出了管制倾向也实属必然。但如何在管制和保障人权之间保持平衡，涉及刑法适用的合理界限问题——这些都成为事关积极刑法观价值选择和实现的、亟待研究和解决的核心问题。作为刑法基本价值的秩序和自由是具有相反属性的、既对立又统一的两种人类基本需求。在现实社会中，秩序和自由的关系问题是事关人类生存和发展的基本问题，如果不能妥善解决，人类社会的生存和发展就会陷入困境——不是在追求秩序中丧失自由和权利，就是在追求自由中陷于失序和动荡。由于对秩序的控制是通过对自由的限制来实现的，因此在加强秩序维护的同时，难免会出现对自由保障的削弱，从而呈现出一个二律悖反的状态。在这种悖反状态下，当秩序和自由的冲突和矛盾达到不可调和的程度时，人们必须寻求一种方式来实现多元利益保护，从而使二者达到平衡并实现效果的最大化。在积极刑法观的语境下，如何协调和消解刑法的秩序与自由之间的价值冲突具有更加深远的意义。如果消解得当，就能维护稳定、安全的社会秩序，为社会发展提供良好的外部条件。反之，如果消解不当，势必会造成社会秩序的混乱甚至动荡不安。对于各类社会风险碰头叠加的形势而言，在业已形成的以积极预防目的为导向的刑法观念面前，如何消解刑法秩序和自由的价值冲突，协调、平衡冲突各方利益，具有更为现实的社会意义。

面对社会风险冲击，刑法既不应在公共政策的挤压下沦为简单的威慑和

---

① 王俊：《积极刑法观的反思与批判》，载《法学》2022年第2期。

控制工具，也不应保守地放任风险蔓延，而应当主动融入风险应对体系，理性选择刑法对策，为风险规制的实现提供有力支持。而作为积极刑法观基本价值的秩序和自由相互作用，共同影响着当前的刑法理论和实践，使刑法呈现出积极主义倾向。其通过法益保护前置、责任主义拓展和一般预防主义凸显等价值外化手段达到预防和控制风险，维护社会秩序和安全，从而在终极意义上实现自由的目的。

确实，积极刑事立法增加了有效的规范供给，具有积极意义，但同时也不能忽视潜藏在积极扩张势头下的风险。仅分析相关的理论及其质疑还远远不够，如何对体系性风险进行防范和控制，以使刑法更好地服务于社会治理，是需要深入探讨的重要课题。准确把握积极刑法观的合理限度，不仅要在立法层面发力，更新优化立法的理念和方法，还要从司法层面着手，坚持司法审慎的观念，合理、妥当、准确地解释和适用刑法条文。尤其在当前轻微犯罪占比大幅上升的社会背景下，如何促使积极刑法观在轻微犯罪处置中得到合理的实现，也是一个亟待解决的重要课题。然而，积极刑法观下轻微犯罪处置的合理运行面临着刑事立法和司法层面、刑事诉讼程序层面，以及刑罚后果层面的诸多困境。如何有效破解这些困境，需要从树立科学的轻微犯罪处置理念、准确把握宽严相济刑事政策、实体和程序统筹推进立法进程、有效提升协同处置成效，以及完善轻微犯罪处置配套机制等方面着手。

本书通过分析积极刑法观的提出背景，探讨相关立法导向转变的原因，明确积极刑法观的基本内涵，阐明积极刑法观的法理基础，明晰积极刑法观的价值选择和具体体现，回应对积极刑法观的质疑，界定积极刑法观的合理限度，并阐释积极刑法观在轻微犯罪处置中的实现，以期对我国相关刑事立法和司法工作的科学、合理开展贡献智识。

第一章　积极刑法观的提出

为了应对进入社会转型期后出现的种种矛盾，我国刑事立法呈现出活跃化的趋势，犯罪圈的不断扩大标志着刑法已经由解释的时代转向立法的时代。自 1997 年《中华人民共和国刑法》施行以来，我国已经颁布了一个单行刑法和十二个刑法修正案，几乎每两年就要对刑法典进行一定的修正。在刑法典修订如此频繁的背景下，思考转型时代刑事立法的方向和方法，提倡并发展积极刑法观已经成为我国刑法学的前沿问题之一。然而，积极刑法观的理论一经提出就产生了大量争论，不少学者旗帜鲜明地反对这一观点，认为无论从现实还是从法理层面而言，积极刑法观都存在许多疑问，应当坚持消极刑法观或是折衷刑法观的立场。因此，有必要比较不同的刑法基本立场，并在准确界定积极刑法观的基础上进行理论展开，具体阐释其核心内涵。

第一节　刑法的基本立场之争

不可否认的是，随着犯罪圈的不断扩张，刑法在一定意义上已经逐渐从古典时代消极保护法益的最后手段，演变为积极抗制风险的优选工具。这种转变不但深刻地影响着司法实践，也使得刑法理论界产生了消极刑法观、积极刑法观和折衷刑法观的立场分歧。对这三种不同的刑法基本立场进行评析，可以很好地比较不同理论之间的差异，并为积极刑法观的提出奠定基础。

一、不同刑法观的基本立场

近年来，我国刑事立法层面的鲜明特点是推进犯罪化，扩大刑法的处罚领域，增设大量法定刑较低的犯罪。对这种积极的立法姿态，刑法理论界出现了大量争鸣，衍生出了消极刑法观、积极刑法观和折衷刑法观三种不同的观点。

（一）积极刑法观

积极刑法观主张通过积极的刑事立法扩大刑法处罚范围，使刑法满足不断变化的社会生活事实的需要。从理论争鸣的现状来看，积极刑法观已然成为理论界通说。持这一立场学者主张，如果教条式地将刑法自身的安定性奉为圭臬，为此不惜经常性地牺牲具体案件处理的妥当性、合理性的话，不但不会有助于法律至上主义观念的形成，反而是对刑法权威的削弱。[①] 在这一思路的影响下，积极刑法观进一步认为，通过增设新罪的法治方式治理社会是“刚性”需求，刑法处罚的早期化是司法现状的必然要求。还有学者认为风险社会和网络社会的交替交织孕育了当代刑法积极预防风险的时代任务，而以犯罪化、危险犯配置、安全价值优位、刑罚积极预防等为特征的预防性立法是集中具象。[②]

显然，积极刑法观具有鲜明的时代特征。面对转型期间出现的种种社会矛盾，积极刑法观主张通过积极行使刑事立法权来扩大犯罪圈，使刑法满足不断变化的社会生活事实的需要。

（二）消极刑法观

同积极刑法观相反，消极刑法观认为，立法机关不应大规模扩大犯罪圈或是进行积极立法，而是应当在保持谦抑性的基础上，继续坚守刑法“最后一道防线”的功能定位。作为古典主义刑法的基本立场及我国的传统刑法理念，消极刑法观获得不少支持，学者们从多种角度对消极刑法观的合理性进行了论证。有学者结合网络时代的社会治理背景，认为消极刑法观既注重刑法规范和刑法外规范的比例供给，又强调法益保护目的和法益手段之间的匹配和均衡，能够保持刑罚系统的“最小比”和刑法介入的“最后性”。也有学者从司法实践的批准逮捕率、提起公诉率等实证数据出发，主张过度犯罪化势必会影响整个刑法资源的投入效益，立法者应当充分意识到犯罪的不可避免性和预防犯罪的高成本性，从而理性地对待犯罪现象，以节省预防和惩治犯罪的成本。还有学者认为，刑法已经被越来越工具主义化，立法的过度犯罪化必将导致国家刑罚权的恶性膨胀和公民个人权利和自由的严重萎缩。

---

① 付立庆：《论积极主义刑法观》，载《政法论坛》2019 年第 1 期。

② 高铭暄、孙道萃：《预防性刑法观及其教义学思考》，载《中国法学》2018 年第 1 期。

甚至还有学者明确指出，基于我国“大国法治”的特点和要求，应当拒绝进一步的犯罪化，并适当进行一些犯罪行为的非罪化。

可以看到，尽管持消极刑法观的学者们分析问题的角度有所不同，但其核心观点都是一致的。消极刑法观的共同主张是，刑事立法应当秉持谦抑的理念，尽可能地缩小处罚范围，从而达到限制权力扩张和保障公民自由的目的。

（三）折衷刑法观

折衷刑法观认为，无论是消极刑法观还是积极刑法观都存在不足之处，正确的做法应当是取二者之长，提倡一种“积极谨慎的刑法观”，即要求“既要充分考虑打击犯罪的需要，又必须采取特别谨慎的态度，始终将刑法对经济社会的干预限制在一定的范围”。[①]这一观点认为，刑法的价值是多元的，因此不能偏执于刑法价值的一端，而是应当兼顾各种价值的平衡。一方面，折衷刑法观肯定刑法积极发展的趋势，认为刑法的发展需要和时代同步，扩张刑法的作用维度有助于维护社会利益及总体安全；另一方面，折衷刑法观也主张虽然犯罪化是无法避免的趋势，但犯罪化确实不应盲目的、情绪化的，而是应当秉持谦抑性，容纳消极刑法观的人文情怀。

尽管折衷刑法观试图调和积极刑法观与消极刑法观，但在本质上，折衷刑法观基本上属于消极刑法观，在积极后面强调谨慎、稳健，实际上是撤回了积极的主张。[②]这样看来，折衷刑法观其实和消极刑法观立场类似，二者的核心观点都是要求立法者谨慎进行刑事立法，将刑法对社会生活的影响控制在最小幅度内。

二、不同刑法观的理论评析

在上述三种观点中，消极刑法观和折衷刑法观同属于传统刑法观，它们秉持古典主义刑法立场，坚守刑法作为“最后法”的体系定位；而积极刑法观则认为，刑法应当关注到复杂多变的社会背景，以更积极、更主动的姿态介入社会生活中。如果只是泛泛地介绍诸种观点的基本理念，最终只能得出一个理论上十分模糊，实践中也似是而非的结论。因此，应当深入分析传

① 郎胜：《在构建和谐社会的语境下谈我国刑法立法的积极与谨慎》，载《法学家》2007年第5期。

② 张明楷：《增设新罪的观念》，载《现代法学》2020年第5期。

统刑法观和积极刑法观的价值取向，在充分比较二者优劣之后作出理性的选择。

（一）传统刑法观的存在问题

以消极刑法观和折衷刑法观为代表的传统刑法观认为，受理性约束的立法必须尽可能针对可以观察的现实侵害确定处罚规范，并保持刑法的明确性、补充性和最后手段性。诚然，传统刑法观对限制公权力扩张、贯彻人权保障具有重要意义，但其过于强调古典自由主义刑法的立场，可能导致刑法机能的单一化，还同我国的刑事立法现状存在脱节，因而并不足取。

1. 传统刑法观的理论依据是古典自由主义刑法理念，但这一立场主要站在保障公民自由的单维角度分析刑法的应然使命，已经显得有些保守和封闭。实际上，传统刑法观的思想源头是启蒙思想和社会契约论，它产生于农耕社会向工业社会过渡的进程中，并将古典自由主义刑法理念和原则奉为圭臬。作为资产阶级反对封建地主阶级的结果，传统刑法观十分警惕公权力扩张，力图最大限度地保障公民个体自由。必须承认，这样的观点在当时具有极大的进步意义，时至今日依然在我国法治化的建设中发挥着不可或缺的作用。然而，传统刑法观的提出毕竟具有鲜明的时代特点，其所极力推崇的保障公民自由、限制国家权力的理念，并不一定能当然地肩负起指导当代立法和司法的重任。换言之，在后工业社会并不存在一成不变的普适性原则，用传统的刑法理念作为批判武器而否定今天的发展，并非是妥当的建设性价值立场。[①] 在社会背景变化的当下，那些固守传统刑法理念，甚至担忧刑法积极介入社会生活会引起刑法的非刑法化的观点，显然是不合时宜的。

2. 传统刑法观偏重人权保障的理念，可能削弱刑法法益保护机能的实现。法益保护和人权保障是刑法两大机能，但传统刑法观过于重视抽象性思考，重视权利保障，却忽略刑法反应的灵活性，限制预防型刑事政策功能的发挥。[②] 特别是随着现代社会互联网科技的迅猛发展，犯罪手段更新迭代速度加快，各类新型犯罪层出不穷，社会危害性也急剧升高。如果真如传统刑法观所要求的那样主要通过非刑罚手段来应对社会风险，无疑会冲击刑法的法益保护机能，最终反向影响人权保障的实现。其实，传统刑法观只能防止将不应认定为犯罪的行为认定为犯罪，却无法解决社会转型期间行为不法性溢

① 孙国祥：《新时代刑法发展的基本立场》，载《法学家》2019 年第 6 期。

② 周光权：《积极刑法立法观在中国的确立》，载《法学研究》2016 年第 4 期。

出了前置法之后的法律规制问题。因此，其单方面强调自由的重要性而忽视秩序在社会生活中的作用，可能只是过于理想地预设了刑法的价值前提，并不值得提倡。

3. 我国刑事立法已经在事实上选择了积极刑法观，此时再要求立法者摒弃既定的思路回归传统刑法观占主导的立法理念和逻辑并不现实。实际上，自 2011 年《刑法修正案（八）》颁布以来，扩大犯罪圈一直是立法的主要特征和趋势，刑事政策发展的倾向也是处罚的扩张与严厉。从晚近多个刑法修正案的制定来看，我国刑事立法已经明显从消极的刑法立法转向积极的侧面。诚如学者指出的那样，拓宽处罚领域、增设大量新罪、转变法益观念、增加处罚手段和赋予社会治理机能构成了现阶段我国刑事立法的重要特点。不难发现，经过十多年的发展和演变，刑法已经不再是传统意义上的最后法、保障法，而是带有了更多的社会防卫、事前预防的属性。特别是从 2020 年出台的《刑法修正案（十一）》来看，整部修正案就是积极预防性刑法观的立法实践，积极刑法观已然在刑事立法中得到了确立和肯定。既然如此，刑法理论界应当采取一种开放和包容的态度，坦然接受立法导向的改变，而不是一味地运用古典自由主义的刑法理念在宏观上批判立法。拒绝正视或是刻意忽略晚近刑法发展的特点，不但无法改变立法活跃化的现状，还可能阻碍刑法教义学发展，存在舍本逐末的嫌疑。

总之，在评价当前我国刑事立法时不应轻率地陷入片面批判的立场，并信誓旦旦地保证“古典自由主义刑法”的优点，事实上，纯粹的古典自由主义刑法从来没有存在过。① 对于立法理念而言，传统刑法观固然存在可取之处，但不可否认的是，它可能更多的是一个理想的方案，而非现实的选择。

（二）提倡积极刑法观的立场

日常生活的浪潮将新的犯罪现象冲刷到了立法者脚前。② 固守传统刑法观已经不能适应不断变化的社会现实。因此，应当转变原有思维模式，坚持积极刑法观的理论立场，让刑法前置、积极地介入社会生活中。

---

① ［德］埃里克·希尔根多夫：《德国刑法学：从传统到现代》，江溯等译，北京大学出版社 2015 年版，第 25 页。

② ［德］米夏埃尔·库比策尔：《德国刑法典修正视野下的刑事政策与刑法科学关系研究》，谭淦译，载《中国应用法学》2019 年第 6 期。

1. 扩大犯罪圈的法益保护功能

近年来，进入转型期的我国社会正在以前所未有的速度迭代发展，人工智能、基因编辑、元宇宙和数据算法等科技革命已经从遥远的概念模型转向现实的技术应用，并极大地重塑着社会日常生活。

然而，在科技不断地为我们提供生活便利的同时，全新的技术风险也随之而来，多种超越传统社会预想的犯罪类型不断出现。如生成式人工智能可能会引发各种新型的煽动类违法犯罪、侵犯知识产权类违法犯罪、诈骗类违法犯罪、侵害数据类违法犯罪、侵犯公民个人信息类违法犯罪，以及教唆用户实施各种传统犯罪等多种违法犯罪的法律风险。[①] 但在我国目前的司法实践中，对人工智能法律风险的认识依然停留在传统层面，司法者主要依赖民事或者行政手段处理相关案件，导致刑法应对通过人工智能实施的新型犯罪应变能力不足。

又如在“贺某某非法行医案”中，行为人在没有取得执业医生资格的情况下，采用安全性、有效性不确定的技术，对人类胚胎实施基因编辑，这对传统刑法理论造成了不小的冲击。法院审理查明，2016 年以来，南方科技大学原副教授贺某某得知人类胚胎基因编辑技术可获得商业利益，即同广东省某医疗机构张某某、深圳市某医疗机构覃某某共谋，在明知违反国家有关规定和医学伦理的情况下，仍以通过编辑人类胚胎 CCR5 基因可以生育免疫艾滋病的婴儿为名，将安全性、有效性未经严格验证的人类胚胎基因编辑技术用于辅助生殖医疗。贺某某等人伪造伦理审查材料，招募男方为艾滋病病毒感染者的多对夫妇实施基因编辑及辅助生殖，以冒名顶替、隐瞒真相的方式，由不知情的医生将基因编辑过的胚胎通过辅助生殖技术移植入人体内，致使 2 人怀孕，先后生下 3 名基因编辑婴儿。

法院认为，3 名被告人未取得执业医生资格，追名逐利，故意违反国家有关科研和医疗管理规定，逾越科研和医学伦理道德底线，贸然将基因编辑技术应用于人类辅助生殖医疗，扰乱医疗管理秩序，情节严重，其行为已构成非法行医罪。根据 3 名被告人的犯罪事实、性质、情节和对社会的危害程度，依法判处被告人贺某某有期徒刑 3 年，并处罚金人民币 300 万元；判处张某某有期徒刑 2 年，并处罚金人民币 100 万元；判处覃某某有期徒刑 1 年

---

① 刘宪权：《ChatGPT 等生成式人工智能的刑事责任问题研究》，载《现代法学》2023 年第 3 期。

6个月，缓刑2年，并处罚金人民币50万元。可是，面对这一严重违背职业道德和社会伦理的犯罪，当时的刑法并没有专门规制基因编辑这种严重侵害人格权、严重违背基本伦理道德行为的合适罪名。[①]法院只能将行为人定性为非法行医罪，所判处的刑罚也仅仅是3年有期徒刑，这显然并不满足罚当其罪的要求。

科技的进步必然会带来具有严重社会危害性的新型犯罪，而新型犯罪往往游离于传统罪名之外，缺乏明确规定。显然，如果继续坚守传统刑法理念，认为通过立法扩大犯罪圈可能使刑法成为“单纯的社会控制手段”，甚至应当重返以自由和人权为核心的刑法，那么司法实践就不能有效应对这些新型犯罪，刑法的法益保护机能也就无法得到圆满的实现。正因如此，积极刑法观才提倡扩大犯罪圈，在实现刑法人权保障机能的基础上激活法益保护机能，让司法者在处理诸如涉人工智能、基因编辑、数据安全等案件时做到有法可依，不至于出现束手无策的情况。

2. 增设轻微犯罪的刑罚阶梯作用

在积极刑法观的主导下，刑事立法增设了大量新罪，仅《刑法修正案（九）》就一次性新增了17个罪名，为历次修正案之最。而综合考察这些新增罪名就可以发现，立法者似乎更青睐于设置法定最高刑为三年以下有期徒刑的轻微犯罪，这引发了不少学者的担忧。如有学者认为，单靠增设轻微犯罪难以改善重刑刑法结构，需要对轻微犯罪立法应当保持谨慎，坚守刑法最小化的基本立场；还有学者认为，增设轻微犯罪存在不少弊病，其错估了刑法在社会治理活动中的作用，误导了我国刑法结构的发展方向，无视犯罪标签带来的严重后果，还加剧了司法资源的紧张。

必须承认，这样的批评意见为认识轻微犯罪立法和积极刑法观提供了一个更全面、更多维的视角。但这样的观点还是理想化地套用了古典自由主义的刑法理念，忽视了在重刑主义依然盛行的当下，增设轻微犯罪实际上起着设置刑罚阶梯、防止轻罪重判的作用。

在司法实践中，实务法官经常面临双重困境：一方面，民众权利意识的苏醒以及各类社交媒体的监督给司法实践带来了无形的压力，对于一些社会

① 田宏杰：《人格权刑法保护：挑战与应对》，载《中国人民公安大学学报》2023年第1期。

危害性较大的新型犯罪，汹涌的民意经常要求对行为人从严、从重处罚。[①]另一方面，我国刑法仍处于精细化的过程中，不少构成要件的规定还比较粗疏，法律漏洞也在一定程度上存在。在二者博弈的过程中，两相权衡之后，司法往往难以抑制其处罚冲动，柔性地、灵活地解释刑法，选择适用重罪处理眼下的难题。[②]正如有学者总结的那样，这种重刑化的处理方式衍生出了司法实践中诸多不当的做法：对于发案率高但并无对应轻微犯罪规定的情形，司法机关可能选择相类似的重罪；对于直觉上危害严重、影响“体感治安”的行为，如果不增设轻微犯罪，被勉强定罪成为大概率的事件；对于新类型案件，没有对应轻微犯罪的，司法上有时甚至不惜类推定罪。

由此可见，在缺乏轻微犯罪立法的情况下，司法者轻罪重判的概率大大增加，这在无形之中增添了被告人的负担。司法实践的做法固然不能认可和迁就，但要求法官直接作出无罪判决显然也并不合适。因此，比较务实的做法应当是提倡积极刑法观并增设必要的轻微犯罪，给行为人设置轻刑化的刑罚阶梯。

第二节　积极刑法观的内涵界定

面对社会转型期间的刑事司法现状，立法者应当选择积极刑法观而非消极刑法观或者折衷刑法观，让刑法更充分地发挥法益保护机能。然而，积极刑法观的内涵究竟为何？刑法理论界对这一问题的理解可谓百花齐放，目前尚未达成一致的意见。因此，有必要对积极刑法观的规范概念和提出背景作出分析，并在此基础上对积极刑法观的立场进行具体的理论展开。

一、积极刑法观的概念

概念的界定是推进研究深入的前提，在理论观点层出不穷之时，更应当把握积极刑法观的本质，明确其基本立场。实际上，积极刑法观并非我国独有的命题，域外大陆法系国家也一样面临着活跃的刑事立法带来的难题，可

---

① 陈烨：《法定犯违法性认识必要说：我国现行刑事立法框架下如何坚守》，载《政治与法律》2017年第7期。

② 周光权：《论通过增设轻罪实现妥当的处罚》，载《比较法研究》2020年第6期。

以从比较法的角度考察域外刑法理论的研究现状。

（一）积极刑法观的域外考察

1. 积极刑法观在日本的发展

在日本，自2004年后刑事立法的指导理念就朝着积极刑法观靠拢。在积极刑法观的指导下，日本立法者制定和修改了多部单行刑法和附属刑法，其中比较重要的立法内容包括创设了部分缓刑制度，增设了买卖人身的犯罪、破坏计算机信息系统的犯罪、共谋罪等新类型的犯罪，对性犯罪进行了大幅修改，将刑法典中的危险驾驶等犯罪纳入单行刑法中。面对如此频繁的法律修订，日本刑法理论界发出了"立法静止的时代已经过去，立法的时代已经到来"的感慨，并将立法实践背后的积极立法理念作为研究重点。

就争鸣的现状而言，理论界普遍承认刑事立法的活跃化是目前日本刑法立法的关键特征。诚如日本学者指出的那样，就连"如金字塔一样沉默着的"日本立法机关，现在也在不断通过修改法律来设立新的处罚规定，对于原来就被认为是犯罪的行为则在不断加重其刑罚。但与我国不同的是，日本刑法理论界并未出现积极刑法观和消极刑法观的争锋，而是通过学术争鸣不断完善积极刑法观，阻止立法者过度的犯罪化。如松宫孝明教授分析了1987年以来日本刑法的修改，指出刑法发展的方向应当是"市民刑法"而非"敌对刑法"，立法者应当综合考虑刑事立法在社会融合中的作用，并制定特定的刑事政策，否则可能导致"永久战争"和"社会解体"；又如川端博教授认为，在全球化、国际化浪潮的冲击下，基本法典不可避免地需要被修正，而刑法学说在立法时代承担的实践任务应当是提高理论的采用可能性，重新激活立法论的研究；井田良教授更是明确指出，置身复杂多变的社会中，用抽象度极高刑法谦抑理论或是侵害原则去演绎立法并没有多少说服力，正确的做法应当是围绕着处罚早期化、特殊原理一般化以及刑法国际化的命题开展研究。

尽管日本学者们都从各自的角度对这种立法积极的态度进行解读或者批判，但贯穿于论证过程中的基本观念却是一致的，即刑事法学必须随着时代的变化而变化，这是最基础的共识。在此基础之上，学者们或通过刑事政策的完善提醒立法者"过犹不及"，或开展立法论的研究重新定义理论和实践的关系，或发掘积极刑法观中的微观命题进行理论展开，共同为积极刑法观的发展和繁荣奠定了基础。

2. 积极刑法观在德国的发展

自 20 世纪 50 年代起，德国就开始酝酿刑法典的大规模改革。以 1969 年两部《刑法改革法》的出台为标志，德国《刑法典》开启了近 50 年的修订历程。就修订内容而言，德国立法者不仅在侵犯人身法益的犯罪、经济和财产犯罪、危害公共安全的犯罪、环境犯罪和性犯罪等领域增设大量条款，还频繁地在恐怖主义犯罪和有组织犯罪等领域开展立法活动；为了填补因时代发展所带来的法律空白，立法者又在计算机犯罪等新兴领域增设了大量的罪名；通过扩大犯罪范围、提前处罚时点、降低入罪标准，立法者逐步确立了刑罚积极主义的姿态，通过加大刑罚处罚力度、完善保安处分措施、改革刑事没收制度，又进一步强化了刑法的社会防御功能，凸显了刑事立法欧洲化和国际化的特征，也反映出刑罚处罚早期化和重刑化的趋势。

分析德国《刑法典》的修改内容就不难发现，德国立法者在过往半个世纪中日趋侧重功能主义的积极刑事立法观，导致德国刑法逐步从传统法治国背景下的法益保护法和市民防御法转向以社会控制为主导的国家干预法和社会防卫法。尽管在德国理论界的讨论中并不存在积极刑法观这一概念，但德国通说其实早已采纳了积极刑法观的理念，积极的一般预防、象征性立法等与其息息相关的元素已然成为讨论德国刑事立法的底层逻辑之一。换言之，针对目前德国刑事立法出现的积极立法现象，德国理论界已经在大体上达成共识。他们认为，面对新颖、复杂且重大风险挑战，并且回应公众不断增长的安全需求，刑法往预防方向的发展是有必要的，而刑法前置化被视为预防型刑法体系的关键特点和工具之一。

德国刑法理论界并不是一味地褒扬或者赞颂积极刑法观。当立法者设计出这些保护公共安全的规则时，德国学者也呼吁，需要警惕可能因此产生的过度侵蚀个人自由、动摇刑法本身稳定性等风险。对一名德国刑法学者而言，积极主义刑法始终离不开德国宪法框架中的分权原则、法治国原则和民主原则，因此有必要为这种“积极”设置一些具体的限制性要素。[①] 在德国学者看来，“法益保护、举止引导和适度的象征效果”“比例原则、实证检验和责任原则”“明确性原则”以及“区分刑法解释和类推”应当成为限制积极刑法观的四个要素，并在具体的法律实践中得成为优良刑事政策的建构标

① ［德］弗兰克·萨利格：《积极主义刑法与象征性刑法》，郑童译，载《国外社会科学》2022 年第 3 期。

准。需要注意的是，随着德国《刑法典》通过个别条款的修正形式，渐次积累，几乎从根本上修改了刑法典，这种要求限制积极刑事立法或者批判现行刑法理念的观点越来越多，导致此前一直主导刑法改革话语的刑法理论，却在此过程中逐渐转向为纯粹的批判者。[①] 因此，积极刑法观在德国理论界的通说地位虽未受到根本性的动摇，但也面临不少冲击。

（二）积极刑法观的基本主张

观察上述日本和德国刑事立法及刑法理论的最新动态就不难看到，两国立法者不约而同地选择了犯罪化、处罚早期化和重刑化的做法，理论界也基本接纳了积极刑法观。社会的发展必然伴随着风险增加，刑事立法的积极倾向不但不会衰减，反而会呈持续强化的趋势。这一现象并非日本或者德国独有，在大陆法系其他国家和我国也同样存在。因此，德日刑法理论对积极刑法观的研究无疑可以为我国刑法理论界提供重要的学术参考资源。整合并提炼域外相关理论可以发现，无论是赞成积极刑法观还是反对这一观点，学者在论述时都离不开对三个问题的解答：一是积极刑法观的刑事政策依据为何？二是积极刑法观的立法实践方式为何？三是积极刑法观的刑法理论限制为何？明确了这三个问题的答案也就明确了积极刑法观的基本主张。

1. 严而不厉是积极刑法观的刑事政策依据

一般认为，刑事政策是指代表国家权力机关的公共机构为维护社会稳定、实现社会正义，围绕预防、控制和惩治犯罪所采取的策略和措施，以及对因此而牵涉到的犯罪嫌疑人、犯罪人和被害人所采取的态度。在我国，刑法参与社会治理的基本政策是严而不厉，这一刑事政策的核心内涵是刑罚的轻缓化和法网的严密化，通过修改实体法、程序法和行政措施来调整我国刑事立法的结构，并进一步实现犯罪控制和人权保障之间的平衡。无论是从“严”还是“不厉”的维度分析，积极刑法观完全契合这一基本刑事政策的要求。

一是积极刑法观要求立法者通过刑事立法扩大犯罪圈，体现了严而不厉刑事政策“严”的侧面。众所周知，扩大犯罪圈意味着法益保护的前置化和宽泛化。在积极刑法观看来，需要保护的法益日益增多已是不争的事实，法益这一概念的内涵和外延正在不断延展。随着社会的发展变化，原本不被认为是利益或者原本不会被侵害的利益，现在却是重要利益并且受到了严重侵

---

① ［德］米夏埃尔·库比策尔：《德国刑法典修正视野下的刑事政策与刑法科学关系研究》，谭淦译，载《中国应用法学》2019 年第 6 期。

害。[①]诚如学者指出的那样，因为事后惩罚是对已然之罪的追惩，难以实现防患于未然的效果，所以刑法应当适时发挥前瞻性作用和预防性功能，提前加入犯罪的打击环节，实现维护社会的机能。在这种情况下，积极的一般预防应当成为刑事治理的理念，而通过刑事立法增加新罪名或者扩张原有罪名的构成要件，无疑成为发挥刑法法益保护机能最有效率的手段。总之，法益概念的变化和现代社会的客观情况呼唤刑法继续对之前被忽略的法益进行保护，刑法不得不通过扩大犯罪圈的做法来满足严密刑事法网的要求。

二是积极刑法观反对盲目地进行立法，特别注重对重刑化趋势的批判和纠偏，体现了严而不厉刑事政策"不厉"的侧面。有学者认为，历部修正案中法定刑调整，无论是主刑还是附加刑，无论是刑种变化还是量刑区间的调整，都凸显了立法上的重刑化趋势，且重刑化趋势逐渐加剧。为了扭转这一立法倾向，恢复严而不厉刑事政策原本的面貌，积极刑法的支持者提出，立法对刑罚的设置应当尽可能轻缓化，刑罚对于被告人权益的限制和剥夺，唯有在与其罪行相对应且合乎防止犯罪目的所需的最小限度内，才有可能符合法治要求。因此，反对重刑配置应当是现代刑法立法的题中之义。[②]由此可见，积极刑法观追求轻刑化，这不但是对以往立法理念的纠偏，也是对严而不厉刑事政策中"不厉"侧面的贯彻。

2. 增设轻微犯罪是积极刑法观的立法实践方式

在严而不厉的刑事政策指导下，积极刑法观认为应当扩大犯罪圈，并反对重刑化的立法趋势。不过，积极刑法观并非支持盲目地增设犯罪，而是主张增设有效的轻微犯罪立法。[③]如学者指出的那样，从近十年来全国刑事犯罪的发案特点、犯罪类型、判处刑罚轻重等情况及统计数据看，我国当前刑事犯罪总体上以轻微犯罪和法定犯为主，这就决定了我们要与时俱进调整完善犯罪对策，积极探索建立中国特色、时代特色的轻微犯罪处置机制。增设轻微犯罪正是积极刑法观在立法实践上的投影，完善轻微犯罪处置不仅关乎我国刑法现代化的推进，还涉及积极刑法观的理论实现。

---

① 张明楷：《增设新罪的观念》，载《现代法学》2020 年第 5 期。

② 周光权：《法定刑配置的优化：理念与进路》，载《国家检察官学院学报》2022 年第 4 期。

③ 欧阳本祺、秦长森：《积极刑法观的实践修正与功能完善》，载《东南大学学报》2023 年第 2 期。

实际上，增设轻微犯罪具有极强的现实意义。对于增设轻微犯罪的法治效果，积极刑法观的支持者进行了如下凝练：一是增设某些新罪能够避免被告人“吃亏”；二是不增设轻微犯罪，罪刑法定原则很可能被动摇；三是“备而不用”的轻微犯罪立法也可以发挥维护社会秩序的功能。在这样的理解下，增设轻微犯罪符合我国刑法去工具主义化的转型趋势，是人本思想的集中体现，也符合现代刑事法治的核心旨趣。

之所以将增设轻微犯罪视为积极刑法观的立法实践方式，是因为轻微犯罪的增多利于调节我国的刑法结构，在严密法网的同时也是对传统犯罪治理模式的更新。在 1979 年《刑法》施行初期，面对自然犯为主的司法现状，刑法参与社会治理的手段是严刑峻罚，“严打”被认为是理所当然的刑法理念。换言之，传统的犯罪治理模式存在工具主义的倾向：在控制犯罪的手段上，强调重刑主义，认为打击消灭犯罪必须使用重刑，刑法惩治敌对势力、维护社会稳定的功能被国家决策层充分认可并推广。[①] 然而，1979 年《刑法》颁布已逾 40 年，支撑传统犯罪治理模式的立法导向和实践情况早已发生了翻天覆地的变化。从刑事立法来看，法定犯的时代已经到来，自 1997 年《刑法》颁布之后，十二次刑法修正案使得法定犯在整部刑法条文中占到了绝对比重，传统自然犯的法条规定已然萎缩。从刑事司法来看，轻微犯罪犯罪人的数量显著增多，判处 3 年有期徒刑以下刑罚的轻微犯罪案件人数占比从 1999 年的 54.4% 上升至 2023 年的 82.3%。其中，审查逮捕案件中盗窃罪，诈骗罪，帮助信息网络犯罪活动罪，掩饰、隐瞒犯罪所得、犯罪所得收益罪，开设赌场罪合计占 48.4%。审查起诉案件中危险驾驶罪、盗窃罪、帮信罪、掩隐罪、诈骗罪合计占 53.7%。立法、司法现状的改变伴之以风险社会理论、恢复性司法理念的提出，再坚持“严打”“重刑”的犯罪治理模式，显然已经不合时宜了。以人民为中心是中国式法治现代化的根本价值，而传统刑治模式体现的是工具主义的物本逻辑。[②] 因此，我国刑法现代化的过程中必然包含去工具化的要求，而增设轻微犯罪正是革新传统重刑犯罪治理模式的有效手段。

总之，去重刑化伴随适度犯罪化构成我国刑法现代化两翼，增设轻微犯

① 高铭暄、曹波：《新中国刑事治理能力现代化之路》，载《法治研究》2019 年第 6 期。

② 刘艳红：《民刑共治：中国式现代犯罪治理新模式》，载《中国法学》2022 年第 6 期。

罪作为积极刑法观的立法实践方式，必然会在刑法去工具主义化的进程中扮演重要角色。

3. 法益侵害原理是积极刑法观的刑法理论限制

积极刑法观是严而不厉刑事政策的体现，并试图通过增设轻微犯罪的立法实践方式来修正传统的犯罪治理模式。但不少学者却担心，如果不理性设定积极预防性刑法观的边界，那么，积极刑法观和激进刑法观也就是一步之遥，甚至当下的积极预防性刑法观可能已是激进刑法观了。也有学者认为，在积极刑法观主导下，我国轻微犯罪立法中呈现出法益保护前置化、罪名过度精细化、仅具有规范宣示意义的象征化等特征，这样的做法限缩了个人权利的空间，导致罪刑体系支离，还加剧了法律实效的短绌化。上述担忧和批评其实大可不必存在，积极刑法观并不“激进”，其内化了法益保护原理作为限制，并不会出现所谓的正当性危机。

首先，法益保护早期化以比例原则为限制，不至于出现刑法全面干预社会生活的立法模式。所谓法益保护早期化是指不待发生法益侵害，就将前阶段的行为进行犯罪化。其具体表现形式包括预备行为实行化、共犯行为正犯化等，如我国反恐怖主义犯罪、帮助信息网络犯罪活动罪都存在法益保护早期化的现象。这种刑事立法的特点意味着刑法介入市民生活范围的扩张，具有转变为以预防为目的的积极刑法的可能。① 而在积极刑法观看来，法益保护的早期化虽然十分重要，却并非毫无边界，比例原则正是其重要补充。

按照通说，比例原则包括三个原则：一是妥当性，即所采取的措施可以实现所追求的目的；二是必要性，即除采取的措施以外，没有其他给关系人或者公众造成更少损害的适当措施；三是相称性，即采取的必要措施与其追求的结果之间并非不成比例（狭义的比例性）。② 因此，比例原则对法益保护早期化的限制也主要体现在如下三个方面：第一，在设置预备行为实行化或者共犯行为正犯化的条款时，比例原则要求立法者检讨这种刑法前置的做法本身能否达到法益保护的效果，即追问处罚该行为是不是实现该目的的适当手段，力图杜绝情绪化立法的现象；第二，在刑法提早介入社会生活时，比

---

① 刘瑞瑞：《积极刑法立法观下法益论局限分析》，载《社会科学战线》2021年第9期。

② [德]哈特穆特·毛雷尔：《行政法学总论》，高家伟译，法律出版社2000年版，第238–239页。

例原则要求立法者审视是否确实有必要运用刑罚这一最严厉的制裁手段进行规制，防止刑事立法过度反应，即只有在民事和行政手段都不足以或者来不及对重要法益进行保护时，刑法才能进行例外的前置；第三，立法者需要在比例原则的指导下，具体进行法益衡量，衡量设置刑罚法规所丧失的利益和所获得的利益时，所获得的利益是不是更大。由此可见，法益保护的早期化并非学者批评的那样属于功能主义刑法的极度扩张，在比例原则的约束下，其具有相当的合理性。

其次，法益保护的抽象化意味着集体法益地位的抬升，但这并不当然地导致个人法益被侵害。法益保护抽象化的立法表征是刑法中抽象危险犯的增多，新增设的犯罪主要集中在危害公共安全罪、破坏社会主义市场经济秩序罪和妨害社会管理秩序罪三章，这些犯罪都或多或少具有抽象性特质。随着科学技术的发展，出现了一些高度危险源以及与之相关的高度危险行为，为了更好地保护法益，刑事立法被要求前置，导致危险犯尤其是抽象危险犯的立法增多。[①]对此，有学者批评道，法益保护的抽象化可能使刑法变成国家保护法，进而使得损害个人法益现象的发生；公共秩序法益作为集体法益的一种，其产生之初虽然是为了更好地保护个人法益，但当其成为独立于个人法益之外的集体法益之时，也存在可能对个人法益造成侵害的风险。诚然，法益的抽象化不可避免地产生了原本十分具体的个人法益被抽象为集体法益、秩序法益的问题。但在积极刑法观看来，刑事立法所要规避的是为极少数个人谋利或者不具有实际效用的象征性立法，如果集体法益能够还原为普遍个人利益，其正当性就得以肯定。这就要求立法者在设置抽象危险犯时，应当排除道德伦理、社会风俗或者民众“体感安全”等纯粹抽象的内容，减少仅具有象征意义的为了谋求刑法之外的目的，就像安抚选民或者表达国家自我姿态的法律规定。换言之，在现代法治国家中，抽象法益的内容应当服务于现代社会中人的目的实现，唯有在人的广泛规范性交往中形成的，符合人的生存和发展必要条件的社会利益，才能成为刑法抽象法益的内容。[②]

最后，法益侵害的程度是设定法定刑的依据，刑法对原有罪名法定刑的修改或是新罪名法定刑的设置需要匹配该罪法益侵害程度。总体来说，预备犯、抽象危险犯就其行为本身实现法益侵害的危险性而言，都比较低。既然

---

① 刘军：《危险驾驶罪的法理辨析》，载《法律科学》2012 年第 5 期。

② 高颖文：《论现代刑法中的抽象法益》，载《荆楚法学》2023 年第 2 期。

刑法前置化现象（包括预备行为实行化、共犯正犯化和抽象危险犯等）法益侵害程度不高，那么自然应当对此设置较低的法定刑。然而，通过梳理我国刑法分则中罪名的法定刑可以发现，预备行为实行化和共犯正犯化的法定刑设置较为合理，但抽象危险犯的重罪数量明显较多。尽管有些抽象危险犯所保护的法益具有更为明显的重要性，但对抽象危险犯相应法定刑的配置应当尽量采取轻刑，因为毕竟是对抽象危险制造行为的刑事处罚，而且已经在抽象危险阶段予以了刑法拦截。[①] 因此，完全没有必要对抽象危险犯大规模设置重刑，现阶段的刑事立法在一定程度偏离了积极刑法观的原意。刑法修改的当务之急是在增设轻微犯罪的基础上，对原有抽象危险犯的法定刑进行一定程度的降低，降低整部刑法典中的重刑比例。

二、积极刑法观的提出背景

基于严而不厉刑事政策的要求，积极刑法观以增设新罪作为立法实践方式，并以法益侵害原理作为刑法理论限制。在这一理论的支配下，刑事制裁被视为抑制风险、保障安全的工具，立法者的注意力也从已然犯罪转向了未来犯罪的防控上，刑事处罚成为针对未来可能发生危险的反应。可以说，我国刑事立法的立法理念已经发生了深刻的变化。众所周知，法律是在社会之中运行，同时社会又是法律调控的对象。社会的变迁势必会对法律的发展提出新的要求；反过来，法律层面的变化也必然直接或者间接反映的是社会变迁所带来的影响。因此，对积极刑法观的提出背景进行分析，可以深入探索立法导向转变的原因，从而更好地把握积极刑法观的理论内涵。

（一）防范风险的政策要求

积极刑法观深受政策的影响，特别注重诸多轻微犯罪罪名的增设，这既是对中国式现代化政策要求的贯彻，也是对防范和化解重大风险命题的回应。习近平总书记强调，“进一步全面深化改革，要紧扣推进中国式现代化这个主题”。党的二十大擘画了全面建设社会主义现代化国家的宏伟蓝图，确立了以中国式现代化全面推进强国建设、民族复兴伟业的中心任务。推进中国式现代化，是新征程上凝聚全党全国人民智慧和力量的旗帜，也必然是进一步全面深化改革的主题。而防范和化解重大风险，正是推进中国式现代

---

① 刘浩：《我国抽象危险犯立法的整体考察及法益分析》，载《比较法研究》2024年第3期。

化进程中的关键词。

从政策层面上看，我国面临的严峻风险形势已被高度关注。早在2012年11月15日，习近平总书记在党的十八届一中全会上就首次提出，面对复杂多变的国际形势和艰巨繁重的国内改革发展稳定任务，要着力解决经济社会发展中的突出矛盾和问题，有效防范各种潜在风险；在2015年10月29日，党的十八届五中全会第二次全体会议再次强调，必须把防风险摆在突出位置，做到“图之于未萌，虑之于未有”；在2017年12月18日至20日中央经济工作会议上，防范和化解重大风险就已被国家纳入三大攻坚战之首；在2019年1月21日召开的“省部级主要领导干部坚持底线思维，着力防范化解重大风险”专题研讨班上讲话时，习近平总书记指出，大家要坚持守土有责、守土尽责，把防范化解重大风险工作做实做细做好。由此可见，进入新时代，防范和化解重大风险已成为一个全新且重要的课题。

防范和化解重大风险已是国家重要的治理行为，并且对风险的防化效度直接体现国家的治理能力和治理水平，甚至还是实现国家治理能力和治理水平的重要途径。[①] 刑事立法的指导理念选择必须看到这一政策要素，提供防控重大风险的有力手段。尽管有学者提出，如果基于政治的、伦理的、义务服从的立场来界定法益，那么，一方面容易使法益概念受到非法律因素的左右，随政治政策摇摆，对刑法理论和刑法实务构成潜在的危险，另一方面则容易得出“犯罪是违反义务或者违反伦理的行为”的结论，显然这是不足取的。[②] 然而，刑法尤其具有国家导向性，其对文化及政治特殊性的融合超过了几乎所有其他部门法，要想完全去除政策因素对刑事立法的影响，显然是不现实的。实际上，积极刑法观正是响应了中国式现代化的政策要求，成为防范和化解风险的立法选择。以《刑法修正案（十一）》为例，其通过增设妨害安全驾驶罪以管控交通风险，增设危险作业罪以管控生产、作业风险，增设妨害药品管理罪以管控药品管理风险，增设妨害传染病防治罪以管控传染病传播风险，这些修改都体现了积极刑法观对日常生活中的社会风险防治。此外，积极刑法观也注重对非日常社会生活风险的防控。对于疫情反映

① 姜敏：《积极刑法观之面相、根据和实践限度的教义学分析》，载《法学评论》2022年第6期。

② 韩瑞丽：《刑法法益的精神化倾向及其限定原则》，载《郑州大学学报》2011年第6期。

出的公共卫生风险以及高科技可能诱发的严重公共卫生风险，积极刑法观进行了回应，新设了非法植入基因编辑、克隆胚胎罪、非法采集人类遗传资源罪和非法引进、释放、丢弃外来入侵物种罪，并修订了妨害传染病防治罪的犯罪构成。正如学者指出的那样，这些罪名的设置对国家防化重大风险之政策予以了回应，进一步严密了这些领域的刑事法网，为管控重大风险提供了可依据的规范。这样看来，积极刑法观是中国式现代化政策要求的体现，其蕴含的防范、化解风险的功能和作用不容忽视。

（二）社会转型的时代背景

所有法律的产生和变动都是时代背景的产物，刑事立法的修改也不能例外。任何社会理想总是要适应现实的社会关系，法律命题也只是现实社会的规范写照。人们之所以要创造一定的法律命题，是因为现实的社会生活提出了这种要求。如果现实中并不存在这种要求，就不可能为保障其实现而提出法律命题。[①] 毫无疑问，随着人工智能、自动驾驶、基因编辑、信息数据等新兴技术的涌现，无处不在的风险已成为当代我国社会的底色，积极刑法观在我国的出现和发展正是时代背景的真实写照。

对风险的强调和恐惧使人们对于刑法的预防功能寄予了深切厚望，人们期望这一强有力的制裁措施可以在防范风险、保护社会方面发挥其他预防措施所无法比拟的强大威慑作用。如对电信诈骗、生物安全、环境污染和金融投资等领域诱发的问题，民众往往不满足于司法机关运用民事或者行政手段进行规制，而是更多地要求动用刑事手段严惩行为人。与此同时，风险社会的到来还意味着社会中各个要素的转型，在这层意义上，完全可以认为转型社会就是风险社会的另一种表达。转型社会中各个要素的博弈和重组会导致很多问题，比如社会结构的失衡、资源分散化、失衡结构的分层化、利益格局的多元化、思想观念的差异化、经济差距的两极化和价值的多元化等。由此可见，风险社会带来了诸多新挑战、新问题，亟须刑法理论进行回应。

面对复杂多变的社会，如果法律不能随机应变，那就会相互矛盾：一方面，稳定的法律难以和变化的社会对接，出现法律和社会的隔阂；另一方面，过度随机应变会导致法律意义的流变，法律的不确定性就会经常出现，法律的可预测性就会落空。[②] 如果刑事立法理念不能妥善处理、应对这些问

---

① 何荣功：《预防刑法的扩张及其限度》，载《法学研究》2017 年第 4 期。

② 陈金钊：《法律如何调整变化的社会》，载《清华法学》2018 年第 6 期。

题，就难以符合法治现代化的要求。特定时期的刑法应当具有符合这一时期社会背景的特色，并回应治理社会的要求，且应当成为司法实践经验和特征的积累和反映。刑法是社会发展的产物。近现代刑法是工业革命的产物。工业革命日渐衰退，网络社会也不甘落后，共同筑成格局迥异的社会形态。传统刑法体系已经暴露不适状态，刑法积极干预的姿态日益清晰，主动介入和积极预防的举措纷至沓来。① 以往注重安定性和谦抑性的传统刑法观无法解决转型社会的犯罪新问题，新生风险的超前和事后惩戒的迟滞这对矛盾迫使立法者考虑事前预防的重要性。因此，主张扩大犯罪圈、处罚前置化的积极刑法观也是当前的时代要求和必然结果。

（三）“体感安全”的价值诉求

从历次刑法修订的内容来看，我国刑事立法集中在恐怖犯罪、网络犯罪、环境犯罪、公共安全犯罪等领域，立法者以一种积极的姿态应对日益突发的各类风险。这种积极刑法观的立法实践很好地回应了国民“体感安全”和民众安全感的需求。

不可否认，在社会转型时期，社会成员精神上或者心理上的负荷在不断提高，对安全的追求比以往任何时代都更加迫切。正因为国民的不安感显著增加，多数国家在提高物理或者身体安全性的同时，在所谓的象征性事件中也在试图通过立法谋求心理上或者精神上的安全感。② 作为民众不安全的恐慌和不安心理的回应，积极刑法观主导下的刑事立法起到了公众情绪安抚作用，其以一种强硬的方式和手段表达了国家对风险控制的态度，因而具有广泛的民意基础。

然而，对于民众“体感安全”的价值诉求，有不少学者表示不以为然，并认为这会导致纯粹的象征性立法，因而不值得提倡。如松原芳博教授认为，为了回应国民“体感治安”的降低，试图保护其“安心感”，作为象征性立法的色彩要更浓一些；刘艳红教授也认为，象征性立法是立法者在特定时空和社会背景下对于社会问题的情绪或者价值偏好，并无实证成效；这种立法以犯罪化为主，而不服务于法益保护；甚至有观点认为，如果公众由于概率忽视的原因从情绪化的立场出发，向刑事司法审判提出了风险规制的诉求，功能主义刑法解释若基于回应公众诉求的考量则应当予以规制，即动用

① 孙道萃：《刑法既要秉承谦抑也应发挥预防功能》，载《检察日报》2017 年 5 月 15 日，第 5 版。

② 何鹏、李洁：《危险犯与危险概念》，吉林大学出版社 2006 年版，第 182 页。

刑事司法资源规制并不实际达到风险标准的具体事件，这无疑是一种刑事司法资源的浪费，且在一定程度上滥用了刑法，有损刑法的威严。

可以说，上述批评意见十分中肯且直击要害，积极刑法观必须加以正面回应。那些认为积极刑法观可能导致纯粹象征性立法的观点，是把刑事立法的立法动因同刑法法益保护的任务混淆了。新的社会矛盾不断滋生，民众不安全感加剧，这要求立法者顾及“体感安全”的诉求，积极地介入社会日常生活之中。换言之，“体感安全”只是刑事立法的立法动因，其作用是提醒立法者需要注意到这一社会现象，并及时采取措施进行回应。一旦立法者经过评估，认为需要通过刑事立法来满足这一价值诉求时，“体感安全”的使命就已经结束。而在随后的立法过程中，无论是设置新罪还是调整旧罪的构成要件，都必须以积极刑法观语境下的法益侵害原理作为指导和限制，立法者不会把“体感安全”这种极度抽象的利益作为刑法保护的法益来对待。因此，积极刑法观始终同纯粹的象征性立法保持着距离，不会出现刑法的任务在不知不觉中开始从保护法益向保护国民的安全感和信赖感过渡的现象。

总之，虽然在刑法扩张下可能出现个别立法的应急性、情绪性问题，但总体上不存在过度或者错误的犯罪化以及纯粹的象征性立法。[①] 民众对“体感安全”的价值诉求作为立法动因有其存在合理性，对此进行适当回应并不会对刑法的机能造成损害。

（四）规范供给不足的现实困境

从法条内容来看，我国自 1997 年《刑法》施行之后颁布了一个单行刑法和十二个刑法修正案，刑法的修改频次之多、修改内容之大都位居世界前列。然而，我国刑法的总体结构依然是刑罚处罚较重但罪名和构成要件设置较为粗疏，看似规定的具体犯罪十分全面，各类特殊领域都有兼顾，但刑法规范供给不足。缺乏类型性的一个突出表现是，对许多犯罪缺乏基本法条的规制，导致原本只需要一个法条就可以描述的犯罪行为，刑法典却用了十几个法条甚至更多的法条，其中最典型的立法例莫过于我国刑法对背信罪和强制罪的规定。

背信罪，又称背任罪或者违背任务罪，是指依法律、公务机关命令或者法律行为为他人处理事务的人，为谋求自己或者第三者的利益，或以损害他

---

① 高铭暄、孙道萃：《总体国家安全观下的中国刑法之路》，载《东南大学学报》2021 年第 2 期。

人的利益为目的，而违背其任务，致使他人财产遭受损失的行为。强制罪，是指以暴力、胁迫方法，强迫他人为一定之作为、容忍或者不作为的行为。[①]我国刑法规定了大量特殊情形下的背信罪和强制罪，如表1、表2所示。

表1　我国刑法中的背信罪梳理

刑法条文	罪名	法条内容
第一百六十六条	为亲友非法牟利罪	国有公司、企业、事业单位的工作人员，利用职务便利，有下列情形之一，致使国家利益遭受重大损失的，处三年以下有期徒刑或者拘役，并处或者单处罚金；致使国家利益遭受特别重大损失的，处三年以上七年以下有期徒刑，并处罚金： （一）将本单位的盈利业务交由自己的亲友进行经营的； （二）以明显高于市场的价格从自己的亲友经营管理的单位采购商品、接受服务或者以明显低于市场的价格向自己的亲友经营管理的单位销售商品、提供服务的； （三）从自己的亲友经营管理的单位采购、接受不合格商品、服务的。 其他公司、企业的工作人员违反法律、行政法规规定，实施前款行为，致使公司、企业利益遭受重大损失的，依照前款的规定处罚。
第一百六十八条	国有公司、企业、事业单位人员失职罪，国有公司、企业、事业单位人员滥用职权罪	国有公司、企业的工作人员，由于严重不负责任或者滥用职权，造成国有公司、企业破产或者严重损失，致使国家利益遭受重大损失的，处三年以下有期徒刑或者拘役；致使国家利益遭受特别重大损失的，处三年以上七年以下有期徒刑。 国有事业单位的工作人员有前款行为，致使国家利益遭受重大损失的，依照前款的规定处罚。 国有公司、企业、事业单位的工作人员，徇私舞弊，犯前两款罪的，依照第一款的规定从重处罚。
第一百六十九条	徇私舞弊低价折股、出售公司、企业资产罪	国有公司、企业或者其上级主管部门直接负责的主管人员，徇私舞弊，将国有资产低价折股或者低价出售，致使国家利益遭受重大损失的，处三年以下有期徒刑或者拘役；致使国家利益遭受特别重大损失的，处三年以上七年以下有期徒刑。 其他公司、企业直接负责的主管人员，徇私舞弊，将公司、企业资产低价折股或者低价出售，致使公司、企业利益遭受重大损失的，依照前款的规定处罚。

① 张明楷：《外国刑法纲要》，法律出版社2020年版，第581页。

续表

刑法条文	罪名	法条内容
第一百六十九条之一	背信损害上市公司利益罪	上市公司的董事、监事、高级管理人员违背对公司的忠实义务，利用职务便利，操纵上市公司从事下列行为之一，致使上市公司利益遭受重大损失的，处三年以下有期徒刑或者拘役，并处或者单处罚金；致使上市公司利益遭受特别重大损失的，处三年以上七年以下有期徒刑，并处罚金： （一）无偿向其他单位或者个人提供资金、商品、服务或者其他资产的； （二）以明显不公平的条件，提供或者接受资金、商品、服务或者其他资产的； （三）向明显不具有清偿能力的单位或者个人提供资金、商品、服务或者其他资产的； （四）为明显不具有清偿能力的单位或者个人提供担保，或者无正当理由为其他单位或者个人提供担保的； （五）无正当理由放弃债权、承担债务的； （六）采用其他方式损害上市公司利益的。 上市公司的控股股东或者实际控制人，指使上市公司董事、监事、高级管理人员实施前款行为的，依照前款的规定处罚。 犯前款罪的上市公司的控股股东或者实际控制人是单位的，对单位判处罚金，并对其直接负责的主管人员和其他直接责任人员，依照第一款的规定处罚。
第一百八十六条	违法发放贷款罪	银行或者其他金融机构的工作人员违反国家规定发放贷款，数额巨大或者造成重大损失的，处五年以下有期徒刑或者拘役，并处一万元以上十万元以下罚金；数额特别巨大或者造成特别重大损失的，处五年以上有期徒刑，并处二万元以上二十万元以下罚金。 银行或者其他金融机构的工作人员违反国家规定，向关系人发放贷款的，依照前款的规定从重处罚。 单位犯前两款罪的，对单位判处罚金，并对其直接负责的主管人员和其他直接责任人员，依照前两款的规定处罚。 关系人的范围，依照《中华人民共和国商业银行法》和有关金融法规确定。
第一百八十七条	吸收客户资金不入帐罪	银行或者其他金融机构的工作人员吸收客户资金不入帐，数额巨大或者造成重大损失的，处五年以下有期徒刑或者拘役，并处二万元以上二十万元以下罚金；数额特别巨大或者造成特别重大损失的，处五年以上有期徒刑，并处五万元以上五十万元以下罚金。 单位犯前款罪的，对单位判处罚金，并对其直接负责的主管人员和其他直接责任人员，依照前款的规定处罚。

续表

刑法条文	罪名	法条内容
第一百八十八条	违规出具金融票证罪	银行或者其他金融机构的工作人员违反规定，为他人出具信用证或者其他保函、票据、存单、资信证明，情节严重的，处五年以下有期徒刑或者拘役；情节特别严重的，处五年以上有期徒刑。 单位犯前款罪的，对单位判处罚金，并对其直接负责的主管人员和其他直接责任人员，依照前款的规定处罚。
第一百八十九条	对违法票据承兑、付款、保证罪	银行或者其他金融机构的工作人员在票据业务中，对违反票据法规定的票据予以承兑、付款或者保证，造成重大损失的，处五年以下有期徒刑或者拘役；造成特别重大损失的，处五年以上有期徒刑。 单位犯前款罪的，对单位判处罚金，并对其直接负责的主管人员和其他直接责任人员，依照前款的规定处罚。
第二百零九条第三款	非法出售用于骗取出口退税、抵扣税款发票罪	非法出售可以用于骗取出口退税、抵扣税款的其他发票的，依照第一款的规定（非法制造、出售非法制造的用于骗取出口退税、抵扣税款发票罪）处罚。
第二百二十三条第二款	串通投标罪	投标人与招标人串通投标，损害国家、集体、公民的合法利益的，依照前款的规定（串通投标罪）处罚。
第二百七十二条	挪用资金罪、挪用公款罪	公司、企业或者其他单位的工作人员，利用职务上的便利，挪用本单位资金归个人使用或者借贷给他人，数额较大、超过三个月未还的，或者虽未超过三个月，但数额较大、进行营利活动的，或者进行非法活动的，处三年以下有期徒刑或者拘役；挪用本单位资金数额巨大的，处三年以上七年以下有期徒刑；数额特别巨大的，处七年以上有期徒刑。 国有公司、企业或者其他国有单位中从事公务的人员和国有公司、企业或者其他国有单位委派到非国有公司、企业以及其他单位从事公务的人员有前款行为的，依照本法第三百八十四条的规定定罪处罚。 有第一款行为，在提起公诉前将挪用的资金退还的，可以从轻或者减轻处罚。其中，犯罪较轻的，可以减轻或者免除处罚。
第二百七十三条	挪用特定款物罪	挪用用于救灾、抢险、防汛、优抚、扶贫、移民、救济款物，情节严重，致使国家和人民群众利益遭受重大损害的，对直接责任人员，处三年以下有期徒刑或者拘役；情节特别严重的，处三年以上七年以下有期徒刑。

续表

刑法条文	罪名	法条内容
第三百二十五条	非法向外国人出售、赠送珍贵文物罪	违反文物保护法规，将收藏的国家禁止出口的珍贵文物私自出售或者私自赠送给外国人的，处五年以下有期徒刑或者拘役，可以并处罚金。 单位犯前款罪的，对单位判处罚金，并对其直接负责的主管人员和其他直接责任人员，依照前款的规定处罚。
第三百二十七条	非法出售、私赠文物藏品罪	违反文物保护法规，国有博物馆、图书馆等单位将国家保护的文物藏品出售或者私自送给非国有单位或者个人的，对单位判处罚金，并对其直接负责的主管人员和其他直接责任人员，处三年以下有期徒刑或者拘役。
第三百八十四条	挪用公款罪	国家工作人员利用职务上的便利，挪用公款归个人使用，进行非法活动的，或者挪用公款数额较大、进行营利活动的，或者挪用公款数额较大、超过三个月未还的，是挪用公款罪，处五年以下有期徒刑或者拘役；情节严重的，处五年以上有期徒刑。挪用公款数额巨大不退还的，处十年以上有期徒刑或者无期徒刑。 挪用用于救灾、抢险、防汛、优抚、扶贫、移民、救济款物归个人使用的，从重处罚。
第四百零三条	滥用管理公司、证券职权罪	国家有关主管部门的国家机关工作人员，徇私舞弊，滥用职权，对不符合法律规定条件的公司设立、登记申请或者股票、债券发行、上市申请，予以批准或者登记，致使公共财产、国家和人民利益遭受重大损失的，处五年以下有期徒刑或者拘役。 上级部门强令登记机关及其工作人员实施前款行为的，对其直接负责的主管人员，依照前款的规定处罚。
第四百零四条	徇私舞弊不征、少征税款罪	税务机关的工作人员徇私舞弊，不征或者少征应征税款，致使国家税收遭受重大损失的，处五年以下有期徒刑或者拘役；造成特别重大损失的，处五年以上有期徒刑。
第四百零五条	徇私舞弊发售发票、抵扣税款、出口退税罪、违法提供出口退税凭证罪	税务机关的工作人员违反法律、行政法规的规定，在办理发售发票、抵扣税款、出口退税工作中，徇私舞弊，致使国家利益遭受重大损失的，处五年以下有期徒刑或者拘役；致使国家利益遭受特别重大损失的，处五年以上有期徒刑。 其他国家机关工作人员违反国家规定，在提供出口货物报关单、出口收汇核销单等出口退税凭证的工作中，徇私舞弊，致使国家利益遭受重大损失的，依照前款的规定处罚。

续表

刑法条文	罪名	法条内容
第四百零七条	违法发放林木采伐许可证罪	林业主管部门的工作人员违反森林法的规定，超过批准的年采伐限额发放林木采伐许可证或者违反规定滥发林木采伐许可证，情节严重，致使森林遭受严重破坏的，处三年以下有期徒刑或者拘役。
第四百一十条	非法批准征收、征用、占用土地罪，非法低价出让国有土地使用权罪	国家机关工作人员徇私舞弊，违反土地管理法规，滥用职权，非法批准征收、征用、占用土地，或者非法低价出让国有土地使用权，情节严重的，处三年以下有期徒刑或者拘役；致使国家或者集体利益遭受特别重大损失的，处三年以上七年以下有期徒刑。

表 2　我国刑法中的强制罪梳理

刑法条文	罪名	法条内容
第一百二十条之四	利用极端主义破坏法律实施罪	利用极端主义煽动、胁迫群众破坏国家法律确立的婚姻、司法、教育、社会管理等制度实施的，处三年以下有期徒刑、拘役或者管制，并处罚金；情节严重的，处三年以上七年以下有期徒刑，并处罚金；情节特别严重的，处七年以上有期徒刑，并处罚金或者没收财产。
第一百二十条之五	强制穿戴宣扬恐怖主义、极端主义服饰、标志罪	以暴力、胁迫等方式强制他人在公共场所穿着、佩戴宣扬恐怖主义、极端主义服饰、标志的，处三年以下有期徒刑、拘役或者管制，并处罚金。
第二百二十四条之一	组织、领导传销活动罪	组织、领导以推销商品、提供服务等经营活动为名，要求参加者以缴纳费用或者购买商品、服务等方式获得加入资格，并按照一定顺序组成层级，直接或者间接以发展人员的数量作为计酬或者返利依据，引诱、胁迫参加者继续发展他人参加，骗取财物，扰乱经济社会秩序的传销活动的，处五年以下有期徒刑或者拘役，并处罚金；情节严重的，处五年以上有期徒刑，并处罚金。
第二百二十六条	强迫交易罪	以暴力、威胁手段，实施下列行为之一，情节严重的，处三年以下有期徒刑或者拘役，并处或者单处罚金；情节特别严重的，处三年以上七年以下有期徒刑，并处罚金： （一）强买强卖商品的； （二）强迫他人提供或者接受服务的； （三）强迫他人参与或者退出投标、拍卖的； （四）强迫他人转让或者收购公司、企业的股份、债券或者其他资产的； （五）强迫他人参与或者退出特定的经营活动的。

续表

刑法条文	罪名	法条内容
第二百三十七条	强制猥亵、侮辱罪	以暴力、胁迫或者其他方法强制猥亵他人或者侮辱妇女的，处五年以下有期徒刑或者拘役。 聚众或者在公共场所当众犯前款罪的，或者有其他恶劣情节的，处五年以上有期徒刑。
第二百四十四条	强迫劳动罪	以暴力、威胁或者限制人身自由的方法强迫他人劳动的，处三年以下有期徒刑或者拘役，并处罚金；情节严重的，处三年以上十年以下有期徒刑，并处罚金。 明知他人实施前款行为，为其招募、运送人员或者有其他协助强迫他人劳动行为的，依照前款的规定处罚。 单位犯前两款罪的，对单位判处罚金，并对其直接负责的主管人员和其他直接责任人员，依照第一款的规定处罚。
第二百五十一条	非法剥夺公民宗教信仰自由罪、侵犯少数民族风俗习惯罪	国家机关工作人员非法剥夺公民的宗教信仰自由和侵犯少数民族风俗习惯，情节严重的，处二年以下有期徒刑或者拘役。
第二百五十七条	暴力干涉婚姻自由罪	以暴力干涉他人婚姻自由的，处二年以下有期徒刑或者拘役。 犯前款罪，致使被害人死亡的，处二年以上七年以下有期徒刑。 第一款罪，告诉的才处理。
第二百六十二条之一	组织残疾人、儿童乞讨罪	以暴力、胁迫手段组织残疾人或者不满十四周岁的未成年人乞讨的，处三年以下有期徒刑或者拘役，并处罚金；情节严重的，处三年以上七年以下有期徒刑，并处罚金。
第二百九十三条之一	催收非法债务罪	有下列情形之一，催收高利放贷等产生的非法债务，情节严重的，处三年以下有期徒刑、拘役或者管制，并处或者单处罚金： （一）使用暴力、胁迫方法的； （二）限制他人人身自由或者侵入他人住宅的； （三）恐吓、跟踪、骚扰他人的。
第二百九十八条	破坏集会、游行、示威罪	扰乱、冲击或者以其他方法破坏依法举行的集会、游行、示威，造成公共秩序混乱的，处五年以下有期徒刑、拘役、管制或者剥夺政治权利。
第三百三十三条第一款	非法组织卖血罪强迫卖血罪	非法组织他人出卖血液的，处五年以下有期徒刑，并处罚金；以暴力、威胁方法强迫他人出卖血液的，处五年以上十年以下有期徒刑，并处罚金。
第三百五十三条	强迫他人吸毒罪	强迫他人吸食、注射毒品的，处三年以上十年以下有期徒刑，并处罚金。
第三百五十五条之一	妨害兴奋剂管理罪	组织、强迫运动员使用兴奋剂参加国内、国际重大体育竞赛的，依照前款的规定（妨害兴奋剂管理罪）从重处罚。

续表

刑法条文	罪名	法条内容
第三百五十八条第一款、第二款	强迫卖淫罪	组织、强迫他人卖淫的，处五年以上十年以下有期徒刑，并处罚金；情节严重的，处十年以上有期徒刑或者无期徒刑，并处罚金或者没收财产。 组织、强迫未成年人卖淫的，依照前款的规定从重处罚。

从表1和表2可以明显看出，我国刑法设置了大量构成要件内容丰富、法定刑较高的特殊背信罪和强制罪，却没有设置普通背信罪和强制罪，这就不可避免地产生了处罚漏洞。如对于国有企业内部人员经营权的具体行使，刑法设立了非法经营同类营业罪，为亲友非法牟利罪、徇私舞弊低价折股、出售国有资产罪，为了防范失职、渎职行为，又设立了签订、履行合同失职被骗罪，国有公司、企业、事业单位人员失职罪，国有公司、企业、事业单位人员滥用职权罪，而对于民营企业的不当经营、失职渎职行为则缺失相应的制度安排，对于民营企业中的工作人员滥用委托权限、违背职责的行为的规制仍属于真空地带。又如强制罪大多保护了公民的人身、财产法益，却并未对公民的民主权利进行保护。如果行为人实施使用强制手段威胁被害人撤回民事起诉，或者通过限制自由的方式剥夺被害人参与集会、结社等侵害民主权利行为，刑法就无法提供妥当的保护。此外，也有学者主张公民的意志自由也属于刑法需要保护的法益，在我国刑法中增设强制罪不仅是承认公民意志自由、完善对公民意志自由的法律保障的理论要求，也是弥补刑事处罚漏洞、解决我国当前司法实务所面临的众多难题的客观需要。有学者主张，增设的强制罪采用如下表述：通过暴力或者以非法事由相胁迫等方式，强制他人实施无义务实施的事项，或者妨害他人行使权利的，处3年以下有期徒刑、拘役或者管制，并处或者单处罚金；情节严重的，处3年以上10年以下有期徒刑，并处罚金。[①] 尽管公民意志自由是否属于刑法保护的法益这一点还有待商榷，但不可否认的是增设普通强制罪的主张是值得肯定的。此外，我国刑法罪名设置的另一个问题是过于注重国家法益、秩序法益的保护，反而对个人法益保护力度不足。如《刑法》第二百八十条仅规定伪造、变造、买卖、盗窃、抢夺、毁灭国家机关公文、证件、印章罪和伪造公司、企业、事业单位、人民团体印章罪，却没有规定伪造、变造公司、企业、事业单

① 王钢：《论刑法对意志自由的保护》，载《政法论丛》2020年第6期。

位、人民团体文书、证件罪，也没有规定伪造、变造私人文书、印章罪，导致处罚漏洞和处罚的不均衡。

由此可见，背信罪和强制罪的缺失导致不少本应被刑法规制的行为游离于法益保护之外，国家法益的优越性又使得本就存在的法律漏洞更加明显。在这种情况下，应当提倡积极刑法观，用轻微犯罪立法和积极介入的理念填补漏洞，才能满足法益保护的合理需求。

第三节　积极刑法观的理论展开

积极刑法观以严而不厉的刑事政策为根基，采用增设轻微犯罪作为立法实践方式，并运用法益侵害原理作为其限制。可以认为，积极刑法观体现了防范和化解重大风险的政策要求，契合了转型社会的时代背景，满足了民众“体感安全”的价值诉求，有利于填补因刑法规范供给不足造成的法律漏洞。在明确了积极刑法观的基本内涵之后，应当在理论上深入展开这一刑法基本理念，阐明积极刑法观的法理基础，并分析其与相似概念的异同之处。

一、积极刑法观的法理基础

积极主义刑法观指导下的刑事立法，对社会风险从抽象危险到具体危险再到现实化的各个阶段进行规制，从行为人着手实施具体满足犯罪的构成要件行为时就进行打击。可以说，我国刑法正经历着从消极惩罚到积极治理的转型。但是，这一转型的合理性却并非不言自明，有不少学者认为积极刑法观缺乏理论支撑，认为其背离刑法的谦抑性，也并不符合立法科学性的要求，还存在实践逻辑过于简单的问题。因此，应当阐明积极刑法观的法理基础，明确积极刑法观的合宪性依据，契合我国刑法的犯罪概念和谦抑原则。

（一）具有合宪性依据

宪法是我国的根本大法。从内容上看，宪法规定的是国家最根本、最重要的制度和最基本的国策；从制定和修改的程序上看，宪法的制定和修改程序比其他一般法律的程序更为严格；从效力上看，宪法在整个法律体系中居于最高的地位，具有最高的法律效力，其他一切法律法规都必须以宪法为依据，不同宪法相抵触。一个国家不可缺少的根本大法是宪法，它为我们展现了一个良好国家所具有以及所追求的理想。诚如学者指出的那样，包括刑法在内的各个部门法都奉宪法为“母法”，均属于在不同的领域对宪法所蕴含之精神的贯彻以及对宪法确立的基本制度和原则的引申和具化。① 也正因如此，《刑法》第一条就明确说明了本法的制定依据之一就是宪法。

在宪法框架内，刑法理论通说主张，刑法在整个法律体系中具有一种不同于其他部门法的独特地位，其属于其他部门法的保护法或者保障法。也即，有相关部门法无力有效地调整的、具有特殊重要性的社会关系，才可以被纳入刑法调整的范围。当民法、行政法等相关部门法手段足以实现对相关社会关系的保护时，就没有必要动用刑法手段。② 但是，这样的观点其实是把刑法放置在了所有法律关系的底层，在论述刑法同其他部门法关系时尚有合理性，但却不能正确揭示刑法对宪法的保障作用。实际上，在法律体系中，刑法是能够直接和宪法全方位对接的法律部门。刑法所调整的对象、所保护的社会关系虽然表面上看似乎都是已经被其他部门法所调整的社会关系，但归根结底都可以且必须在宪法中找到具体依据，均应当是对宪法所调整的社会关系的直接保护或者保障，因此，与其说刑法是其他部门法的保障法，毋宁说刑法是宪法的保障法，且是最全面、最彻底保障宪法有效实施的法律部门。在如此理解刑法的“宪法保障法”地位时，就不应保守地重返消极刑法观，认为刑法参与社会治理应当谨慎或者需要坚守刑法的最后手段性，而是应当坚持积极刑法观，如果宪法的权威以及宪法规定的人权受到极其严重的挑战时，不必再经过前置法处理这一步骤，即可以动用刑法。

刑法学的研究必须以宪法为依据，刑事立法理念也一定来源于宪法要求。在体系地位上看，刑法不仅是各个部门法的保障法，也是宪法的保障法。为了保障宪法的有效实施。在这种理解下，刑法的角色应当从“守夜人”调整为“干预者”，积极刑法观确有必要提倡。

（二）契合犯罪概念

在国家根本法层面，积极刑法观能维护宪法的有效实施，保障宪法确立的各项人权，具有合宪性依据。接下来的问题是，积极刑法观能否嵌入自身所属的部门法——刑法之中？这需要解决积极刑法观和犯罪概念的关系问题。犯罪概念在刑法学研究中居于十分重要的地位，这是因为犯罪、刑事责

① 高铭暄、曹波：《当代中国刑法理念研究的变迁与深化》，载《法学评论》2015年第3期。

② 赵秉志、袁彬：《刑法与相关部门法关系的调适》，载《法学》2013年第9期。

任和刑罚是刑法的三大最基本范畴。犯罪是刑事责任的前提，而刑罚是刑事责任的承担方式之一。刑法学以犯罪、刑事责任和刑罚为研究对象，自然要以犯罪概念的研究为逻辑起点。同时，犯罪概念又是对犯罪内在本质、外部特征的高度概括，所以，不同的犯罪概念，又在一定程度上反映人们对犯罪基本问题的不同认识，反映着不同的犯罪观或者刑法观。如果积极刑法观不能契合我国本土的犯罪概念，那其注定就只能是一个理想的理论模型，没有实践价值。正如学者指出的那样，主张积极主义刑法观，拓展刑法的调控范围就意味着降低犯罪门槛，这涉及同刑法第十三条犯罪定义之间的整合性问题。即，这是否意味着要修改该条的规定？[①] 因此，需要将积极刑法观和犯罪概念进行比对，明确积极刑法观的刑法基础。

我国《刑法》第十三条规定了犯罪的概念：一切危害国家主权、领土完整和安全，分裂国家、颠覆人民民主专政的政权和推翻社会主义制度，破坏社会秩序和经济秩序，侵犯国有财产或者劳动群众集体所有的财产，侵犯公民私人所有的财产，侵犯公民的人身权利、民主权利和其他权利，以及其他危害社会的行为，依照法律应当受刑罚处罚的，都是犯罪，但是情节显著轻微危害不大的，不认为是犯罪。解读《刑法》第十三条的规定可以看到，犯罪的定义是定性和定量的结合，犯罪的概念至少涉及两方面的内容：一是揭示了犯罪的特征，解决定性问题；二是通过“但书”表明构成犯罪需要满足一定的情节要求，解决定量问题。而积极刑法观完全符合了犯罪的本质特征，“但书”规定更是赋予了司法人员一定的自由裁量权，保证了积极刑法观的实践功效。

1. 积极刑法观符合犯罪的本质特征。关于犯罪的本质特征，尽管理论界存在一定争论，但目前刑法理论通说还是认为社会危害性是犯罪的本质特征。社会危害性是构成犯罪的前提，没有社会危害性就不可能成立犯罪，所有犯罪成立的条件总和都是说明行为具有的社会危害性及程度。[②] 而积极刑法观恰恰以社会危害性作为增设新罪的标准和理由，要求刑事立法紧跟时代动态、关切民众诉求，及时将具备严重社会危害性的行为纳入犯罪圈，以维护社会秩序并保障民众权益。积极刑法观在衡量、设置法定刑时，也是重点考察相关行为的社会危害性。此外，积极刑法观还以法益侵害原理作为其刑

① 付立庆：《论积极主义刑法观》，载《政法论坛》2019 年第 1 期。

② 刘宪权：《刑法学名师讲演录》，上海人民出版社 2021 年版，第 109 页。

法理论限制，法益保护早期化、法益保护抽象化和法益侵害程度都是积极刑法观的重要组成部分。而我国的社会危害性理论实际上已经包容了法益侵害的内涵，积极刑法观在运用法益侵害原理进行立法衡量时，本身也就是在对犯罪的社会危害性特征进行阐释。这样看来，提倡积极刑法观是符合我国法律土壤的。

2. 积极刑法观并不排斥“但书”规定。由于“但书”规定的存在，我国犯罪概念是定性和定量的结合。这就赋予《刑法》第十三条两层含义：一是立法上的定量，其要求犯罪的成立除了满足犯罪特征的定性要求外，还需要有数额、损害程度等情节的要求。如在没有其他特别情形的情况下，行为人仅仅盗窃了一瓶水，其行为固然具有一定的社会危害性，但行为人的行为并不满足犯罪的定量要求，因此并不构成犯罪。二是赋予司法者自由裁量权，给予行为人出罪的可能。“情节显著轻微危害不大”的出罪表述给予司法机关较大的自由裁量空间，对于确保刑法分则罪名成立特征的一致性，严格贯彻罪刑法定原则，进而达至实质正义具有重要意义。如不作为犯的成立要求行为人具有作为义务，处于法益保护的支配地位、具备作为可能性等，上述法条表述之外却为学理和司法实践所普遍认可的构成要件，为依据“但书”之指引而在不作为领域深耕细化犯罪成立条件的结果。因此，“但书”规定的存在使得司法人员的自由裁量权扩大，一方面适应了社会的不断发展，缓解立法的局限性，另一方面根据“但书”条款对行为的社会危害性程度做再次判断，以作有利于犯罪人的出罪考虑，缩小刑法的打击面、保障人权，总之，“但书”规定在个案中的适用和积极刑法观的法益侵害原理不谋而合。

总之，积极刑法观体现了犯罪概念中社会危害性的本质特征，又能和“但书”规定配合，在法益侵害原理的指导下赋予司法者自由裁量权，是我国“定性 + 定量”犯罪概念的传承和发展。

（三）体现刑法谦抑理念

就目前的研究现状来看，理论界对积极刑法观的批判主要集中在违背刑法谦抑原则上。有学者认为，在理念上，积极刑法观主张刑法应当广泛参与社会治理，改变甚至取消了刑法谦抑的传统观念；也有学者主张，刑法谦抑性的核心是“罪的谦抑”，入罪不谦抑，则刑罚无论如何轻缓，都是一种过度干预；甚至有学者对积极刑法观抱有强烈的怀疑态度，认为在进入互联网时代后，积极刑法观压制了社会生机和活力，互联网时代比历史上以往任何时代都应当更加旗帜鲜明地捍卫和追逐刑法的谦抑价值，这种谦抑价值的昂扬或者说整个社会的去管制化、刑法的去工具化乃是互联网精神的题中应有之义。[①]尽管上述批评意见确实存在合理之处，但积极刑法观并非和刑法谦抑理念水火不容，相反，刑法谦抑理念实际上是积极刑法观的“刹车”。

在实然层面上，积极刑法观已经被立法者采纳，我国刑法正在向“社会管理法”方向前进。这种扩张犯罪圈的趋势在学理上自然值得探讨，但现代的刑法立法明显具有功能性，从消极立法变为积极立法已经成为现实，纯粹坚持学理层面对刑法谦抑理念的探讨，已经和立法者的思虑格格不入了。诚如周光权教授所言，在这样的立法环境下，刑法学必须对其宏大叙事进行自我反思，在方法论上更加开放，而不是单纯地在每一次刑法修改之后都去指责立法者的作为与之前的刑法学思想不一致，简单认为立法“不按规矩出牌”。

理性的做法是，应当在重视刑法谦抑理念的“刹车”作用前提下，以积极刑法观为主流探讨方向。毋庸置疑，刑法谦抑理念有其独立的价值，尤其在目前立法活性化大大增强的背景下，其在司法实践出现偏差时可以为理论界提供批判武器，是刑法发展不可或缺的“刹车”。但需要注意的是，我国立法者已经选择了积极刑法的发展方向，如果只重视“刹车”却忽视了实体法前进的方向，甚至以“刹车”的重要性来否定目前刑事立法的现状，刑法谦抑理念就只能成为学者之间纯粹的理论争议，无法进入司法实践中，发挥教义学的指引作用。因此，理论界应当把握积极刑法观的立法前进方向，为合理的犯罪圈扩张和处罚强度调整提供理论依据与实务裁判学理说明，而不是一味地批判立法有违人权保障等观念。

由此可见，应当在立法活跃的大背景下讨论问题，并对具体案件做出刑法教义学的阐释；同时，如果发现在教义学框架内，按照积极刑法观的方向进行解释会导致严重的个案不平衡，那就应当适时踩下刑法谦抑理念的“刹车”，反思立法是否在积极刑法观的道路上走得太快太远。在这种情况下，刑法谦抑理念的作用就凸显了出来，可以对具体案件做出符合刑法谦抑理念的解释以实现司法公正。如关于高空抛物罪的讨论就很好地实现了理论和实践的良性互动：在理论层面基本对该罪的设立持肯定的态度，对包括该罪法益、构成要件、出罪事由等具体问题都进行了卓有成效的研究，很好地指导了实务裁判，展现理论界探讨积极刑法观的活跃姿态；而在各地司法实践中

---

① 徐剑锋：《互联网时代刑法参与观的基本思考》，载《法律科学》2017年第3期。

出现并不符合相应犯罪构成要件的“高空抛物案”后，理论界提出了深刻的批评和反思，进一步厘清了高空抛物罪的规范适用问题，内含了刑法谦抑理念的理论精髓。这种在积极刑法观的大方向下讨论具体问题，并通过刑法谦抑理念的辅助不断实现个案正义的做法十分值得提倡和借鉴。

立法对社会的实际影响不会因为理论批判而消失，过度的立法怀疑主义势必从一开始就将刑法理论和立法实践对立起来，错过刑法教义学对立法科学化产生具体影响的机会。刑法教义学应当以积极刑法观为理论发展方向，提供理论方向和依据，同时在积极刑法观的解释明显无法满足个案正义的需要时，回归到刑法谦抑理念以实现司法公正。

二、积极刑法观与相关概念的辨析

无论从合宪性依据、现行犯罪概念还是刑法谦抑理念来看，积极刑法观都有深刻的法理基础。这些法理基础和基本主张一起，构成了积极刑法观的理论内核。在法哲学中，本质是一事物区别于他事物的内在规定性，而本质特征就是反映这一事物区别于他事物的内在规定性的特有的外在征象。[①] 因此，除了明确积极刑法观自身的特点外，还需要将积极刑法观和其他概念进行界分，体现其特别属性。这也意味着，在积极刑法观的理论展开中，只有辨析了相关概念，才能对积极刑法观的内涵和外延有更明晰的认识。

（一）积极刑法观与风险刑法观

风险刑法观和积极刑法观具有诸多联系和类似之处，如二者都强调刑法介入生活、对法益保护可以适当前置化和进行大规模轻微犯罪立法等，因此有学者认为二者可以等同。如刘艳红教授就认为，积极主义刑法观同时也是功能主义的刑法观，同风险刑法观、预防刑法观、安全刑法观也没有本质区别。[②] 虽然风险刑法观展现了积极刑法观的社会背景，是其重要的理论来源，但二者不能等同，积极刑法观实际上内涵了对刑法介入社会生活的限制。

同早期的危险相比，风险是现代化进程中产生的系统、广泛甚至超越人们感知能力的普遍性威胁。风险不仅表现形态不稳定，其与法益实害之间引

---

① 马荣春：《犯罪概念的新展开：从定义到本质再到本质特征》，载《关东学刊》2024年第1期。

② 刘艳红：《网络时代社会治理的消极刑法观之提倡》，载《清华法学》2022年第2期。

起和被引起的关系也变得难以预测，风险刑法观也就应运而生。风险社会理论是德国社会学家乌尔里希·贝克（Ulrich Beck）在其著作《风险社会》一书中提出的，其对社会风险多样性、泛在性和发展性特征的概括表明，现代化进程催生出许多新生危险源和不安全因素，如食品安全、环境污染、网络犯罪等，公众的不安感也随之加剧。在这种情形下，风险刑法对安全和预防的追求，使刑事立法呈现犯罪圈扩大化、处罚早期化和重刑化的特点。显然，风险刑法观和积极刑法观有异曲同工之妙。风险社会正是提出积极刑法观的背景之一，通过大量增设新罪不断强化刑法的事前预防功能，实现风险管控效果最优化的目的。这样看来，积极刑法观和风险刑法观的提出背景是相同的，二者的基本主张也大都类似。

但是，无论处于什么时代，在社会发展的进程中，由于法律本身，尤其是作为最为严厉的刑法具有规范性条文所固有的滞后性，必然会导致法律规范和社会发展之间的矛盾。所以法律的变动性是必然的，但随之也会伴随着司法实践的困难和司法公信力影响，所以社会因素变动到什么程度才可以被定义为风险社会？并且即使被界定为风险社会，刑法在其中的介入程度理应被限定在一定的体系范围内，以防止犯罪扩大化。然而，风险刑法观只是强调了刑法的能动性，却并未对限制刑法无限扩张作出具体论述。换言之，风险刑法观看到了刑法前置化的必要性和合理性，但并没有对这种前置化的程度作出限制。反观积极刑法观，其既赞成风险刑法观的基本主张，又以法益侵害原理、刑法谦抑理念作为限制，相较于风险刑法观而言更为全面。

（二）积极刑法观与形式、实质刑法观

我国刑法素来有形式解释和实质解释之争，这些理论争议的背后其实就是形式刑法观和实质刑法观的争论。形式刑法观认为，形式解释论基于罪刑法定原则所倡导的形式理性，通过形式要件，将实质上值得科处刑罚但缺乏刑法规定的行为排斥在犯罪范围之外。[①]而实质刑法观则主张对构成要件的解释不能停留在法条的字面含义上，必须以保护法益为指导，行为的违法性和有责性达到值得科处刑罚的程度；在遵循罪刑法定原则的前提下，可以做出扩大解释，以实现处罚的妥当性。[②]

总体而言，形式刑法观更注重限制，实质刑法观更强调扩张。在这层意

---

① 陈兴良：《形式解释论的再宣示》，载《中国法学》2010年第4期。

② 张明楷：《实质解释论的再提倡》，载《中国法学》2010年第4期。

义上，实质刑法观或者实质犯罪论的基本立场与积极刑法观更具亲和性。当然，形式刑法观和实质刑法观这两种立场在不少问题上未形成真正的交锋，在刑法理论界几乎没有不讲形式的实质解释论者，也没有不讲实质的形式解释论者。因此积极刑法观在强调实质解释论扩张刑法适用的同时，也不反对形式刑法观的限制。如其将罪刑法定原则奉为指导原则、限制司法自由裁量权和强调构成要件等主张，都为积极刑法观所接受。所谓的形式刑法观或者实质刑法观，其更多的是揭示了进行刑法解释的立场和方法，而积极刑法观和形式刑法观、实质刑法观在共享对构成要件、客观主义的判断立场的同时，还指明了刑法解释的方向。换言之，积极刑法观和上述两种刑法观的不同之处在于，形式、实质刑法观仅仅表明了要对案件或者刑法条文进行形式判断或者实质判断，并给出了坚持各自立场的理由，而积极刑法观则进一步展示了努力的方向。以积极刑法观和实质刑法观的区分为例，积极刑法观强调在“严而不厉”思想的指引之下，刑法要更积极地介入社会生活。因此，在对于刑法立法的应然趋势、在具体对构成要件要素进行实质解释遇到疑问时该如何处理等问题上，没有积极刑法观指引就可能得出不同的结论。只有坚持明确了解释方向前提下的实质解释方法，才能够真正实现从形式的罪刑法定到实质的罪刑法定的转变，这或许是积极主义刑法观和实质刑法观的关键区别。①

综上所述，形式刑法观、实质刑法观具有方法论上的意义，尽管积极刑法观距离实质刑法观更近，但也并不排斥形式刑法观的合理主张。对于积极刑法观来说，形式刑法观、实质刑法观都是用于进行刑法解释的工具，最终解释的结论也都和解释者自身的价值立场相关。因此，积极刑法观完全可能和形式刑法观、实质刑法观结合，并不存在水火不容的对立关系。

（三）积极刑法观与常识主义刑法观

常识主义刑法观由陈忠林教授提出，其认为所谓的“常识、常理、常情”是指为一个社会的普通民众长期认同，并且至今没有被证明是错误的基本的经验、基本的道理以及为该社会民众普遍认同和遵守的是非标准、行为准则。②在常识主义刑法观看来，由于语言文字本身的多义性，罪刑法定中

---

① 付立庆：《论积极主义刑法观》，载《政法论坛》2019 年第 1 期。

② 陈忠林：《“常识、常理、常情”：一种法治观与法学教育观》，载《太平洋学报》2007 年第 6 期。

的“法律有明文规定”就只能理解为法律规定的道理是明确的，对法条文字的理解不能违背常识、常情、常理。只有在这个意义上讲罪刑法定才可能是保障人权的。同时，常理、常情是现代法治的灵魂，刑法的常识、常情、常理化可以直接实现人权保障的价值。这是因为，常识、常情、常理是人们都认同和理解的最基本的是非观、善恶观和伦理道德，将刑法常识、常情、常理化就可以直接实现规范人们行为、进而稳定社会秩序的社会保护价值。

应当承认，常识主义刑法观在实现人权保障、确立司法公正和维护民众法感情方面具有重要作用，且其在刑法理论中也有诸多应用。如在牵连犯中牵连关系的判断标准上，我国刑法通说主张的牵连关系客观因素是具有通常的方法或者结果关系，此处的“通常的”就是常识主义刑法观的体现。又如在违法性认识错误的判断立场上，有观点认为，一方面，在一般普通人的基本生活领域中，应当斟酌个案中的具体情况，根据行为人的生活经历以及他个人的认知能力来确定可避免性要求的尺度；另一方面，如果案件涉及行为人职业上的工作领域，或者在法律上加以特殊规制和调整的生活领域（如证券投资、道路交通等），此时，就不宜再按照行为人的个别化标准来判断，而应当采取在这个领域中的一般内行人的客观评判尺度。此处的“一般内行人”标准也运用了常识主义刑法观的方法，只不过这一标准中的“常识”是“特别领域内的常识”而已。

司法人员不能机械办案、麻木办案，裁判文书说理不能有违常识、常理、常情，无论从宽从严，都要有一个限度，宽不至于鼓励犯罪，严不至于过分苛刻。关于常识主义刑法观中要求立法、司法活动不能违背民众法感情这一点，积极刑法观完全赞同。更进一步的是，积极刑法观还在立法活动中通过回应民意的做法积极践行了常识主义刑法观。如针对民众屡受高空抛物侵害情况，积极刑法观响应民意动用刑罚处置相应行为，在《刑法修正案（十一）》中增设高空抛物罪保护民众“头顶上的安全”，这实际上就是常识主义刑法观的体现。然而，虽然常识主义刑法观和积极主义刑法观之间（至少在立法论的层面上）并不冲突和排斥，但这并不代表积极刑法观完全认可常识主义刑法观的所有观点。常识主义刑法观至少存在两处值得商榷的地方。

1. 常识、常情、常理的内涵模糊，缺乏规范依据。尽管在理论上，常识主义刑法观给出了一定的判断标准，但具体到刑法理论中，这样的标准似乎依然暧昧不清。如在牵连关系的判断中，常识主义刑法观要求“行为之间存在通常的联系”。但是，何谓“通常”？这更多的是一种事实的、经验的判断，而非规范的标准，其本身就是一个争议颇多的概念。对“通常”的理解不同往往会导致司法裁量结果迥异，因此以常识、常情、常理为基础的观点不能成为认定牵连关系的妥当标准。再以违法性认识的判断立场为例，同样的问题出现在“一般人标准”的界定上。刑法规制的一定是实施具体行为的犯罪人，而不是社会中的普通人，但对于违法性认识来说行为人自身的主观标准更加重要。况且，社会中个体的生活经历、经验和认知水平都存在不同，“一般人标准”实际上并不可能统一。真正合适的做法应当是将“一般人标准”还原为社会相当性或者领域内应知应会标准，这样才能给司法实践提供可供操作的方法。

2. 立法、司法活动不能违背常识、常情、常理，但这并不意味着所有刑事立法都要回应民众的法感情，否则就会出现纯粹象征性立法。诚然，司法自身应当具有一定消极性，裁判实践上对于刑法功能主义的运用有一定限度，对于民众关切或者民意的回应，在某些情况下并不是司法人员的任务，而是立法者的使命。[①] 但是，立法是一个综合、平衡的过程，响应民意、回归常识只是其中一方面的考虑。立法的发展必须得到公众认同，立法上也需要增强对处罚必要性的实证分析，观察刑法立法变革所面临的诸多挑战。实际上，立法者在进行刑事立法时还需要刑法机能的实现、预防和报应的结合、比例原则的贯彻等方面的内容。而在这些因素的叠加影响下，部分民众呼声十分强烈，增设新罪或者提高法定刑也不违背常识、常情、常理的立法提案，很可能最终并不会获得采纳。

综上所述，积极刑法观原则上并不与常识主义刑法观产生冲突，并且力求在贯彻积极刑法观的过程中响应民众呼声，回归常识、常理、常情。但同时，积极刑法观和常识主义刑法观保持着距离，在方法论上避免直接使用常识、常理、常情这类暧昧不清的标准，也警惕因过于注重民意而产生的纯粹象征性立法现象。

---

① 周光权：《论通过增设轻罪实现妥当的处罚》，载《比较法研究》2020 年第 6 期。

第二章　积极刑法观的价值选择

价值问题自古以来就是人们关注的重要课题，其体现在社会生活的方方面面。人类的任何活动都可以理解为一种价值追求，任何制度、规范无不是实现这种价值追求的手段。就刑法而言，作为对犯罪行为的一种有意识、成体系的法律反应，其必然承载着社会主体的价值追求。因此，对刑法进行价值分析，寻求实现刑法目的的途径从而解答刑法的应然性问题，就成为刑法基础理论研究的一个基本课题。当前，风险已经渗入社会生活的各个方面，基于防范和抵御风险的需要，刑法表现出了高度管制倾向。如何在高度管制和保障人权之间保持平衡，涉及刑法适用的合理界限问题——这些都成为事关积极刑法观价值选择和实现的，亟待研究和解决的核心问题。作为刑法基本价值的秩序和自由是人类具有相反属性的，既对立又统一的两种基本需求。在现实社会中，秩序和自由的关系问题是事关人类生存和发展的基本问题，如果不能妥善解决，人类社会的生存和发展就会陷入困境——不是在追求秩序中丧失自由和权利，就是在追求自由中陷于失序和动荡。由于对秩序的控制是通过对自由的限制来实现的，因此在加强秩序维护的同时，难免会出现对自由保障的削弱，从而呈现出一个二律悖反的状态。在这种悖反状态下，当秩序和自由的冲突和矛盾达到不可调和的程度时，人们必须寻求一种方式来实现多元利益保护，从而使二者达到平衡并实现效果的最大化。在积极刑法观的语境下，如何协调和消解刑法的秩序和自由之间的价值冲突具有更加深远的意义。如果消解得当，就能维护稳定、安全的社会秩序，为社会发展提供良好的外部条件。反之如果消解不当，势必会造成社会秩序的混乱甚至动荡不安。对于各类社会风险碰头叠加的形势而言，在业已形成的以积极预防目的为导向的刑法观念面前，如何消解刑法秩序和自由的价值冲突，协调、平衡冲突各方利益，具有更为现实的社会意义。

第一节 积极刑法观价值的理论界定

要考察和研究积极刑法观的价值选择，首先要厘清一般意义上的刑法价值问题。刑法价值是刑法理论的核心，其在本质上是从价值观出发，对刑法本源的一种哲学思考。刑法价值是一种特定的主客体关系。在这种关系中，刑法必须服从于社会主体的内在尺度——需要和利益，才能保证以主体性为主导的主客体关系的统一。刑法价值属于法律价值的范畴，而法律价值又属于价值的范畴。从价值到法律价值，再从法律价值到刑法价值，这是个从一般到个别的逻辑过程。因此，对刑法价值的考察和研究首先要从价值和法律价值开始。随着世界各国价值认同观念的深入以及价值冲突范围的扩大，人们必须面对风险的时代特征，建立与之相适应的价值评价标准体系。就刑法领域而言，自由价值和秩序价值是最能反映当前社会内在精神和本质特征的基本价值。世界各国都面临着同一个问题——在刑法价值层面上协调保障公民个人自由和维护社会秩序防范风险之间的关系。如何在法治国的框架内既以保障公民自由为己任，又最大限度地应对日益加剧的社会风险，合理确定刑法价值体系的发展方向，科学认识价值之间的辩证关系，既是刑法理论研究的逻辑起点，又是积极刑法观实践的价值基础。

一、刑法价值概述

刑法价值（Values of Criminal Law）是价值和法律价值的一般概念在刑法学中的应用和拓展，是反映刑法这一特定社会现象的价值范畴。因此，刑法价值作为法律价值的一种特殊形态，必然以法律价值的一般界定为基础，同时融入特定的刑事法律内涵，从而形成独特的个性特征。刑法价值论着力解答刑法价值构造及其矛盾、冲突处理等问题，并使之成为一套完整、有机的价值目标体系和评判体系，以此指导刑事立法和司法，从而优化刑法功能，求得最佳社会效果。因此，刑法价值是刑法的重要指导思想，其构成刑法基本原则的核心内容，是刑罚制度确立的依据之一。基于此，价值分析应当成为刑法理论研究的基础和归宿。

（一）刑法价值的概念

价值、法律价值和刑法价值三者在逻辑上是种属关系，是从抽象一般向具体特殊的深入。其在价值结构的一般模式下，具有着各自特殊的具体价值内容。就刑法价值而言，其是从刑法结构角度对刑法规范进行的价值设计。因此，刑法价值研究的关键不在于对这个术语下一个抽象的定义，而在于循着价值意义的一般框架，根据刑法的具体特点，揭示这种一般框架下的刑法价值内容。

价值和法律价值作为主体和客体之间的一种特殊关系，其基础是主体和客体的相互作用。在主客体之间，主体及其活动既是价值趋向的中心，又是价值发展的根源。因此要揭示刑法价值，就必须把刑法和主体及其主体活动联系起来进行考察。作为一种特定社会现象，刑法总是表现为一种特殊的有机系统，这种特殊的有机系统是不以人的意志为转移的客观存在。刑法具有超出其本来目的而独立存在的内在规定性，并且发挥着超越人们意志的力量，人们受其影响和约束，由此刑法本身所具有的这种规定性使其形成一个有机的系统，而刑法规范则是这个系统形成的基本细胞；刑法介入社会运行之前，刑法规范本身的内容、结构和彼此关系等都只作为一种潜在的价值而存在，其直接影响着刑法的现实价值，一旦刑法的潜在价值和主体发生联系，其就能够转化为刑法的现实价值。

刑法要具备潜在价值，必须首先具备功能发挥、效用释放的前提——客体属性。刑法的客体属性首先取决于人。刑法是被人制定出来的，其制定者必须对人和人所生活的社会以及由此形成的社会关系具有清醒的认识和全面的估计；社会关系是刑法立法的源泉和动力，其发展水平决定刑法规范的内容以及刑法规范影响社会的范围；刑法是关于犯罪和刑罚的法律，而犯罪作为一种社会现象，可能侵犯任何一种社会关系，因此刑法受整个社会关系的制约。由此，人们可以将社会关系称为直接法，而将刑法称为间接法。就实质而言，刑法制定者如何评价犯罪并不能影响被禁止行为的性质。但在形式上，刑法立法本身又离不开人们的评价，即某一行为是否具有社会危害性以及社会危害性的程度在一定程度上取决于立法者的意志。因此，犯罪本身具有双重性，其是客观规律性和主观意志性共同作用的产物，犯罪的双重性特点决定刑法也是主观性和客观性的统一，刑法由此成为一种特殊的有机系统——犯罪行为系统、犯罪构成系统和刑法处罚系统；刑法基于犯罪而将整个刑法规范联结起来形成一个有机整体，从而发挥自身的独特功效，这就是刑法作为客体所具有的客观属性。

刑法带有能满足人的某种需要的功能和属性，因此对人的生存发展具有促进意义。人们设定刑法，就是希望通过刑法来达到自己的某种愿望和目的。由于人们的愿望和目的受一定社会历史条件的制约，因此人们对刑法的需要也随着社会发展而变化。探讨刑法价值必须强调主体需要的客观社会性。现实的刑法价值离不开人的需要，没有人及人对刑法的需要，就谈不上刑法，更谈不上刑法价值。[①]

刑法所具有的功能属性仅是形成刑法价值的客体条件，其总是以相对静态的方式存在于社会中。要将价值实现的可能性变为现实，就必须参与到刑法实践活动中。人们制定刑法并且参与到刑法实践中的关键在于人的活动是有目的性的。因此，刑法实践的特点就在于将现有事物改造成为人们愿望和目的中应有事物。刑法实践一般是通过人们对刑法的适用、执行和遵守等客体主体化过程来实现的。此外，人们还通过对刑法的立、改、废等主体客体化过程来改造刑法。由此，刑法实践是刑法价值实现的载体，只有在主体客体化和客体主体化这两种趋向的交叉结合中才能构建起刑法的价值体系。

综上，刑法价值是指在刑法实践中，刑法本身的内在要素和功能结构对人的需要的满足，以及刑法价值对人的绝对超越指向。刑法价值的概念揭示了主体对刑法的需要、刑法的客体属性和刑法实践之间的关系。

（二）刑法价值的属性

刑法价值是辩证的，其一方面体现作为主体的人对作为客体的刑法的需要，另一方面又体现刑法所具有的可以满足主体——人的需要的功能和属性。因此有必要进一步辩证地揭示刑法价值属性的对立统一关系。

1. 刑法价值的社会性与属人性的统一。刑法价值的主体——人是社会发展的产物，其始终存在于社会关系之中，对于刑法价值的理解和追求不可能不具有社会属性。同时，任何刑法价值都基于人的需要而产生、存在和发展。刑法价值实质上就是刑法对于人的价值，是以刑法为客体的主体价值需求，是人赋予刑法的属性。刑法价值的主体性决定了刑法价值的属人性，即刑法价值具有产生于人的需求而又满足需求的性质。如果从人都是社会人的角度分析，刑法价值的属人性不过是其社会性的组成部分。但若就社会性产生的意义而言，刑法价值的社会性则是其属人性的延伸。因此，刑法价值的属人性是基本的，社会性是必要的，二者是辩证统一的。

2. 刑法价值的客观性与主观性的统一。刑法由一定物质生活条件所决

---

① 严存生：《法的价值问题研究》，法律出版社2011年版，第53页。

定，是一定物质生活条件的反映。虽然刑法是主体需求的产物，但刑法内容决不是主体的凭空想象，而必然受社会物质生活条件和客观规律的制约。因此，确立的刑法是独立于主体的客观实在，其价值也对应客观存在。此外，和任何社会实践一样，法律价值的实现依赖人发挥主观能动性的自觉活动。由于人的活动是客观的，刑法满足人的需要的过程也即法律价值的实现过程也必然是客观的。刑法具有主观性。刑法是主体需求的产物，而主体需求是社会物质生活条件经过人脑思考而作出的反映或者得出的结论，是一种主观现象。因此，刑法价值自生成之始就被赋予了主观属性。其既体现在刑法价值中有主体认同的成分，也体现在刑法价值在实践过程中蕴含主体的价值体验——主体通过对刑法法律现象的把握，反思其对人类需求满足状况的心理和行为过程。由此，刑法价值既是客观的，又是主观的，是主观性和客观性的统一。

3. 刑法价值的相对性与绝对性的统一。对刑法价值是相对还是绝对的不同解答，是实证主义法学派和自然法学派的分水岭，实证主义法学派认为世界上没有公认的法律价值观，不同的经济、政治和文化群体都具有不同的甚至不相容的价值观念和主张，因此法律价值都是相对的；自然法学派则认为法律价值有无取决于是否反映对自由、秩序、公平和效率等价值的追求，永恒存在、普遍有效的法律价值是存在的，并且是可以被发现和检验的。相对性应当是刑法的基本属性之一，但刑法价值在一定程度上也表现出了相对性和绝对性的统一。在同一时代和同一社会的条件限定下，人们总有某种共同的价值追求。同一群体内部也存在共同的刑法价值观念和主张。因此，刑法价值在一定程度上具有绝对性的一面。

（三）刑法价值的基本要素

现代刑法之所以被奉为正义之法，就是因为个人权益保障和社会安全防卫获得了最优均衡。[①] 因此，刑法的自由和秩序价值直接影响到主体的根本性利益，其构成了刑法价值体系的根基，是刑法的基本价值。

1. 自由。自由是一些人对另一些人所施加的强制被减到最小限度的一种状态，是人之所以为人并不断向前发展的最重要条件，是法律追求的最高价值。作为法律体系的重要组成部分，刑法所追求的价值目标应当和法律的价值目标保持一致。因此，自由价值自然也成为刑法价值体系的根本和基

① 叶建勋：《在商法和刑法之间》，载《商事法论集》2019 年第 8 期。

石。一部没有尊重和保障自由的刑法，是一部非正义的刑法。也即是否尊重和保障自由是评判一部刑法是否正义的一项重要标准。刑法对自由价值的肯定和保障主要通过以下途径：一是对国家刑罚权的限制。如德国《刑法》第一条规定，行为之处罚，以其可罚性于行为前明定于法律者为限；第二条规定，刑罚及其伴随后果，依行为时有效之法律决定；法国《刑法》第四条规定，任何违警罪、轻罪或者重罪，不得被处以犯罪前之法律未规定之刑罚。上述刑法条文均规定必须对犯罪行为人在法定刑内进行裁判和处罚，以此确保犯罪行为人不受非公正的对待。同样，我国刑法规定也体现了限制国家刑罚权、保护个人自由的基本精神。如《刑法》第三条规定："法律明文规定为犯罪行为的，依照法律定罪处刑；法律没有明文规定为犯罪行为的，不得定罪处刑。"二是对个人自由的限制。英国哲学家约翰·斯图尔特·密尔（John Stuart Mill）认为，公民自由的本质就是社会所能合法施予个人权利的限度。个人自由必须有一个界限，必须不能使自己的自由成为他人的妨碍，当个人行为危害他人利益时则应当接受法律惩罚，因此仅在无涉他人的部分内，自由在权利上才是绝对的。①

2. 秩序。秩序是一种人们对未来生活保持稳定预期的社会状态，是人类理想的要素和社会活动的基本目标。只有在稳定的社会秩序中，人们才能较好地把握未来事物，人和人之间的社会活动中才能产生信任。因此，秩序价值是人类社会存在的基本价值。没有秩序，一切其他价值都无法存续。应当认识到，法律是秩序的象征，又是建立和维护秩序的手段。法律的价值就在于通过确立一套规则系统，指引人们遵守该规则系统以最终形成稳定的社会秩序。由此，所有法律都具有维护秩序的最高价值。为保证秩序价值的实现，法律为这些规则系统设置了以国家强制力为后盾的惩罚系统，以强制遵守规则。当破坏规则的冲动强烈到采用民事、行政等相对温和的手段无法保证规则运行时，就需要动用刑事处罚这种最为严厉的惩罚方式来确保对规则的服从。因此，当其他法律不能胜任维护秩序的任务时，刑法便作为维护秩序的最后力量出现，动用强制力保障法律所确立的规则得到一体遵循。刑法意义上的秩序并不仅仅是社会治安，秩序的本质是社会存在，是由各种社会关系所构成的有序的、稳定的结构。应当认识到，刑法并不能完全通过惩罚

---

① ［英］约翰·斯图尔特·密尔：《论自由》，顾肃译，中译出版社2016年版，第10页。

来消除人们破坏规则的冲动。自人类社会产生时起，破坏规则和服从规则就是一对永恒的矛盾。刑法不能彻底消除人们破坏规则的冲动时，其确保人们遵守规则的内在逻辑就在于：刑法将剥夺犯罪行为人获得的物质利益，或者降低犯罪行为人的道德地位，直接或者间接抵消行为人犯罪所获的好处。通过彰显惩罚的逻辑，能够使遵守规则的人获得某种道德上的优越感，从而达到鼓励、表彰的效果。同时也使人明确感受到违背规则并不能带来彻底的利益，反而可能遭受严厉的惩罚，从而达到警示、震慑的效果。刑法通过明文规定犯罪行为、犯罪构成及相应法律后果，保护被犯罪行为人侵害的利益和价值，使人们不受或者少受犯罪之害，从而维护社会的基本秩序。[①] 保护社会秩序，实质上就是保护国家利益、社会利益和个人利益。保护国家利益和社会利益是维护社会秩序的应有之义。由于个人利益体现了人际关系的社会性，因此侵犯个人利益的行为实质上挑战的是个人利益背后的社会秩序，由此可以认为保护个人利益就是保护社会秩序。

（四）刑法价值的基本目标

大多数学者认为刑法应当以保障个人自由为出发点，以限制国家刑罚权为己任。因此，刑法在处理其基本价值序列上，应当将自由价值放在首位，并在此前提下力求自由和秩序的协调。由此在本体论意义上，刑法的基本价值目标是自由优先、兼顾秩序。这是因为：其一，自由需要刑法保障。一个国家对付犯罪并不需要刑事法律，没有刑法也并不妨碍国家对犯罪的有效镇压和打击，而且没有立法的犯罪打击可能是更加及时、有效、灵活和便利的，即使没有刑法或者刑法内容模糊不清，犯罪行为也能够得到惩罚。由此，秩序并不天然地需要刑法。而自由则不同，当公民的无辜得不到保证，自由也就没有保证。为实现对自由的保障，要求防止来自政府的专横强制，防止个人自由的保护者异化为个人自由的破坏者。[②] 因此，对自由的保障需要既具有保障功能又具有强制、普遍推行效力的社会规范，而刑法最符合这种需求。其二，刑法为保障自由而生。同刑事政策、伦理道德和风俗习惯相比，刑法具有明确性、稳定性和封闭性特征。这些特征决定了在刑法框架内，国家不能违背刑法规定滥用刑罚权侵犯人们的合法权益，而人们也可以在刑法框架内基于对社会行为较为稳定的预期安排生产和生活，从而更好

---

① 陈兴良：《刑法的价值构造》，中国人民大学出版社 2017 年版，第 72 页。

② 曲新久：《刑法的精神与范畴》，中国政法大学出版社 2010 年版，第 37 页。

地实现个人利益。因此同其他规制手段相比，刑法更适合成为保障自由的工具。此外，刑法基本原则更加明确地表明了自由在刑法价值中的优先地位。近代以来，罪刑法定原则、罪责刑相适应原则等被世界各国普遍作为刑法基本原则。这些基本原则均是以限制国家权力、保障个体自由为基点的。因此，尽管刑法在内容上表现为对犯罪行为的惩罚和追究，但其出发点和基本目标则在于对个体权利的维护。由此在本体论意义上，刑法是以个体利益为本位、以自由价值为重心的。其基本价值目标是在自由优先、兼顾秩序的模式下的实现自由价值和秩序价值的统一。

（五）积极刑法观的价值考量

刑法的基本价值应当定位为自由价值和秩序价值。从社会学角度分析，自由作为一种普适性理想是近代启蒙运动和资产阶级革命的成果。近代历史在某种意义上就是一部追求自由的历史。然而，当人类社会进入工业社会阶段后，自由虽仍是主导性话语，但却已经不是一种在现实中得以实现的状态；如果说在工业社会的话语体系中自由拥有至高无上的地位，那么在工业社会的治理体系中自由却严格地从属于秩序，那些可以被指认为自由的状态，实际上已经被纳入秩序的范畴中。在自由价值和秩序价值的关系上，如果刑法过于强调秩序价值，则其自由价值必然会受到限制。因为实现自由价值的目的在于减少国家权力的介入，从而充分保障公民自由。反之，如果刑法过于强调自由价值，则会妨碍秩序的实现。由此可见，自由价值和秩序价值二者总是处于对立统一的辩证关系中。

近代刑法起始于西方启蒙运动时代，其在政治上深受法国启蒙思想家查理·路易·孟德斯鸠（Charles de Secondat，Baron de Montesquieu）“分权学说”的影响。在自由主义的氛围下，贝卡利亚在《论犯罪与刑罚》一书中明确提出了罪刑法定主义（Legally Prescribed Punishment for a Specified Crime），通过限制国家刑罚权的滥用，维护刑法的安全性和刑罚的可预测性。自此，刑法的自由价值逐步成为刑法理论界的共识，并被置于突出地位。其后，费尔巴哈将犯罪理解为对权利的侵害，认为国家所处罚的犯罪并非是违反义务的行为，而是侵害权利的行为，从而进一步强化了刑法的自由价值。随着刑法自由价值的兴起，其必然同人类社会得以存续的另一基本价值——秩序形成对立，由此造成了刑法自由价值和秩序价值之间的冲突。在积极刑法观的视角下，风险的出现促使人们反思自由和秩序的关系。由此必然重新定位刑法价值，并由此产生新的发展方向。

在刑法社会学和犯罪学中，大多数学者所关注的问题已经从有关刑事司法制度核心的探讨转向风险统计和分析技术的考察。以 20 世纪 70 年代为分界点，现代刑法制度的核心在前期集中于个别犯罪的矫正，即国家通过对犯罪行为人采用相应策略和制度有效纠正行为人的偏差行为，从而使其走上回归社会的道路。然而在 20 世纪 70 年代之后，防控犯罪从而维护社会秩序成为刑事司法新的关注点。如何通过外在的制度设计，预防和控制犯罪行为，已经成为当前社会对刑法的新挑战。

对风险的关注使得刑法发展表现出两个鲜明特征：一是刑法的政策化和功利化色彩日趋浓重。自从风险成为社会的基本特征后，作为维护秩序有力武器的刑法便成为其应对风险的重要工具，因此刑法越来越具有政治性；作为风险管控机制的重要组成部分，刑法更加着重为控制风险而进行威慑。二是刑事责任范围急剧扩张。世界各国在威慑型刑事政策的指导下，刑事责任范围呈现出急剧膨胀的态势，其表现之一便是越来越多的风险行为被犯罪化。应当认识到，刑法的日益政策化和功利化构成了刑事责任范围不断扩张的原动力，而刑事责任范围的急剧扩张，则是刑法政策化和功利化的必然结果。①

在积极刑法观的语境下，由于能够保障安全的社会系统缓不济急，因此人们希望借助国家力量来管理和控制风险。人们的这种诉求促使立法者针对特定破坏秩序的风险行为制定新的犯罪标准，刑法功能上更加强调一般预防中的事前预防。人们为了获得安全保障的基本权利，通过严密法网和严厉刑度来有效遏制风险行为的社会呼声极高。刑法作为保障法，其主要保障的不仅是单个人的权利，更是整个社会全体的利益。当其他法律设定的防线崩溃时，刑法必须充当最后一道防线，运用国家强制力保证刑法基本价值的实现。刑法价值在应对社会风险冲击的过程中必然产生新的变化，其更加重视秩序价值。由于风险所引发的危险结果具有普遍蔓延性，会严重损害社会利益，因此刑法应当更多地发挥其作为社会控制手段的应有作用。秩序和自由都是刑法的基本价值，但由于社会必须在秩序安全状态下才能保持良性运行，因此积极刑法观侧重于保障社会共同体生活在秩序、稳定的社会环境中，因而其更加突出秩序性。由此，刑法不仅是对侵害的反应，还应当使保障社会秩序基本条件的规则得到遵循。

---

① 劳东燕：《从权利保障到风险控制》，载《检察日报》2020 年 5 月 5 日，第 3 版。

二、秩序价值的凸显

秩序是人类一切社会活动的必要前提和基本目标，理所当然地成为社会意识形态表现之一的法律的基本价值，进而成为刑法的基本价值，正如英国法哲学家彼得·斯坦（Peter Stan）指出的，和法律永相伴随的价值便是社会秩序。秩序不仅是一种事实，更是一种价值，是一种能够为个体提供合理行动证成的价值因素，人们遵守被社会普遍承认和接受的社会规范便形成了社会秩序，而客观存在的社会秩序作为一种社会事实必然能够满足人们的需要，因而秩序成为人们共同追求的价值。社会秩序的存在仰赖其系统内部各要素之间的协调一致，如果个人和群体之间存在协调、稳定和一致的关系，社会秩序就显现出合理、有序的表征，反之社会秩序便会滑向失序和混乱，因此，自从进入以国家为外在表现的社会形式以来，人们对秩序的服从就必然同国家权力联系在一起。社会秩序便成为社会存续所必需的，有益于个体和社会之间互动发展的价值坐标。

（一）秩序的构成要素

由于秩序可分为演化的秩序和建构的秩序，根据演化秩序和建构秩序的内涵，秩序的基本构成要素应相应包括主体应当遵守的规则、规范体系和促使主体规则、规范互动的社会权威。具体分析如下：

1. 规则——秩序的规范要素。秩序总是和规则紧密联系在一起。行为规则构成了社会秩序的基本内核，无论这些规则存在怎样的不完善之处，但从整体上看，规则构成了生活必不可少的基础。亚当·斯密、门格尔和哈耶克等并不认为“看不见的手”在任何情况下都能够发挥调控作用，相反要引导利己之心服务于公益就必须有一套公正的社会制度。正如美国经济学家史蒂芬·霍维茨（Steven Horwitz）指出的，斯密的全部思考都可以看作试图弄清楚，人们如何构建道德和制度，而这些道德和制度能使利己主义的、彼此陌生的人们合作以采取更有效益的行动。[①] 美国经济学家道格拉斯·诺思（Douglass C North）同样认为，制度是一系列被制定出来的规则和行为的道德伦理规范，它旨在约束追求主体福利或者效用最大化的个人行为。在现代社会规模化的背景下，正是制度规则的作用使人们各自分立的知识相互沟通，

---

① ［意］萨尔沃·马斯泰罗内：《当代欧洲政治思想》，黄华光译，社会科学文献出版社2005年版，第76页。

从而调整人们的行为。在制度规则的调整下，人们不用费心获取和理解他人意图也能形成对未来行为的正确预期，从而使人们将更多精力投入那些缺乏制度性解决方案的领域中。因此，制度规则被视为人和人之间协调性知识的总和。作为个体按规则行动的无意识产物，秩序还推动了更加广泛的社会秩序生成。只有制度规则的存在，才能使社会处于稳定有序的状态。

2. 权威——秩序的形成机制。权威的功能不在于消灭社会系统内各要素的差别，而在于为社会成员提供协调的基础，在于将外在制度内化成自觉遵守的规则并形成统一的价值标准和行为模式。因此，规则只有在权威的整合下才具有现实性，才有可能通过人们的行为外化为秩序。考察人类社会的历史，一种秩序的崩溃并非仅仅源于制度和规则的原因，其深层原因在于自由价值的丧失和权威合法性基础的瓦解。古典自由主义在强调"自发秩序"的同时，都坚持"法律下的自由"理念，认为没有秩序和权威，自由就无从实现。美国哲学家埃德蒙德·柏克（Edmund Burke）指出，基于客观真理和客观道德秩序的存在以及人类桀骜不逊的本性，必须有权威来确保秩序得到遵守。① 而保守主义在强调秩序和权威的同时，也主张秩序和自由的统一。正如美国社会学家查尔斯·霍顿·库利（Charles Horton Cooley）所认为的，只有糟糕的社会秩序才是和自由对立的。自由只有通过社会秩序或者在社会秩序中才能存在，而且只有当社会秩序健康发展，自由才能增长，只有在构建较为全面和复杂的社会秩序中，较高层次的自由才有可能实现。② 应当指出，保守主义主张的权威并非强力支持的政治权威，而是以道德为基础，通过自治形成的传统权威。正是传统权威的非强制性促进了自由个体构成的自发秩序的形成。由此，自生自发而非人为设计的社会秩序为个体自由提供了正当性基础。在这一秩序系统中，政府权力受到限制，而个体自由得以保障。

（二）秩序价值在刑法中的体现

秩序既是一种事实又是一种价值。作为事实的秩序，也即秩序事实，是一种客观的、不依赖于人的主观意志的现实状态和独立存在。客观存在的秩序必然蕴含有益于社会的方面从而能够满足人们的需要，进而成为人们共

---

① ［美］埃德蒙德·柏克：《法国大革命反思》，何兆武译，江西人民出版社 2015 年版，第 158 页。

② ［英］查尔斯·霍顿·库利：《人类本性与社会秩序》，包凡一译，华夏出版社 2020 年版，第 300 页。

同追求的价值。但是人们对秩序的追求并不是无限的，因为始终都存在那种“生活放荡不羁”的人，这种人蔑视学究式的条例性、自鸣得意于其生活方式的自发性和不加约束的冲动性，因此需要对背离社会秩序的行为采取防范、纠正乃至惩罚措施从而加强社会对秩序的控制，由此产生了秩序同法律的结合。①社会秩序一旦受到法律的保护和控制，便具有了法律属性，因此可以称为法律秩序。法律秩序是指法律在调整社会关系时所产生的动态化、规范化、模式化和权威化的社会生活方式。其在本质上仍然属于社会秩序。同一般社会秩序如习俗秩序、道德秩序和宗教秩序相比，法律秩序的核心在于法律规范，其最后保障来源于国家强制力。人们遵守法律规范便形成了法律秩序，而违反法律秩序则要受到法律的制裁。在任何一个使用法律调控秩序的社会里，秩序都是一种事实上的客观存在。

从满足人的不同需要角度，秩序事实既有秩序价值又有自由价值：一方面，秩序事实满足了人对社会生活的稳定性、一致性和连续性的需要，增强了社会行为的可预期性，从而具有秩序价值；另一方面，人们在社会有序状态中能够在秩序框架内通过理性选择行为方式使自身利益最大化，因而其具有自由价值。而秩序价值是秩序事实所具有多种价值中的一种，是秩序事实在和主体需要的互动关系中产生的能够满足人对社会生活稳定性、连续性和可预期性等需要的属性。秩序价值是同自由价值相对应的，二者分别是对人的社会性需要和个体性需要的满足，秩序价值表现出扩张社会性、压抑个体性的倾向，而自由价值则体现了张扬个体性、压制社会性的倾向。②虽然秩序和自由能够在实现人的全面发展这一终极目标指引下统一，但二者之间的异质和对立是客观和必然的。

综上，秩序价值是指客体在同主体需要的互动关系中产生的，能满足主体对社会行为的稳定性、连续性、一致性和可预见性等需要的属性。正确把握秩序价值，应当注意以下几点：其一，秩序价值是对人的社会性需要的满足。人的社会性表征着人“在自我之外构设自己”的能力，其本质在于通过“自我限制”实现同他人的协调。但是个体的“自我限制”以他人进行相

---

① ［美］博登海默：《法理学：法律哲学与法律方法》，邓正来译，中国政法大学出版社2022年版，第57页。

② ［英］查尔斯·霍顿·库利：《人类本性与社会秩序》，包凡一译，华夏出版社2020年版，第189页。

应的“自我限制”为条件，因此个人和他人都进行“自我限制”就成为人们共同的社会性需要，而以社会行为的稳定性、连续性、一致性和可预见性为特征的秩序价值正满足了这种社会需要。其二，秩序价值是对人的个体性需要的限制。秩序意味着控制，在满足人的社会性需要的同时，秩序价值实质上是对人的个体性需要的限制。人的个体性和社会性既相互对立又相互统一，其是人性的两个方面。人的个体性要求张扬自我，扩展个体的自由空间；而人的社会性则要求限制自我，压缩个体的自由空间。因此，秩序价值同以张扬自我、扩展个体空间为内容的自由价值相对立。其三，秩序价值是社会性价值的核心。秩序价值满足人的社会性需要的实质是实现人的社会性利益，其包括安全和公共福利等。因此，秩序价值是包括安全价值、福利价值等内容的整个社会性价值体系的核心，在同表征个体性需要的自由价值相对应的意义上，以满足人的社会性需要为内容的秩序价值就成为社会性价值的代名词。

刑法意义上的秩序是刑法所保护的各种社会关系构成的有序、稳定结构。在某种意义上，刑法就是一部秩序维护法。秩序价值主要体现在以下三个刑法关系中：

1. 刑法确认和维护社会群体之间利益关系的稳定性。稳定性是秩序的重要特征。如我国《刑法》第二条明确规定刑法的任务是保护社会中存在的各种社会关系并使之具有稳定性，从而形成有序的社会状态。刑法确认和维护社会利益关系的稳定性，在很大程度上受制于刑法本身，即受制于刑法本身的稳定性问题。美国法学家罗斯科·庞德（Roscoe Pound）曾说过，法律必须稳定，但又不能静止不变。① 其揭示了一个永恒的真理，即一个完全不具备稳定性的刑法制度，由于其缺乏一致性和连续性，只能是一组仅仅为了应对一时事变而特地制定的措施。故此，社会利益关系稳定性的前提在于刑法本身的稳定性。同时，刑法也必须服从社会发展的正当要求，维护和促进刑法秩序价值的实现。

2. 刑法的罪刑关系体系体现了秩序。犯罪表现为犯罪严重妨碍主体需要满足，其体现在现实刑法运作过程中就是罪刑关系，因此刑法就是关于罪刑关系的法律，罪刑关系不仅是刑法的主线，也是刑法历史发展的主线。犯罪价值关系体系包容于罪刑关系中，罪刑关系体系成为犯罪价值关系的固定表

① ［美］罗斯科·庞德：《法律史解释》，邓正来译，商务印书馆2017年版，第1页。

达形式。不论刑罚对犯罪控制主体的需要是否满足，其都表现为一种罪刑关系：如果满足主体需要，则说明犯罪控制主体成功控制犯罪；如果未能满足主体需要，则说明犯罪控制主体无法控制犯罪，犯罪和刑罚的矛盾仍然存在。由此可以认为，罪刑关系最抽象、最普遍地概括了犯罪和刑罚的对立统一关系，其体现了对犯罪的控制，本身就是一种秩序。

3. 刑法是处理加害和被害之间关系的唯一标准。刑法的调整对象是罪刑关系，这种关系的形成必然要求犯罪和刑罚存在并发生联系。这一联系是通过刑法规范的运作实现的；刑法是国家意志的体现，因此刑法对犯罪的规定和对刑罚的运用是个人无法也无权代替的，刑法这种超越个人意志的特性决定了刑法在处理加害和被害之间关系的方式和标准上本身就是一种秩序。①

（三）作为积极刑法观价值的秩序

作为积极刑法观价值的秩序，是刑法秩序价值在特定社会背景下的反映。根据秩序价值的存在形态，可以将其划分为现实性秩序价值和理想性秩序价值。其中，现实性秩序价值是现实层面的秩序价值，具体包括现时性秩序价值和规范性秩序价值。现时性秩序价值即秩序价值的现在形态；规范性秩序价值即秩序价值的未来形态。而理想性秩序价值是理想层次的秩序价值，其通过对秩序价值现实进行理想层面考察，指导现时性秩序价值向规范性秩序价值转化。秩序价值在本质上是对人的社会性需要的满足。因此，积极刑法观倡导的秩序所保护的也是人的社会性利益，即其基本内容在于对社会利益的保护。积极刑法观中的社会利益内容可以借助法益来表达。法益是指刑法所保护的利益。这种利益的本质是生活利益。正如德国刑法学家弗兰茨·冯·李斯特（Franz von List）所言，所有法益无论是个人利益，或者共同社会的利益，都是生活利益。这些利益的存在不是法秩序的产物，而是社会生活本身。但是法律的保护把生活利益上升为法益。②而积极刑法观中的社会利益就是可能被风险行为所侵犯的，为刑法所保护的社会利益，其可以被划分为国家利益、公共利益和个人利益。国家和公共利益属于刑法保护的社会性利益自不待言。而生命权、健康权等个人利益由于处于被刑法保护以防止他人侵害的地位，因而归属秩序价值的保护范围，成为社会利益的一部分。由此，积极刑法观的秩序价值包括对国家利益、公共利益和个人利益在

---

① 谢望原：《刑罚价值论》，中国检察出版社2009年版，第173页。

② [日]大塚仁：《刑法概说》，冯军译，中国人民大学出版社2003年版，第83页。

内的社会利益的保护。需要说明的是，个人虽然既可以成为秩序保护利益的主体又可以成为自由保障利益的主体，但是保护和保障个人利益的方式和内容是不同的：保护功能是通过秩序价值的实现来防止个人利益遭受来自其他社会成员犯罪行为的侵害。而保障功能则是通过自由价值的实现来防止个人利益遭受来自国家强制力的不法侵害。

作为国家实现社会控制的政治策略和表达方式，公共政策必然更多地向秩序管理倾斜，以增加人们对秩序和安全的预期。公共政策的秩序控制功能决定其必然以功利为导向，而刑法固有的政治性和工具性恰好同这种功利导向相吻合，由此其天然成为社会秩序管理的利器。然而，传统的罪责刑法观作为一种事后应对方式无法满足人们对秩序价值的需求，刑法必须根据时代需求作出适当的反应。德国刑法学家乌尔斯·金德霍伊泽尔（Urs Kindhauser）指出，刑法不仅是对侵害的反应，它还有使保障社会秩序的基本条件得到遵循的任务；尽管人们对刑法的自由价值和权利保障功能寄予厚望，但是处于风险无所不在的社会环境中，刑法作为维护社会秩序和稳定的最后一道屏障，其秩序价值和社会保护功能注定成为主导。刑法秩序价值的确立目的在于确保人们重获安全感，刑法成为国家应对风险的重要工具，公共政策和刑法的联合也就成为必然。其表征便是公共政策大举进入刑法领域。

从秩序价值和自由价值的关系上考量，二者作为刑法的两个基本价值无疑都不可或缺。但是，秩序和自由都不应被无限承认和绝对保护，而应当作为一个整体来加以考虑，使二者之间呈现出相互平衡的状态。对秩序价值的追求并不意味着否认刑法的谦抑性。对于危害社会的风险行为，只有在运用民事、行政法律手段和措施仍然不足以规制时才可以动用刑法的方法；刑法作为最严厉的国家反应，其适用必须遵循适当性原则，刑事立法行为在其手段和目的之间应当保持合理、适当的比例关系。

刑法作为至关重要的社会规范工具，必须正视风险危害后果的严重性，并适时、适当作出回应以维护和促进社会的秩序与安全。但是将秩序作为刑法的突出价值并不意味着刑法禁绝一切风险的发生。风险同社会的发展相伴而生，为了享受社会发展带来的利益，人们必须容忍一定限度范围内的风险存在，否则将会使人们的生产和生活陷入停滞不前的状态，因此理性而现实的选择是既要允许一定限度之内的风险活动的存在，又要禁止相当程度的风险活动。德国刑法学家克劳斯·罗克辛（Claus Roxin）在其创立的客观归责理论中将“被容许的风险（Tolerable Risk）”概念奉为“灵魂概念”。罗克辛认为，区分不受刑罚处罚的和受到刑罚处罚的举止行为的标准，是由允许性风险的标准建立的，如在一个人的行为符合道路交通规则时，他就是在允许性风险之中活动的，因此在他卷入的事故中，事故的结果就不应归责于他，也就是说从一开始就排除了一种刑事可罚性；相反在一个人的行为危害交通时，他就超越了这种允许性风险，因此可能发生的事故后果就应当作为过失或者故意的、刑法上的不法而归责于他；这里的刑事政策的主导思想是，借助在法律上不赞成的或者说允许的风险，应当根据仔细制定的规则来划分国家的干涉权和公民个人自由之间的界限。[①] 容忍一定限度的风险存在，将有助于人们科学划定秩序和自由的边界，从而在追求秩序价值时不过度限制个人自由。

三、自由价值的体现

自由是人类永恒的价值追求，是人类自我解放和自我发展的必由之路。人类社会发展史在某种意义上就是一部不断扩展和实现自由的历史。作为实现自由的最有效手段之一，法律和自由紧密联系在一起。自由是法律所追求的崇高价值和基本理念，因而也是积极刑法观的价值之一。法律意义上的自由意味着人们具有从事法律允许的一切事务的权利。正如古罗马法学家马库斯·西塞罗（Marcus Tullius Cicero）所言，为了得到自由，我们才是法律的臣仆。又如古希腊哲学家亚里士多德（Aristotle）指出，当自由和法律结合以后，自由并不意味着不受拘束地放纵自己，而是指在法律许可的范围内追求善的生活，法律不应被看作和自由相对立的奴隶，法律毋宁是拯救。由此，法律应当以自由为目的，但是自由又必须接受法律的制约。只有在充分尊重他人自由的前提下，人们才能更好地实现自己的自由。

（一）自由的内涵

正确理解自由价值，应当把握以下几点：一是自由价值是对人的不受国家权力非法干预需要的满足。社会个体为了自身幸福必然要作出妥协，将自身的一部分权益让渡出来，所让渡的这部分权益集合构成了国家权力的基础。应当认识到，国家权力一经形成就必然具有限制个体权益的倾向，而个

---

① ［德］克劳斯·罗克辛：《德国刑法学总论》，王世洲译，法律出版社 2022 年版，第 1 页。

体也具有自我保护并扩展个体性权益的本能需求。国家权力对个体权益的合法限制是维护社会利益，进而维护个体权益的基础。但是，国家权力对个体权益的非法干预则违背个体让渡权益的目的，构成对个体权益的不法侵害，因而自由价值就借助制度、活动等特定客体排除国家权力的非法干预，保障人们在法律范围内享有自由。二是自由价值作为一种使主体不受国家权力非法限制的属性，同秩序价值相对应而存在。秩序价值满足的是人对社会稳定性的需要，而自由价值满足的则是人对不受国家权力非法干预的需要，二者分别立基于人的社会性和个体性两个侧面，对人的需要这一矛盾存在进行全面满足。三是自由价值是个体性价值的核心。自由价值的核心在于对自我需要的满足，因此个体利益的实现必然以自由价值的存在为前提。因为如果没有自由价值，国家权力对个体权益的不法侵害就不可避免。个体性利益不同，特定的客体所具有的个体性价值也不同，而自由价值不仅是所有个体性价值的前提，更是贯穿于个体性利益范畴的核心要素。在这个意义上，以满足人的个体性需要为核心内容的自由价值就成了个体性价值的代名词。

（二）刑法对自由价值的追求

当权利行使的矛盾和冲突达到一般部门法律无法调控的严重程度时，刑法便以其特有的强制力介入权利调整。刑法通过对一部分社会成员自由的限制来保证社会成员在总体上享有自由，从而实现其对自由价值的追求。其具体表现在以下几个方面：

1. 刑法对公民自由进行限制和保护。公民自由是行为自由和行为责任的结合，是个人自由和社会自由的统一。自由意味着人们应当对自己的行为负责，即担负起控制其行为以及行为引起后果的责任。同时，公民在社会生活中行使自由权利即意味着其在某种程度上参与社会管理事务并影响到他人的社会生活。因此，行使自由权利的公民必须承担起对社会的责任，否则将受到法律的惩罚。由此，刑法总是通过明确自由权利范围来实现对自由的限制和保护——通过授权性或者禁止性规定，即明确公民应当享有的权利，也规定公民行使权利的边界。由于公民自由存在同他人甚至社会利益相冲突的可能性，因此国家和社会在承认和保护公民自由的同时，又必须对其进行控制，从而使公民既能享有法律所确认的自由权利，又不妨碍或者侵害他人和社会利益，既承担社会和法律责任，又依法律规则调节自己的行为。因此可以认为，刑法对自由限制和保护的目的在于使个人自由能够同他人及社会自由和谐并存，在于寻求和维护自由实现的方式和路径。

2. 刑法为公民行使自由排除妨害。刑法对公民自由权利的保障和促进作用，最突出地表现为其是排除各种妨害自由权利行使因素的强有力手段，能够破除人为的不适当、不公正的束缚以保障自由的实现。而自由获得法律的认可成为从事一切对别人没有害处活动的权利，是法律自由的核心。刑法正是通过把现实的、应有的自由在条文中加以规定，使之成为合法的、普遍的、受刑法强制力保护的法定权利，从而排除来自他人的妨害。

3. 刑法为公民行使自由提供机会和条件。在社会意义上，自由意味着对行为作出有效选择，这种有效选择取决于对行为后果的事先预知和合理预测，而刑法正是以国家政治权威的名义宣布的一般规则，其明确而肯定地规定了在各种预设条件下的行为模式及其法律后果，从而减少了人们在社会生活中的偶然性和盲目性，提升了行为的可预测性和选择自由度，进而增强了社会公众实现自由的能力。[①]

（三）作为积极刑法观价值的自由

积极刑法观价值中的自由，是指在特定社会背景下，主体期望的刑法活动在同主体需要的互动关系中产生的，满足主体对不受国家权力非法干预和压制需要的属性。自由价值在本质上是对人的个体性需要的满足。因此，积极刑法观价值的自由所保护的也就是积极刑法观中人的个体性利益，由个体所享有的不受国家权力非法干预的权益——同积极刑法观中人的社会性利益相对应。其既包括个人所享有的个体性权益，也包括法人所享有的个体性权益。个体性利益在性质上具有个体性和社会性相结合的双重属性。其既可能成为秩序价值的利益指向——社会保护的对象，也可能成为自由价值的利益指向——人权保障的对象，区分关键就在于个体性利益在刑法活动中所处的不同地位：处于被害人地位的个体所享有的利益就是秩序价值利益指向的个体利益，是刑法社会保护功能针对的对象；处于犯罪行为人地位的个体所享有的利益就是自由价值利益指向的个体利益，刑法人权保障功能针对的对象。而对于犯罪行为人和被害人之外的个体利益，既可能成为刑法打击犯罪过程中的保护对象，也可能成为刑法打击犯罪过程中的针对对象，因此这部分个体利益既可能是社会利益的一部分，也可能是个体利益的一部分。

在积极刑法观的语境下，缺乏秩序则自由不可能存在。人们对刑法的秩序维护需求不断增强，而刑法对秩序的控制集中表现为刑法规范对风险行为

① 应奇：《从自由主义到后自由主义》，三联书店 2003 年版，第 112 页。

的限制和禁止。美国哲学家约翰·杜威（John Dewey）认为，寻求确定性是寻求可靠的和平，是寻求一个没有危险，没有由动作所产生的恐惧阴影的对象。因为人们不喜欢的不是不确定性本身，而是由于不确定性有使我们陷入困境的危险。[①] 也即确定性的追求反映了人们对于秩序的需要。而在缺乏秩序的情况下，自由是不可能存在的。近代的契约论者给出了秩序对自由重要性的经典解释：契约论者认为人们在自然状态中是自由的，却不是安全的；由于这种不安全，他们又面临着随时都可能失去自由的危险，于是他们就在直接意义上出于安全的需要，在根本意义上则是出于自由的需要而彼此缔结契约，建立起了一个文明的政治共同体。尽管契约论者采取的是一种假设式的逻辑论证，但其得出的结论却体现了一种历史事实——在人类社会历史的任何一个时期，自由都是以秩序为后盾的，一个没有秩序的自由人最终必然是不自由的。没有秩序，自由就是一种空想。

从历史上看，秩序和自由的关系是不对称的。一方面，自由以秩序为后盾，只有在秩序基础上的自由才是真实的自由；另一方面，秩序并不寻求自由的支持，自由在很多时候甚至被视为秩序的破坏性因素。这种不对称的关系赋予了秩序某种优先性。从社会现实看，自由从来都是被纳入秩序范畴中的，如何建立积极刑法观的自由价值从而保障自由实现随之摆在了人们面前。

人们将秩序和自由视为一对矛盾，是因为人们将秩序等同于控制，而控制在任何时候都是和自由相悖的。应当认识到，并非只有控制才具有提供社会秩序和稳定的功能。在将控制作为谋求秩序唯一途径的情况下，单向度的思维使人们无法理解和接受不通过控制而获得秩序的可能性。人们无法想象没有控制也可以实现秩序的社会状态，才会运用官僚制组织去实现对整个社会的控制，但其实际上剥夺了社会成员通过自由行为选择来自主应对风险的能力，从而使整个社会深陷风险的沼泽之中。[②] 因此首先需要重新发现自由，拆除秩序和自由之间的屏障，寻求秩序和自由的统一，从而建立起积极刑法观的自由价值。人们需要通过非控制的方式去获得秩序，而这种秩序正是一种实质性的自由秩序，是一种根源于人类实践理性的合作秩序。这种秩序是自由的，但并不是孤立的个体自由，而是一种人类社会共同体的自由，其包

---

① ［美］约翰·杜威：《确定性的寻求：关于知行关系的研究》，傅统先译，华东师范大学出版社2019年版，第5页。

② 陈兴良：《刑法的价值构造》，中国人民大学出版社2017年版，第69页。

含社会共同体所拥有的自由和在共同体中实现的自由，是社会共同体存在和发展的前提。只有当共同体具有自由的特征，其成员才能够独立地去和他人开展积极合作，从而使共同体形成一种合作秩序。因此，人类社会共同体的自由是秩序价值和自由价值相统一的社会形态。

第二节 秩序价值与自由价值的碰撞

秩序价值与自由价值都是积极刑法观遵循的基本价值，两者间存在客观的矛盾关系。人是自然属性与社会属性的统一体。人的自然属性要求自由，突出个人意志和个人感受；而人的社会属性则渴望秩序，要求合理协调同他人的关系。同时，人还是理性和非理性的结合体。理性表现为控制，倾向于秩序；而非理性则表现为任意，倾向于自由。由此，秩序价值和自由价值存在对立性，这种对立的实质是人的社会性需要和个体性需要的对立，也即社会利益和个体利益的对立。有学者指出，自由强调的是主体个性的发挥，而秩序强调的是有序状态的建立和维持；自由难免有打破既有平衡——秩序的趋势，秩序也在一定程度上制约自由、维持平衡的规律性，因此二者之间的冲突在所难免。①在积极刑法观的视角，秩序价值得到进一步实现，秩序价值和自由价值的碰撞更为明显。

一、秩序与自由的冲突表现

人们在确立刑法规则以形成适合自身需求和符合人性的社会生活模式时，所面临的总是秩序和自由的两难问题。在此意义上，人类发展史就是一部在秩序价值和自由价值之间摇摆和平衡的历史。秩序和自由的冲突与矛盾主要表现在以下几个方面：

（一）现代国家权力运行的悖论

现代国家的产生是人类社会由农业文明向工业文明转型的必然结果，是同维持社会秩序，保障公民自由紧密联系在一起的。现代国家的构成要素包括由立法确定的秩序、依法设立的权力机构、在管辖权限内拥有的约束性

① 卓泽渊：《法的价值论》，法律出版社2018年版，第178页。

权威以及在管辖权限内合法使用的国家暴力。在国家权力的运转过程中会产生一个悖论：一方面现代社会需要国家具有全面管理和控制公共事务的能力，另一方面国家权力一旦扩张必然会对公民个体自由构成威胁。由此，现代国家的运行必然引发秩序和自由的矛盾和冲突。对于现代国家的维护秩序和保障自由职能，自由主义者主张“弱国家（Weak Country）”，强调扩张公民权利、限制国家权力，从而实现个人利益。而社群主义主张“强国家（Powerful Country）”，强调加强国家职能，使公民受益权能得以实现。其中，自由主义的最大弊端在于过分强调国家权力的消极无为，从而可能导致公共秩序的混乱和社会安全的缺乏。而社群主义的弊端则在于国家社会公共利益可能剥夺个人利益，从而危及个人自由的实现。如果在强调国家权力的情况下，奉行“强迫从善优先于强迫不从恶”的原则，则必然导致专制独裁和极权政治。在现实社会生活中，现代国家总是既有社群主义主张的“强国家”一面，又有自由主义主张的“弱国家”一面。国家权力扩张有利于维护社会秩序，却可能限制自由；而国家权力限缩有利于个体自由，却可能损害其他人的自由，从而使社会失序和混乱。由此，秩序价值和自由价值的冲突和矛盾突出地反映在现代国家权力运行的悖论之中。

（二）制度与经验的背离

秩序价值和自由价值产生冲突和矛盾的另一表现，在于社会制度和个人经验的背离。随着现代权力体制的建立和社会制度的理性化，包括刑法在内的社会制度越来越技术化，从而愈加偏离个人的社会经验。由于实现刑法缺乏内在的亲和力，秩序价值需要以国家强制力为保证，往往无法有效调动个体自觉采取行动，促成人们之间的合作关系。这种秩序在一定程度上缺乏自我扩展和调整的动力，也无法对不断变化的社会作出灵活有效的反应，因此极有可能使社会僵化，从而不利于刑法自由价值的实现。由于现代国家的刑事立法背离于个人经验，人们往往在当刑法规则的运行涉及并影响自身利益时，才会察觉到刑法规则作为外在力量的存在以及个人自由受到的干预和压制。自由受到限制的个人会采取各种规避刑法规则的方式，以期回到原有的经验生活中。由此，刑法规制个人生活、实现社会秩序的目标和愿望就有可能落空。

二、秩序与自由的冲突原因

刑法秩序价值和自由价值的冲突原因是多方面的，主要可以归结为主体原因、社会原因和文化原因，分述如下：

（一）主体原因

作为主体的人的宗教信仰、教育程度等主观因素存在差异以及受生活环境等客观条件的影响，不同个体对刑法价值的要求是不同的。个人根据自身情况追求其自身利益，必然导致其对刑法秩序和自由的理解存在偏差，由此在主观层面产生秩序和自由的价值冲突；在刑法运行层面，个人在立法、司法、执法和守法各个环节中担任不同的角色，正是这种个人在社会生活中角色分工的差异，使每个人根据自身角色要求和标准理解刑法秩序和自由，对自身行为做出不同预期，从而产生不同的价值要求，秩序和自由的冲突也就在所难免。

（二）社会原因

1. 社会需要的多元性和多层次性。社会是由无数作为个体的人所组成的整体概念。不同的个体在社会生活中必然会根据自身情况产生不同的要求并追求不同的利益。即使是同一个体在不同的时间和地点以及不同的社会背景下也会根据其自身实际产生不同的利益期望和要求。由此，集合个体需要为整体的社会需要必然呈现出多元性和多层次性的特点。基于这种特点，社会作为刑法产生和发展的客观外部环境，必然会产生多元和多层次的价值理念和价值要求。社会生活的复杂性、生活条件的多变性使处于社会生活中的刑法主体产生了形形色色的刑法认识、刑法理想和刑法要求。当这些形形色色、富含矛盾的刑法认识、刑法理想和刑法要求进入司法领域必然会带来刑法实践冲突。因此，在社会实际生活中，在刑法立法、司法、执法、守法和法律监督的各个刑法运行环节中，必然存在秩序和自由的价值冲突。

2. 社会生活的广泛性和复杂性。社会生活是丰富多彩的，广泛而又复杂。社会生活随着社会形态的发展以及人际交往的频繁逐步发展变化，越来越具有广泛性和复杂性。社会生活的广泛复杂构成了刑法价值冲突的先决条件和社会基础，使担任各种社会角色的人们必然对刑法价值的认识、理解和需求差异巨大，因而刑法秩序价值和自由价值冲突也就成为必然。

3. 社会外部条件的不断变化性。人类生存和发展所必需的社会外部条件是不断发展变化的。作为社会基础的物质条件和精神条件不断演化，推动了整个社会条件不断发展变化，进而促使在社会中生活的人的主观世界不断发展变化；这种发展变化中必然包含人对秩序价值和自由价值的认识、理解和要求的变化。[①] 应当注意，人们对于秩序价值和自由价值的认识、理解和要求的发展变化并不是同步的，其认识、理解和要求本身就存在巨大差异，从而使人和人之间必然存在秩序价值和自由价值的冲突与矛盾。

（三）文化原因

文化是随着人类社会的出现而产生、发展的，是人类精神领域成果的结晶。由于人类文明形态发展的不同步、社会发展的不均衡以及地理环境的差异等客观因素，不同国家、不同民族甚至同一国家不同地域之间的人们都呈现出不同的文化背景、文化传统和文化素养。不同个体和群体之间的文化差异以及由此而产生的文化冲突，是秩序价值和自由价值冲突的重要原因之一。就刑法领域而言，由于文化背景和文化传统的差异，各国学者甚至一国的不同学者之间，对刑法秩序价值和自由价值的冲突存在各不相同甚至截然相反的认识和见解，有的学者认为自由价值高于秩序价值，有的学者则认为秩序价值高于自由价值。此外，在国家层面上，国家文化差异是国家之间产生秩序和自由冲突的重要原因。在当今国际社会中，处于文化强势地位的国家总是试图把本国文化传统和文化内容作为最高标准，强迫处于文化弱势地位的国家遵照适用，国家之间秩序和自由的价值冲突正源于此。正如有学者所言，在不同文明形态冲撞的过程中，文明发展的不同程度和强弱之分开始显现，弱势文明和强势文明的差异得以凸显；由于强势文明视自己为文明进步的代言人，对弱势文明表现出明显的歧视，而弱势文明在强势文明强大的歧视压力下理所当然地反抗强势文明对自己的歧视，开始同所谓的强势文明发生严重冲突和对抗，文明的冲突及价值冲突就发生了。[②]

三、积极刑法观的价值冲突

（一）秩序价值的显现

按照积极刑法观的考量，社会迫切需要社会秩序，刑法作为强有力的社会规范工具，必须正视风险后果，通过作出适当回应维护人类社会的安全和秩序。

1. 通过刑法的预防性特征维护秩序价值。贝克指出，惯常的科学和法律

① 宋永平：《价值冲突的本质与表现》，载《西安交通大学学报》2013 年第 9 期。

② 陈新汉、冯溪屏主编：《现代化与价值冲突》，上海人民出版社 2003 年版，第 95 页。

制度建立起来的风险计算方法崩溃了，人们无法预知火山何时爆发，却深知一旦爆发可能造成巨大的灾难。人们的安全感缺位极易造成社会混乱，从而危害社会生活的稳定、有序，因此只有将风险扼杀在摇篮里才能满足人们的安全感，进而维护社会生活的秩序和安全。刑法应当以行为危险性为前提防控和限制风险：只要行为人的行为带有不被允许的风险，刑法就应当予以禁止，近年来各国刑法中危险犯数量逐渐增加便说明了这一点；此外各国刑法对犯罪预备、犯罪未遂的处罚以及对持有犯等的规定也同样体现了刑法以预防性的手段实现对秩序维护的保障。

2. 通过刑法的保护主义特征保障秩序价值。为了满足人们对社会秩序的追求，刑法作为风险控制的有力工具，刑事法网日趋严密。由于各种风险渗透于社会生活的各个角落，因此刑法控制风险的触角也随之延伸，干预范围更加广泛。一方面体现为食品药品安全、环境保护、恐怖主义、经济犯罪等风险领域逐步实现的普遍犯罪化；另一方面体现为刑法中对法益概念解释的逐渐扩大；刑法对法益的解释由传统的物质法益向精神法益延伸，将抽象和超个人法益纳入刑法的保护范围。

（二）自由价值的定位

随着刑法价值重心向秩序转移，自由价值的实现在一定程度上受到影响。

1. 传统刑法原则的调整影响自由价值的实现。传统意义上的刑法是以罪责原则为中心实现对国家刑罚权的限制，从而保障公民的个人自由。然而，这些原则的限制使得刑法的社会保护功能受到影响，为了实现对社会秩序和稳定的追求，新的刑法理论对一些传统刑法基本原则进行调整，这就不可避免地放松对自由价值的保障。以罪刑法定原则为例，该原则要求刑法必须遵守明确性原则，要求事先明确刑法所禁止的行为及其后果。然而风险往往具有难以认知性，立法者难以预知和穷尽其所要禁止的危险，因此难以在立法过程中予以明确规定。此外，随着法益保护的扩大化，法益内容逐渐抽象化和精神化，使得预设法益的内容也变得抽象化和模糊化，不符合罪刑法定中的明确性要求，由此不明确的立法使公民的自由权利有被侵犯的危险。

2. 功利导向的刑法影响自由价值的保障。积极刑法观的归责依据由传统的“非难可能性”逐渐转变为“预防必要性”，其功利导向和政策化趋势愈加凸显。20 世纪以来，刑事政策不断渗透和介入刑法领域，功利导向的政策化刑法往往具有强烈的目的性，存在为达目的而忽略手段正当性的危险，从而影响对个人自由的保障；为了满足人们日益增长的秩序需求，刑法强调对社会的保护机能，以社会秩序为主要目标会造成对个体法益保护的削弱，从而产生对个人自由保障不利的后果。

第三节　秩序价值与自由价值的协调

虽然秩序与自由间有诸多矛盾和冲突，但是二者只有互相映射、相得益彰才能共同实现积极刑法观的基本价值，进而创造更加和谐美好的社会环境。秩序和自由应当互为工具和手段：当自由过限成为无约束的混乱时，良好的秩序便是限制其肆虐的手段；而当过多的秩序妨碍社会前进时，自由便是推进社会发展的动力。秩序和自由互相依赖、互相扶持，共同构成积极刑法观的基本价值。

一、秩序与自由的关系

刑法作为一项法律制度，表现为一种对人们具有强大约束力的法律秩序。英国政治思想家里奥纳德·特里劳尼·霍布豪斯（Leonard Trelawney Hobhouse）认为，普遍自由的第一个条件是一定程度的普遍限制，没有这种限制，有一些人可能自由，另一些人却不自由，这种限制就是法律，因此自由和法律之间没有根本性的对立，相反法律对于自由而言是必不可少的。[①]这里的"法律"可以理解为秩序，由此秩序和自由成为一对对立统一的法学概念，其相互关系表现如下：

（一）秩序是自由的保障

法国唯物主义哲学家德尼斯·狄德罗（Denis Diderot）认为，自由是天赐的东西，每一个同类个体只要享有理性，就有享受自由的权利，因此在一定意义上，人类生存和发展的过程就是一个不断追求、实践自由的过程。应当认识到，自由是一切人类社会实践的终极价值，但人们在实现自由的过程中必须把握和服从社会规律。法律作为一种社会制度，正是人们在追求和实践自由的漫长过程中，以及在把握和服从社会规律的基础上，创设的一种合目

① ［英］奥纳德·特里劳尼·霍布豪斯：《自由主义》，朱曾汶译，商务印务馆2022年版，第1页。

的性的行为秩序。[①] 法律作为一种社会秩序的本质目的却在于有效保护人们的个人自由。这是因为，任何时代的社会自由都以限制为基础，社会自由是一种全体成员都能享有的自由，也是一种从不伤害他人的行为中进行选择的自由，只有对人们相互伤害的行为施加限制，他们作为一个整体才能在一切不会造成社会不和谐的行为中获得自由。由此，秩序是自由的保障：一方面秩序划定了自由的范围，在许可范围内人们享有充分的自由；另一方面秩序对侵犯他人自由的行为予以制裁，从而保障社会整体自由的实现。

（二）自由以秩序为限度

自由不等于放任和为所欲为，其必须具有一定限度，而这个限度就是作为法律制度的秩序。有学者认为，法律好像是一张网罩在社会关系上，一个个的网孔即是各个人的行为范围；各个人的行为，在范围以内是自由的，若跨出范围之外，便是不自由的，所以法律替一切个人划定了自由和不自由的界限，个人自由只能是法定界限以内的自由。自由之所以必须受到秩序的限制，是因为作为人性弱点的占有欲、支配欲等本能因素在绝对自由支配下，会使社会演变成一种弱肉强食的野蛮状态。任何两个各自追求不同目的的自由人在一起就会发生冲突，人们的自由要有效就必须承认某些相互的限制，因此没有秩序的限制，人们将不会获得真正的自由。西塞罗指出，我们都是法律的奴隶，正因如此我们才是自由的，如果没有法律强加的限制，每个人都可以随心所欲，结果必然是因此造成自由的毁灭。[②]

普遍意义上的法律秩序和自由关系完全适用于积极刑法观基本价值的秩序和自由关系。积极刑法观价值的自由即是国家通过刑法治理活动对公民自由的确认和保护，刑法立法、司法和执法过程就是人们追求和实践自由价值的过程。积极刑法观价值的秩序，是指刑法作为一种法律制度，其在本质上就是一种特定的社会秩序。[③] 而刑法的使命就是通过预防和管控风险维护社会稳定和人民幸福，从而最终确保人们享有最大限度的自由。

---

① ［奥］凯尔森：《法与国家的一般理论》，沈宗灵译，商务印书馆 2013 年版，第 27 页。

② ［英］彼得·斯坦、约翰·香德：《西方社会的法律价值》，王献平译，中国法制出版社 2004 年版，第 174 页。

③ 卓泽渊：《法的价值论》，法律出版社 2018 年版，第 195 页。

二、两点论与重点论的统一观

秩序价值和自由价值协调发展蕴含了唯物辩证法中两点论和重点论的统一观。唯物辩证法的两点论要求全面把握矛盾：既要看到主要矛盾，又要看到次要矛盾；既要看到矛盾的主要方面，又要看到矛盾的次要方面。而唯物辩证法的重点论要求区分主要矛盾和次要矛盾，以及矛盾的主要方面和次要方面。认识和解决问题应当抓住主要矛盾和矛盾的主要方面。两点论和重点论是统一的：两点是有重点的两点，重点是两点中的重点。关于秩序价值和自由价值的关系，在抽象意义上很难判断孰为首要、孰为次要。只有将二者对立统一地对待，并置于特定社会历史条件下进行分析，才能做出正确的选择。根据特定的历史条件、特定的范围以及特定的情境，社会秩序同个人自由的关系是变动的：在社会失序、行为失范的时期，刑法必然将秩序价值放在首位，重点发挥刑法的保护机能。而在秩序平稳、社会安定的时期，刑法则更多关注自由价值，侧重刑法的自由保障机能。因此，刑法价值的取舍和机能的选择不是固定不变的模式，而是在不同社会情势下应当具有不同的评价结果。由此，秩序价值和自由价值的协调要求在全面把握二者不同价值内涵和外在表征的基础上，根据特定的时代背景来分析秩序和自由关系的重点。

自由价值是现代社会刑法基本价值的重点。在古代，个人在身份和人格上没有独立性，人们通过血缘和地缘的纽带在生活中相互依赖，在人身上相互依附，组成了家庭式的社会共同体。进入阶级社会以后，这种家庭式社会共同体成为国家结构的理想模式，同不平等的身份和地位相关，自由并没有成为社会的普遍价值追求。然而进入现代社会以后，个人在身份和人格上成为相互平等的自由主体，自由逐渐成为社会发展的首要价值目标。然而在社会风险叠加的背景下，秩序价值逐渐成为刑法基本价值的侧重点，因为社会整体利益无法得到维护，就根本谈不上个人的自由权利保障。在秩序价值的指引下，刑法作为一个社会稳定的基本前提条件，其目的不在于对个人的谴责，而在于保证社会的安全和稳定，刑法所关注的重点在于行为人所制造的风险，防控和应对风险，保障人类安全、和谐的共同生活成为刑法的主要任务。

强调秩序价值并不意味着要牺牲或者抛弃自由价值。恰恰相反，强调秩序价值的目的是在秩序的基础上达到秩序和自由的动态平衡。二者的最终价值定位在不同的时期也应当是同一的——秩序价值是基础和手段，自由价值是目的和标尺。“不自由，毋宁死”的呼声是自由思想对专制制度的反抗，其反对专制秩序，但并不是一般地反对秩序，诸如“紧急状态法”之类特别法的实施体现了特定时期国家社会稳定相对于个人自由的优位，但并不是一般地取缔自由，甚至可以认为这种特定社会秩序的最终目的依然是恢复和保障自由。[①] 由此，刑法应当以社会秩序为现时努力的目标，而以个人自由为长期追求的目标，认清这一点有助于人们准确把握积极刑法观秩序、自由理论上的和谐同现实中的张力之间的关系。

（一）秩序是积极刑法观的直接价值

秩序是人类一切活动的前提和基础，自由的实现离不开秩序。而秩序的形成又离不开规则，社会规则即源于人类本性的秩序需求，人们的行为受阐明或者未阐明的社会规则调整从而形成一定社会秩序；刑法在一定意义上就是为建立某种秩序而产生的，其具体通过刑法法律的规范性功能、调节性功能和保护性功能来实现保障社会秩序的宗旨。由此，秩序是积极刑法观的基础性价值和直接性价值。在秩序层面上，刑法以追求并保持一定的社会有序状态为目的。在众多刑法价值中，秩序价值是基本价值，同时也是最基础的价值。这是因为，社会秩序是刑法赖以存在的依据：秩序是人类生存和发展的必需，而保障人类生存和发展所必需的社会秩序是通过社会规范来实现的，这种社会规范主要体现为包括刑法在内的法律。由此可以得出，刑法的创设首先在于社会秩序的需要。秩序是其他刑法价值的保障，是自由实现的基础，也即刑法的秩序价值是其他刑法价值的先决条件和基础，其他刑法价值是刑法秩序价值的延展。由此，以秩序价值为刑法的基础价值和直接价值，是其他刑法价值有效实现的要求。没有秩序，自由就无从谈起。

（二）自由是积极刑法观的终极价值

无论社会如何发展，科技如何进步，人的存在才是目的，都应当是所有社会科学展开研究的基本前提。如果失去这一点，所有关于人类社会的思考和结论都不过是人类自我毁灭路上的一块垫脚石。由此，积极刑法观最终肯定的价值只能是人权保障。即当社会遭遇风险冲击，需要社会成员追加一份自由出让的最终目的在于保障更大的自由。由此，积极刑法观优先维护社会

---

① 桂万先：《从自由与秩序的辩证关系看法治现代化的价值基础》，载《江苏警官学院学报》2006 年第 8 期。

秩序、限制个人具体自由的终极目的在于保证社会成员在总体上享有普遍的精神自由，从而实现其对终极自由价值的追求。哈耶克认为，权利是承认自由的结果和争取自由的依据，只有获得权利才能得到自由，事实上整个法治的设计和运行都是以自由为目的的；现代法律的制定要以自由为出发点和归宿，法律上的授权是对自由的确认，法律上的禁止和义务也是为确保自由而设定；法律实施以人权为宗旨，法律的保护和打击以自由为归依，只是为了更好地保障自由，法律才能设定对自由的限制。由此，自由应当是积极刑法观的目的性价值和终极性价值。这种目的性价值始终具有不可替代的指导和导向意义。其包含了人类的愿望和理想，又反过来关注和评价人类的思想和行为，维持人类生存并逐步走向完善。刑法的权利和义务都是以自由实现为目的而设定的。如果刑法权利义务的设定同自由相抵触，那么这种刑法权利义务必将被唾弃，自由也就失去了刑法的根据和保障；从刑法的制定和实施来看，自由始终贯穿于刑法的制定和实施过程，离开自由的刑法制定和实施只能是暴政和专制；在现代社会，刑法价值准则和趋向虽然是多元化的，但是能从最根本层面体现刑法时代精神的，只能是自由；体现自由、保障自由和发展自由应当是刑法的精髓，其不仅于现在是刑法所具有的基本价值，而且在未来法律发展过程中也将是刑法的精神内核。

（三）秩序价值与自由价值的统一

作为刑法直接价值的秩序和作为刑法终极价值的自由之间的关系十分紧密。秩序是反映社会对于主体行为进行约束的状态，而自由则是反映主体意志独立的状态。秩序和自由的实现是对立统一的：一方面，自由的实现有赖于一定秩序的建立，自由是秩序所要追求和实现的价值目标之一，任何人行使任何一种自由，都不能无视他人同样拥有的自由，只有存在一定秩序才使自由的实现成为可能；另一方面，一定秩序的形成也取决于自由被规范的程度，秩序和自由在运行趋势上成反比例关系：自由越被放任，秩序就越难建立，自由越被限制，秩序就越容易建构。秩序价值的保障尤为重要，但不能成为自由退却的理由：必须深刻地认识到秩序价值的存在意义在于更好地实现自由价值，若自由被秩序摧毁，那秩序的实现便失去了意义。作为积极刑法观基本价值的秩序和自由是统一的，是一种有侧重的、动态的统一，积极刑法观的这种价值目标构成对传统刑法价值目标的补充，使秩序价值和自由价值相协调，个体利益和社会利益相均衡，从而服务于人对美好生活需要的追求。

综上，刑法的秩序价值和自由价值是有机统一的，因此按照积极刑法观，刑法不能为了满足公众的安全感而威胁或者侵犯公民的自由，也不能因为对风险的控制会削弱对公民自由的保障而对风险视而不见，刑法应当是秩序基础性价值和自由终极性价值的统一。

三、积极刑法观的价值协调思路

在传统意义上，刑法对公民个人自由的保障是通过对刑法罪责原则的遵守来实现的，而积极刑法观对社会秩序的突出维护往往是以刑事政策为形式，通过对原则设置例外来实现的。如前文所述，就作为积极刑法观基本价值的秩序和自由而言，二者中的任何一方均无绝对的优先权，不能舍此取彼。因此，积极刑法观基本价值的协调路径在于从原则和例外之间寻找一个平衡点来缓解秩序和自由的紧张关系，从而合理地确定刑法发展方向，进而实现刑法整体价值。

（一）允许例外保护秩序

刑法的基本原则是贯穿于全部刑法规范和刑法适用中的准则，具有指导和制约全部刑事立法和司法的意义，刑事立法和司法应当以基本原则为指导，不能随意突破原则的规定。① 但当原则不利于利益保护的最大化或者不符合社会需要时，原则可以存在例外。由于刑事处罚的目的在于惩罚和预防犯罪，因此刑法具有一种天然的保护社会机能；为了实现保护机能而对原则适用做出适当调整是刑法的本能，应当承认其合理性，由此只要能够满足社会对刑法的需求，以及实现利益保障的更大化，人们应当赋予例外以存在的合法性。② 按照积极刑法观的视角，严格责任、法人责任、行为本位等用以加强社会控制、维护社会秩序的理论及相关规定，就是相对于自由价值的例外规定。为达到防控、应对社会风险的目的，应当承认并鼓励这种例外的存在和发展。

（二）限制例外保障自由

自由价值是刑法的终极价值，对自由的保障是刑法的精髓。刑法的目的不在于废除或者限制自由，而在于保障和扩大自由。在原则和例外的协调过程中必须严格把握原则的根本性地位，尽量满足人们对自由的合理需求，虽

① 张正德、付子堂：《法理学》，重庆大学出版社 2003 年版，第 238 页。

② 高铭暄、马克昌：《刑法学》，北京大学出版社 2019 年版，第 28 页。

然特定条件下对原则的例外突破存在合理性，但是例外对于原则随意偏离和突破必然会损害自由。因此，在允许合理例外存在的情形下应当对例外进行严格规制，从而在协调秩序和自由时在原则和例外之间寻找一个平衡点——合理建构和限制例外，使秩序和自由在和谐的氛围中互相促进，最终得到最大限度的实现。

当前，刑法越来越被作为一种有效防范风险的手段而使用，其工具性价值不断提升。但是刑法运行在防控风险的同时也相应损害了公民的自由和权利。因此在强调刑法预防机能的同时，也应当重视其适用的有限性，防止矫枉过正。为了获取积极刑法观应用的正当性，对例外的建构应当遵循以下几个原则：一是目的正当性原则。即例外建构所要达到的目的不违背社会正当目的，也即刑法所采取的手段必须符合其所追求的目的。二是手段必要性原则。即基于社会特殊情形的迫切需要，非超越原则不足以满足对公共利益的保护或者保护成本过大。为追求安全、秩序而选择制裁手段时，只有选择对犯罪行为人侵害最小的手段才具有手段必要性。对于一些属于附属刑法类型的犯罪，其风险防范的第一措施是行政手段。行政法上的风险评估、风险预警和风险管理制度的设计都是针对风险防范而创设的。只有在行政法不能有效发挥预防功能时，刑法适用才符合手段必要性要求。三是比例性原则。建构例外必须兼顾公共利益和个人权益的实现和保护，如果例外的建构不得以对个人权益造成不利影响，则这种不利影响应当被限制在尽可能小的范围内。积极刑法观并不主张制定严厉的刑罚措施来防范风险，而只能采取必要、可行的刑罚。因为积极的刑事立法往往针对的并不是具有现实危险的行为，如果规定过重的刑罚，那么在损害和刑罚之间就会出现明显的不对称，从而违背比例性原则。

第三章　积极刑法观的价值外观

面对社会风险冲击，刑法既不能在公共政策的挤压下沦为简单的威慑和控制工具，也不应保守地放任风险蔓延的现状，而应当主动融入风险应对体系，理性选择刑法对策，为风险规制的实现提供有力支持。积极刑法观基本价值的秩序和自由相互作用，积极刑法观秩序价值和自由价值的碰撞使刑法呈现出积极主义倾向，共同影响着当前的刑法理论和实践。其主要通过法益保护前置、责任主义拓展和一般预防主义凸显三种价值外化手段达到预防和控制风险，维护社会秩序和安全，从而在终极意义上实现自由的目的。

第一节　法益保护的前置化

传统刑法理论中的法益是一种物质性、具体化和个人化的概念范畴。自由主义是法益理论的重要基础。自由主义的法益论重视对个人法益的保护，反对通过牺牲个人法益来扩张对共同法益或者集体法益的保护，因此，在传统刑法立法以及刑法解释过程中，法益理论总是彰显着自由主义精神。然而，在当前丛生的社会风险面前，如果仍然将刑法所保护的利益限定为生命、身体、财产等具体的、物质的个人法益，而漠视同人类个人法益密切相关的秩序、安全等抽象的社会性利益，其显然悖离社会现实需要，从而难以满足人们对秩序价值的基本需求。基于保护抽象化、社会化法益的需要，刑法必须对法益进行提前保护，从而产生了刑罚早期化的要求。

一、法益保护前置化概述

法益是从人类社会所存在的各种利益中抽象出来的，因此法益的确立必然和一个时代的社会现实需求密切相关。随着法益逐渐抽象化，刑法立法较少以个人法益为导向，而多以抽象的社会法益和观念法益为保护对象；在这一倾向指引下，立法者往往从认为值得保护的社会利益中寻找法益，而后创造出超个人法益，这些法益使立法者得以将那些界限模糊的行为犯罪化，从而将法益保护作为社会控制和管理的一种重要手段。[①]法益逐渐从批判性特性转变为犯罪化特性。德国刑法学家伯恩特·许乃曼（Bernd Schunemann）认为，以社会侵害性这个价值判断表示刑法特有的不法，在一开始具有强烈的实证成分，因为自启蒙运动以降，人们即十分明白行为单纯的反道德性绝对不足以作为非价判断的基础，而是以对具体而可掌握的利益有外观上可确定的损害为前提；但法益概念的具体化取决于一个社会的科技和文化发展水准，一种利益是否值得保护是通过分析社会的存在状况进而显示出来的社会保护需求来加以确定的；在法益抽象化的同时，法益逐渐社会化，出现了大量凌驾于个人法益之上的集体法益。法益逐渐向超个人的普遍法益扩展，社会秩序等抽象、普遍的法益逐渐被纳入刑法保护范围。可以认为，法益抽象化和社会化趋势对刑法的介入方式和程度都产生了重大影响。

基于保护抽象化、社会化法益的需要，刑法必须对法益进行提前保护，因为某些行为所具有的潜在风险性增大，许多犯罪行为一旦实施便会对刑法所保护的抽象化、社会化法益造成不可估量的灾难性侵害后果。由此，维护秩序和控制风险成为刑法的重要功能之一，进而秩序成为刑法追求的基础性价值。在这一刑法逻辑结构中，行为必须符合社会秩序，如果某个行为被证明存在损害社会秩序的可能性，则该行为就应当被禁止。而为回应公众对秩序价值的追求，谋求社会中的秩序性保护和稳定化，将刑法作为控制风险工具加以利用的刑法功能化动向愈加明显，刑法介入比以往任何时候都更显早期化。这种早期化倾向最开始源于反恐立法；之后以此为契机，这种倾向开始在环境犯罪、经济犯罪、毒品犯罪和计算机犯罪等立法中显现；而在当前社会，刑法目的不仅在于惩罚和预防犯罪，更在于维护社会秩序，给公众心理以安全感。人们需要将刑法的功能和作用加以扩充和提升，从而实现刑法的社会保护机能，进而更加有效地保护法益。其在立法上集中体现为将刑法的防卫线前置，大量增加危险犯的规定，尤其对抽象危险行为犯罪化进行刑事法律的充分规制。

① 高铭暄、马克昌：《刑法学》，北京大学出版社2019年版，第36页。

二、法益保护前置化的现代趋势

法益保护前置化突出表现为对特定行为的处罚主要采用抽象危险犯方式。

（一）抽象危险犯的界定

德国刑法学家罗克辛指出，在抽象危险犯中，一种典型的危险举止行为被作为犯罪而处于刑罚之下，不需要在具体案件中出现一种危险结果；而具体危险犯要求在具体案件中，通过行为构成加以保护的对象出现了一种真正的危险。① 日本刑法学家大塚仁则指出，危险犯被分为以发生法益侵害的具体危险即现实危险为要件的具体危险犯，和以存在抽象的危险即一般的侵害法益的危险为已足的抽象危险犯，抽象危险犯是同具体危险犯相对应的一类危险犯范畴，其成立不需要发生现实化的危险。② 由此，行为人一旦实施被立法者拟制为危险状态的行为，即使没有发生危害结果也应当认定为抽象危险犯。

就抽象危险犯和具体危险犯的区分而言，具体危险犯是指以发生具体危险为犯罪构成要件内容的犯罪，而抽象危险犯是指以发生抽象危险结果为犯罪构成要件的犯罪。二者区别在于：一是犯罪既遂条件不同。具体危险犯以产生法定具体危险结果为既遂标志，即具体危险犯的成立必须具备行为人的危害行为和具体危险结果；抽象危险犯则以行为人实施了特定危险行为为既遂标志。二是实质内容不同。抽象危险犯和具体危险犯的实质差别在于危险结果所具有的危险程度不同。具体危险犯对刑法所保护的社会关系侵害的可能性较高，而抽象危险犯对法益侵害的可能性较低。在具体危险犯的场合，具体危险由立法规定，实害结果产生是刑法干预的前提；而在抽象危险犯场合，抽象危险为法律拟制，行为本身的危险性才是刑法处罚的基础。三是法定规范不同。刑法规范对于具体危险犯的危险结果一般采取明示方式，如我国《刑法》第一百一十六条规定的“破坏火车、汽车、电车、船只、航空器，足以使火车、汽车、电车、船只、航空器发生倾覆、毁坏危险”；而抽象危险犯在刑法规范中一般不作限制规定，如《刑法》第三百四十八条规定的非法持有毒品罪就未对持有毒品行为的危害后果作出规定。

---

① ［德］克劳斯·罗克辛：《德国刑法学总论》，王世洲译，法律出版社 2022 年版，第 275 页。

② ［日］大塚仁：《刑法概说》，冯军译，中国人民大学出版社 2003 年版，第 120 页。

（二）抽象危险犯的正当性基础

1. 抽象危险犯符合客观归责理论。若要杜绝一切风险，社会发展必将停滞不前，因此理性的选择应当是在防范高危风险的前提下允许日常风险活动的存在。具体到刑法领域，就是要引入客观归责理论，区分“容许的风险”和“法所不容许的风险”，从而合理地分配风险。客观归责的客观性在于其通过客观要件的类型化确定行为人是否可被归责，从而取代行为人的主观意识的影响力；客观归责理论的内在构造为行为人制造法所不容许的风险——风险实现的可能——实现的风险发生于犯罪构成效力范围之内，抽象危险犯的适用正是客观归责理论在刑事立法上的有益尝试。

2. 抽象危险犯符合积极的一般预防理论。积极的一般预防是同消极的一般预防相对的概念，消极的一般预防主要针对潜在的犯罪行为人，而积极的一般预防则将预防的重点转移至社会公众，旨在通过刑罚来增强公众对刑法规范的信仰和忠诚。刑法之所以规定抽象危险犯，在于特别注重刑罚的一般预防效果。抽象危险犯将具有典型危险性的行为作为处罚对象，其要求人们既要避免损害结果的发生，又要避免以抽象危险犯所禁止方式行事，德国法学家温弗里德·哈斯默尔（Winfried Hassemer）指出，积极的一般预防是指通过刑罚对社会普遍产生教育的效果，为了充分发挥该效果，就有必要处罚并非达到侵害的行为，即处罚危险阶段特别是抽象危险阶段的行为。①

3. 抽象危险犯能够对法益进行周延保护。法益保护的内涵逐渐由利益实体的保护发展至规范功能的自我维护，法益范围逐渐蔓延至超个人法益，基点逐步扩展至非人本思维。非人本思维不再以人类为唯一的利益归属主体，而承认侵害非人类利益也可能入罪，这一发展趋势反映在刑法立法上就是抽象危险犯从传统刑法领域的放火、决水犯罪扩展至环境犯罪，食品药品犯罪、金融秩序犯罪、交通犯罪等风险领域。同传统的实害犯对物质性的人本法益侵害相比，抽象危险犯的适用扩展了法益概念的内涵，对法益的保护更具周延性。

4. 抽象危险犯能够有效防范公害犯罪。公害犯罪的高科技背景使得在刑事实践中难以把握其犯罪手段、危害结果和因果关系等，而设置抽象危险犯能够较好解决这些难题。抽象危险犯的内在构造以立法拟制的抽象危险为中心而建构。行为不法作为刑事不法的核心成为刑事非难的基础，刑事归责不

---

① 吴柏苍：《危险犯试论》，载《中国刑事法杂志》2008年第2期。

再将危害结果作为犯罪构成的内在变量而作考虑；同时在司法实践中，由于抽象危险结果作为立法拟制已经客观存在，只要行为人的行为属于立法拟制的抽象危险，司法机关就无须再对构成要件符合性、主观恶性和因果关系等承担证明责任。① 司法机关证明责任的降低将会对行为人产生一定心理威慑，从而有效减少公害犯罪的发生。

（三）抽象危险犯的扩张

抽象危险犯的设置是积极刑法观维护秩序价值的必然要求。当前，生态环境安全和食品药品安全最为人们所关注，这些领域的风险行为成为世界各国刑事立法的关注重点，立法者大多采用抽象危险犯的模式对这些风险行为进行规制。而我国刑法规定的抽象危险犯则主要集中于违反枪支、弹药安全管理规定的犯罪，也即我国刑法规定的危险犯基本属于具体危险犯，而抽象危险犯只占其中很小一部分。但《刑法修正案（八）》中规定了危险驾驶罪，并且对制造、销售假药行为予以直接处罚，这表明我国立法者已经越来越重视以抽象危险犯控制各种风险因素。然而，我国刑法中还有一些涉及食品和环境安全的公害犯罪仍然采用具体危险犯或者实害犯的立法模式，其显然不利于有效控制风险。在秩序保障成为社会中心问题的情况下，立法者应当顺应时代潮流，将这些食品和环境犯罪等改造为抽象危险犯。

在抽象危险犯扩张的同时，我国立法应当遵循限缩原则。第一，抽象危险犯一般应当是侵犯超个人法益的犯罪。由于侵犯超个人法益的犯罪一般难以认定其实际损害，因此为了保护超个人的公共法益需要运用抽象危险构成。我国抽象危险犯的立法扩张应当局限在产品安全、公共卫生和环境犯罪等侵犯公共法益的领域。第二，对抽象危险犯应当配置较轻的法定刑，抽象危险犯对法益侵害可能性程度不如具体危险犯高。第三，应限缩抽象危险犯的可罚性，《刑法》第十三条规定的“但书”已经提供了法律依据。由于我国的犯罪构成体系并未像德、日等国刑法体系那样在层次上区分为构成要件、违法等层次，因此在判断抽象危险犯是否成立时无须考察实害结果和具体危险，而只需考察行为是否具有一般的抽象危险；如果个案中某种行为由于存在特殊情形而不具有法益侵害的可能性，那么就应当将其排除在犯罪构成之外。

① 周少华：《刑法理性与规范技术》，中国法制出版社2007年版，第175页。

第二节　责任主义的演进

积极刑法观对社会风险的回应主要体现在刑法功能的重新定位。刑法通过对风险行为予以前置性规范来实现维护社会秩序的功能，这就要求对责任主义原则进行新的价值选择：倾向于功利主义——维护秩序，或者倾向于报应主义——保障自由。客观归责、严格责任和法人责任是责任主义的重要组成部分，其相应地也面对着新价值选择的难题，并在积极刑法观下呈现新面貌。

一、责任主义概述

责任主义是指“没有责任就没有刑罚”的原则，其要求被科罚的行为必须符合法定构成要件，即对法益造成了危险或者实害，并且具有非难可能性。此外，责任主义还要求刑罚的量应当和责任相当。德国刑法学家李斯特曾指出，罪责学说的发展是衡量刑法进步的晴雨表。[①] 因此，解读责任主义是把握积极刑法观特质，应对风险挑战的重要途径。

责任主义的归责基础是“责任”，其充分考量人的个体差异，包含了刑法的自由保障机能。但是这种自由保障机能在很大程度上受到责任主义价值选择的影响，即责任主义选择功利主义还是报应主义的刑法价值观。功利主义的价值观将社会公共利益置于首位，认为刑罚的价值在于满足国家追求一定功利的需求——具有犯罪预防的积极意义。报应主义的价值观认为，刑罚的价值在于满足社会主体实现公正需要的积极意义，报应主义的价值观强调个人归责和主观责任，侧重保护个人自由；如果不把个人自由作为价值目标，那么刑法的现代文明特点将大打折扣。[②] 因此，积极刑法观的最终价值在于通过社会秩序的实现来维护个人自由。

责任主义的发展要求在追究行为人刑事责任时正确处理报应需要和预防需要的关系。传统理论认为责任主义是报应论体系中的基本范畴，是报应逻

① ［德］李斯特：《德国刑法教科书》，徐久生译，北京大学出版社2021年版，第266页。

② 高铭暄、马克昌：《刑法学》，北京大学出版社2019年版，第51页。

辑主导下的必然产物，在功利主义导向的预防论中不可能产生责任主义；为了阻止人们实施犯罪，刑法的一般预防要求对轻微犯罪也要适用严峻的刑罚，而特殊预防本身更是包含将预防范围拓展到犯罪行为之外的要求。因此只有在报应主导的刑罚框架内，责任主义才可能保持有效性。然而在当前时代背景下，责任主义将被迫做出重大调整，这是刑法体系从报应转向预防的必然产物。现实选择是既要允许一定程度的风险活动存在，又要禁止相当程度的风险活动，具有社会功能的责任主义刑法必须尊重社会的这种价值选择，并作出与之相适应的反应。

二、客观归责的提出

客观归责理论是积极刑法观重构归责原则的代表。在庞杂的客观归责理论体系之中，最为著名的当属罗克辛提出的客观归责理论，其指出，客观归责理论中的客观目的性决定于行为人的行为制造了足以引起构成要件上法益侵害结果的重要风险，即客观目的性取决于两个要素——规范目的和行为的客观危险制造能力。① 在二者的关系上，一方面，确定行为所造成的不被允许的危险需要根据法律规范的目的来判断，由此规范目的决定了行为的客观危险制造能力；另一方面，规范的保护目的具有一定的范围和边界：被允许的危险行为即使造成危害社会的结果也不应归责，即使是具有不被允许的危险行为，如果其造成的结果不在刑法规范范围也不能归责，由此行为的客观危险制造能力又决定了规范目的的范围。②

具体而言，客观归责包含三个判断标准：一是行为人的行为对于客体制造了不被容许的风险。如果是降低风险的行为则不具有客观可归责性；如果行为人的行为只是促成一般社会上认为正常的行为也不可对之归责；如果行为人仅仅修改了自然的因果经过，而没有在整体上恶化被害人的状况则不能对行为人归责；如果行为人虽然制造了风险，但是该风险是被容许的则不可对行为人归责。依据上述“允许的危险”理论，现代社会中许多具有风险的行为是对社会发展有重要意义的，只有制造了不被允许的风险，才可能将结果归责于行为。而判断一个行为是否制造了不被允许的风险，可以依据法

---

① ［德］克劳斯·罗克辛：《德国刑法学总论》，王世洲译，法律出版社 2022 年版，第 75 页。

② 周少华：《刑法理性与规范技术》，中国法制出版社 2007 年版，第 168 页。

律规范、行业规范、信赖原则、利益和风险的衡量等进行。二是不被容许的危险导致结果发生。只有行为人所制造的不被容许的风险引致特定结果发生，才可以进行归责。下列情形可以排除客观归责：如果结果的发生并非由该风险所致，而是偶然地同危险同时发生，则排除客观归责；如果遵守规范的命令而导致结果发生则不予归责。但是如果行为人逾越了被容许的风险，不仅制造了风险也实现了被禁止的风险，则因为行为人的行为升高了风险而可归责；如果所造成的结果非规范保护目的所要禁止的结果，也无法予以结果归责。即行为虽然违反了规范，但所造成的结果并不属于该规范规定的结果时，排除客观归责。三是结果没有超出构成要件的效力范围。即使行为人已经制造并实现了不被容许的风险，仍然不能当然地进行归责，其还要受到构成要件效力范围的制约。如果结果不违背构成要件的保护目的，则不能将结果归责于行为人。以下情况应当排除客观归责：故意自危时的共同作用；同意他人造成的危险；属于第三人负责的领域。

客观归责理论正是应对风险的价值选择的产物，也是积极刑法观的重要组成部分。客观归责理论的创立具有里程碑的意义，其意味着风险概念规范化的成熟——以法律规范来对风险进行评价和界定，从而使风险具有规范性意义。[①] 应当认识到，规范刑法理论的嬗变同社会的价值选择是密不可分的。客观归责理论试图从刑法的秩序目的出发确定要件行为范围，其判断标准都是尝试将刑法的秩序要求具体化，其中被允许的风险和不被允许的风险是归责的重要基础。归根结底，客观归责的目的在于寻找个人自由和风险防范之间的平衡，其使得安全利益和自由利益之间的权衡再一次在更高层次上发挥了作用，这也暗合了积极刑法观在追求社会秩序的同时又重视个人自由的价值目标。

三、严格责任的承担

“严格责任（Strict Liability）”是在英美法系国家发展起来的，为应对环境、生态犯罪而创设的立法模式，其是指法律许可对缺乏犯罪主观方面证明的行为追究刑事责任。行为人只要实施了法律所禁止的行为，司法机关无须证明行为人的主观心理即可推定其存在过错而要求其承担刑事责任，但是行

① 张丽卿：《新刑法探索》，元照出版公司 2006 年版，第 122 页。

为人能证明自己无过错的除外。[①] 把握严格责任应当注意：其一，严格责任不是无过错责任。严格责任的本质在于免除了控诉方证明行为人主观罪过的责任，行为人主观上是否存在过错则在所不问，因此实行严格责任并非不要求行为人主观上有过错，而是不要求起诉方来证明行为人主观上的过错。由此可见，严格责任并非完全相逆于过错责任。其二，严格责任不是绝对责任。严格责任允许被告人进行抗辩。抗辩权的设置体现了严格责任的相对性，其能够防止刑法惩罚无过错者。由此，严格责任并非主张无罪过责任，罪过责任是严格责任的基础，严格责任是罪过责任的补充。

首先，严格责任的确立依据是社会需要。若行为关系公共福祉，则必须严格行为主体的法律责任。刑法不但是人权的保障书，同时它还担负着惩罚犯罪、保护社会的责任；刑法重视人权保障，并非单纯甚至主要为了被告人，而是为了刑法公正；刑法的本职在于惩罚犯罪，而不是其他，因为刑法是作为国家意志的一种集中反映形式，本身就具有很强的功利性，用刑罚手段遏制犯罪就是基于一种功利性的选择；在工商业高度发达，经济活动日益频繁的今天，危害公共健康和社会安全的犯罪会增加，这类犯罪一般社会危害性更大，涉及的被害人众多，而且难以举证，这必然要采取有效的刑事政策控制此类犯罪，积极发挥刑法保护社会的机能，严格责任无疑是基于此种原因应运而生的。由此，严格责任体现着刑法的功利思想，是社会秩序和个人自由博弈达致平衡的选择。其次，严格责任的确立依据是诉讼经济需要。对于那些危害公共福祉并同合法行为纠缠在一起的行为，其行为人的心理状态往往难以证明。美国法学家庞德曾指出，如果司法机关不能高效率、低成本地运作，在交由它处理的具体诉讼中不能有效地发挥作用，那么就谈不上任何实践和理论的完善，应当把程序放在法律制度中的适当位置上。[②] 美国刑法学家道格拉斯·胡萨克（Douglas Husak）指出，如果谴责那些没有控制造成危害的事态的人是合理的，那么要排除所谓的缺乏犯罪意图情形的刑事责任就没有明显理由了，也即如果被告人没有运用他所拥有的控制能力，他就有过错，因为这样要求他是正当的；被正统刑法理论概念化为行为人缺乏犯罪意图，这并不能成为无罪释放的充分理由；对惩罚正当性的判断，甚至

① 詹红星：《严格责任的中国命运》，载《时代法学》2006 年第 2 期。

② ［美］罗斯科·庞德：《普通法的精神》，唐前宏等译，法律出版社 2018 年版，第 39 页。

对所谓严格责任下的惩罚犯罪正当性的判断较之于是否存在犯罪意图或者犯罪行为，控制能力的存在与否具有更为密切的关系。[①] 同时，罪过的内容对行为人而言是主观的，对办案人员而言则是主观见之于客观的东西，人们对客观事物的理解和认识程度受到各种主客观条件的制约；随着社会的发展和人类大脑的进化，人的内心世界日益丰富，人类的感受和情感甚至无法用语言来准确表达，因此依照实事求是的原则，我们必须承认行为人的主观心理状态在某些案件中确实是很难判定的；基于这种认识，在刑事诉讼中对于一些主观罪过很难确定的犯罪行为适当降低证明标准，即只要证明危害行为系行为人所为且符合主体条件，而对主观罪过则适用推定，把举证责任转移给行为人一方；从此种意义上说，主观罪过不明确的严格责任对刑事诉讼影响更大。由此，严格责任的存在符合人类的认识规律。

在严格责任具有正当确立依据的基础上，应当认识到其对积极刑法观的重要意义。积极刑法观要求规制日益增多的危险犯，达到社会的有序状态。危险犯严重的社会危害性、行为主体主观心理的复杂性决定了刑法运作的重重困难，严格责任的适用正可以最大限度地弥补传统刑法规制危险犯上的不足。因此，严格责任是积极刑法观构造的重要一环。

四、法人责任的拓展

传统刑法规范以“孤立的个人”为调整对象，其任务是将孤立个人反对统治关系斗争的个人行为犯罪化；在传统刑法规范中，共同犯罪也被视为是孤立个人行为的合意，但实际引发风险的主要不是个人而是各种社会集团，个人责任的责任形式必然导致集体责任追究的缺失。因此，随着法人组织成为社会秩序的主导角色，法人责任（Liability of Legal Person）逐渐突破责任主义的制约出现在现代刑法的视野中。在适用法人责任的情形，对于法人的高级管理人员对雇员实施的犯罪行为的事后授权、批准或者容认，由于足以表征法人或者其高级管理人员的犯意而可以构成追究刑事责任的依据，由此法人责任在个人责任以外开了团体责任的先河。

社会风险源于理性的规定、推论和比较等认知能力，即风险的出现并非是因为对自然缺乏控制，而是源于人们期望这种控制能够日趋全面和完

① ［美］道格拉斯·胡萨克：《刑法哲学》，谢望原译，中国法制出版社2015年版，第222页。

美。社会风险造成的破坏日趋严重，但却没有人或者组织对此负责，进而导致“有组织的不负责任”。针对“有组织不负责任”的现象，美国联邦最高法院早在1909年就宣称，法律不可能对以下事实视而不见：现代绝大多数商业交易由法人实施，特别是州际贸易几乎完全掌控在它们手里；基于法人不能实施犯罪这一陈腐准则而让其免受惩罚，实际上将丧失仅有的有效控制法人主体事务和矫正其滥权行为的手段。而法人责任正适应了社会要求。社会风险引发的结果往往受害群体广，危害后果严重，将这种责任归于个人可能会使其成为法人的“替罪羊”，而使团体中的其他成员仅享受利益而逃避风险责任。在世界各国的刑事立法中，不仅英美刑法关于法人犯罪的罪种规定越来越多，已经远远超出了经济犯罪的范围，而且大陆法系刑法关于法人犯罪的规定也逐渐增多，许多在传统上只能由自然人实施的犯罪，大陆法系刑事立法也已经规定为可以由法人实施；法人责任在我国刑法中体现为单位犯罪，其在风险规制中主要是指单位过失犯罪，即单位违反法律规定的注意义务，过失造成了危害结果或者危险状态，并符合刑法分则规定的单位犯罪。① 按照我国刑法规定，对单位犯罪采取双罚制——既处罚犯罪单位，又处罚犯罪行为人。在这里处罚自然人很大程度上是基于功利主义的考虑。单位是一种社会团体，其对刑法处罚是没有感觉的，因此只有处罚单位中的自然人才能达到威慑犯罪的目的。由此可见我国法人责任对预防犯罪、维护社会秩序价值的倾向——其需要单位及其成员时刻牢记应当承担的社会责任。

总之，积极刑法观作为维护社会共同体秩序和安全的最后手段，应当有所作为。责任主义已经由倾向报应主义价值立场向功利主义价值立场偏移，这种偏移实质上是责任主义对社会公共利益作出的妥协，从而达到维护社会秩序和安全的直接目标。对责任主义的深度界定和重新解读为积极刑法观的发展奠定了基础，从而使其更好地回应风险特点，进而在风险推动社会进步的同时将风险损害降到最低点。

第三节　积极的一般预防

积极刑法观强调对风险行为进行威慑，阻止风险转化为危害后果，进而

① 周少华：《刑法理性与规范技术》，中国法制出版社2007年版，第98页。

既达到保护法益的目的，又实现强化人们规范意识的目的。其中体现的就是积极的一般预防在刑法中的运用。刑法的传统目标——报应和特殊预防都退居次要地位，而强调刑法积极的一般预防机能恰恰迎合了社会公众追求社会秩序和安全的普遍心理，在追求秩序的氛围中，积极的一般预防理论已经成为刑事政策不可取代的指导性原则。[①]

一、积极一般预防的提出

现代刑法的重要特征在于预防。在刑法理论中有三种预防模式：一是特殊预防，即对特定的犯罪行为人予以预防，使其不再具有危险的可能。二是消极的一般预防，即对潜在的犯罪行为人适用的预防，以阻止犯罪行为的实施。三是积极的一般预防，其通常针对一般社会公众，以将要适用的刑罚来警告人们不要实施应当受到非难的犯罪行为。刑法风险控制机能的实现有赖于积极的一般预防在刑事立法上得到充分的体现。具体而言，积极的一般预防通过立法规定犯罪行为及其法律后果，司法追究犯罪行为的刑事责任，明确国家惩恶扬善的法律信念，促成公众对于犯罪的道德厌恶，培育公众自觉守法的意识，提升公众对法秩序的信赖，从而实现预防社会公众犯罪的功利目的。即积极的一般预防模式通过向公众展示犯罪的否定性来增强公众的规范意识。积极的一般预防的构想是犯罪是犯罪人从意图违反规范到实现破坏规范的过程，而刑事处罚是对于破坏规范的否定，进而确立法规范的不可破坏性。[②]其逻辑出发点是法律规范是人们行为的指导准则，必须被遵守，通过刑罚的威吓作用，达到尊重规范，维护规范完整性的目的。由此，刑罚由对犯罪行为人单纯的威吓手段演变为一种维护法律规范的手段。

积极的一般预防理论具有以下内容：一是社会期待每个人都进行无害行为，而这种期待只能在社会生活中通过规范得到保证，即要确证对社会生活规范的信赖以及这种信赖的正确性，由此刑罚的主要内容是使人们承认社会规范；二是规范的合理性在于维持社会的同一性，因此规范的内容必须反映社会同一性要求；三是刑罚应当和痛苦相联系，正如违背自然规律要遭受痛苦才能使人们认识遵守自然规律的必要性；四是应当强迫宣称规范无效者重新承认规范；五是应当坚持刑罚良性附属效果以及为矫治犯罪行为人而进行

---

① 周亦峰、张晶：《刑法预防机能的现代展开》，载《江西社会科学》2021年第7期。

② 韩友谊：《积极的一般预防》，载《河北法学》2015年第2期。

的监禁改革。

积极的一般预防论以规范主义理论为起点。德国刑法学家京特·雅科布斯（Guenter Jakobs）最早明确提出旨在实现“规范确证”的积极的一般预防理论。其认为刑法对犯罪不采取行政或者经济等更为有效的措施而是科处刑罚，其主要原因在于证明实在法规范的有效性：刑罚清楚并且高度地使被用刑罚后果所归属的行动承受了一种可能性，一种必须普遍地把这种行动作为不值一提的行动选择来学习的可能性；这种选择的无价值性是如此理所当然，以致它要作为不可经历的选择而被排除掉，这不是威吓意义上的一般预防，而是学会对法律的忠诚意义上的一般预防。①一般预防的目的并非威吓，而是规范效力的稳固和行为人对规范的信赖。罗克辛也赞同积极的一般预防理论，其认为积极的一般预防理论反映在一般性地维护和加强对法律秩序的存在能力与贯彻能力的忠诚上。由此，刑罚就具有了这样的任务：在法律共同体中证明法律秩序的牢不可破，并且为此加强人民的法律忠诚感。罗克辛认为积极的一般预防功能包括：一是刑罚具有以社会教育为动机的学习效应，因为透过刑罚的实践过程，社会大众学习并塑造遵守法规范的忠诚性；二是刑罚的实践可以维持社会公众对遵守法规范的信赖感，因为刑罚的行使使社会公众感知法律规范实践，从而期待和信赖法律规范实践的长效性和延续性；三是刑罚具有平复效应，即刑罚实践能够使因法律规范被破坏所引起的社会不安以及因犯罪行为人所造成的社会冲突归于平复，并重新达到社会整合的效果。罗克辛同时认为，积极的一般预防不是用高举的棍棒相威胁，而是针对能够作出清醒的决定，有能力在服从还是违反规范之间作出选择的人，其目的在于从总体上强化人们的一般法律意识。因此，积极的一般预防理论是将人作为主体而非客体看待的。

在刑事政策的预防论上，积极刑法观同倾向于规范论的积极的一般预防理论有着天然的联系，具体体现在实在法规范被破坏前、后两个阶段。法益保护前置化强调刑法积极的一般预防机能的实现。刑法谋求社会中的秩序性保护和稳定化，法益保护前置化使刑法成为支持刑事政策的工具——对危害重大法益的风险行为作出迅速反应，刑法介入早期化恰好达到了这种政策性效果。德国法学家罗曼·赫尔佐克（Roman Herzog）认为，为了保护规范意

① ［德］京特·雅科布斯：《行为·责任·刑法》，冯军译，中国政法大学出版社1997年版，第10页。

识的创造和模糊的体制信赖，就只能以尚未发生实害的行为人的外部态度为问题点，一方面力图发挥应当采取正确的态度这种教育的效果，另一方面要科处刑罚，此乃是现代的抽象危险犯的目的。积极刑法观不但要求预防实在法规范免受犯罪行为的破坏，还要求保障实在法规范在已经受到破坏时人们仍然相信其是有效的，因此刑法的目的在于稳定因犯罪行为而受破坏的秩序和信赖：通过罪责的归责和处罚的施加使信赖法律规范的正当性得到确认，从而使人们因为规范的有效性而获得安全感，进而维持人们对规范的信赖，刑罚的正当性在于以这种积极的预防方式来维护社会秩序的稳定。

二、积极一般预防的价值

（一）积极的一般预防与秩序

在英国功利主义哲学家杰里米·边沁（Jeremy Bentham）构建的以一般预防为中心的刑罚体系中，社会秩序是刑罚的首要价值。边沁认为，刑罚只不过是实现“最大多数人的最大幸福”的手段，所有法律拥有或者应当拥有的总目的是增大社会的总体幸福，并因此而排除损害，因此预防犯罪只是刑罚的中介性目的，而不是最终目的，刑罚的最终目的在于实现社会幸福。因此，边沁提出了根据产生最大幸福能力而评价刑罚正当性的因素——“刑罚特性”，其认为，这些因素之所以相关，不只是因为其通过预防或者遏制而降低犯罪率的作用，最紧要的是刑罚对总的幸福的总体效果，而其整个刑罚理论体系只不过是这些特征的展开。虽然边沁未明确提出秩序概念，但作为终极目的的“社会幸福”无疑只有通过保障社会秩序才能实现。当边沁主张刑罚的目的旨在控制行为时，他承认选择不是在道德上的善和道德上的恶中进行，而是在两种道德上的恶亦即犯罪和刑罚之间进行；人们之所以必须选择惩罚是因为相反的选择会纵容犯罪并因而导致社会秩序的不完善。因此，作为边沁的刑罚体系核心命题的“最大多数人的最大幸福”中蕴含着将秩序作为刑罚首要价值的追求。

积极的一般预防理论对刑罚秩序价值的注重使其克服了报应论忽视秩序保护的缺陷。同时，对秩序的重视还使积极的一般预防论将刑罚的根据置于法律和道德规范之外，从而在一定程度上克服了报应论以承认既存规范为前提而具有的保守性。既然刑罚以维护社会秩序为目的，那么是否符合社会秩序的需要构成评价刑罚是否合理的标准，而社会秩序需要的变化必然引起刑罚的变更。对于功利主义者来说，法律规范成为控制损害的手段，功利主义的最大优点在于规范能够按照社会要求而变更，而在报应中未容纳这样的变更。

（二）积极的一般预防与自由

积极的一般预防论者基于效益观念而对刑罚使用提出了一系列限制性规则。由于刑罚是以剥夺个人自由为内容的刑法制裁手段，因而对其限制即意味着对个人自由的更少剥夺，由此积极的一般预防论具有保障作为积极刑法观最终价值的个人自由的一面。这也是积极的一般预防论相对于报应论的长处之一。提倡对刑罚使用进行限制的代表学者即是边沁，其将刑罚视为一种损害的观点对于自由保障具有不容忽视的积极意义。立基于刑罚是一种害或者恶的命题上，边沁提出了不得适用刑罚的四种情况：一是当刑罚没有根据时，即不存在需要刑罚来防止的损害；二是当刑罚无效时，即刑罚不能起到防止损害的作用；三是当其无益或者太昂贵时，即刑罚产生的损害大于其所防止的损害；四是当其不必要时，即损害不需刑罚便可以得到防止或者会自动停止。边沁认为，犯罪是一种恶，刑罚同样也是一种恶，刑罚之所以必要就在于以恶制恶。因此只有在刑罚之恶小于犯罪之恶的情况下这种代价才是必要的。应当认识到，将上述四种情况排除在刑罚适用范围之外意味着对刑法干涉个人自由的范围进行了必要限制，其对于保障个人自由的意义是不言而喻的。

第四章　积极刑法观的具体体现

总体而言，理论界基本认同积极刑法观影响刑事立法的重要体现之一是《刑法修正案（十一）》。但实际上，我国刑法已经经历了一个单行刑法、12个刑法修正案的修改，这些修改究竟在何种程度上体现何种刑法立场还有待探究。因此，对历次刑法修正涉及的条文内容进行总体考察，无疑可以对积极刑法观有更深层的把握。

第一节　历次刑法修正的内容梳理

在1997年《刑法》正式颁布后，从1998年《关于惩治骗购外汇、逃汇和非法买卖外汇犯罪的决定》开始，到2023年《刑法修正案（十二）》为止，我国刑法一共经历了13次修正，存在一个单行刑法、12个刑法修正案。如果要以实证研究的方式考察积极刑法观，就必须明确历次刑法修正的主要内容，明确研究的基础。

一、统计数据的说明

以历次刑法修正的内容为主轴，将刑法修正的趋势概括为增设轻罪、增设重罪、扩大构成要件、缩小构成要件、重刑化和轻刑化。在进行统计之前，需要明确如下几个前提性问题予。

首先，在实证研究中以法定最低刑为三年以下还是三年以上作为轻罪和重罪的界分。关于轻罪和重罪的区分标准，刑法理论界素来存在争议，归纳起来主要有“三年说”和“五年说”之争。“三年说”认为，从《刑法》第七条第一款、第七十二条第一款的规定来看，可以考虑将法定最低刑为三年以上有期徒刑的犯罪称为重罪，其他犯罪则为轻罪；“五年说”则主张，鉴于我国整个刑罚设置偏高偏重的现状，可将应处五年有期徒刑作为重罪和轻罪的分水岭，即应处五年以上有期徒刑、无期徒刑或者死刑的犯罪为重罪，应处五年或者五年以下有期徒刑、拘役或者管制的犯罪为轻罪。[①] 当然，除了“三年说”和“五年说”以外，也有部分学者主张在轻罪和重罪之外另立一项微罪的类型，即最高刑为一年有期徒刑以下刑罚的犯罪属于微罪。综合来看，在各种标准都能自圆其说的前提下，“三年说”相较而言更为合理。这是因为，将三年有期徒刑作为重罪和轻罪的划分标准，在实践中已经得到了较为广泛的运用。如2020年和2021年的最高人民检察院工作报告分别以“三年有期徒刑以上”和“不满三年有期徒刑及以下”作为标准，对案件进行统计分析。[②] 另外，此处还涉及究竟是以宣告刑还是以法定刑为标准的问题。采宣告刑标准虽然符合责任主义原则，但犯罪治理效能落后，而采法定刑标准则可以实现提前分层，限制司法人员主观判断的空间，节约司法资源。因此，应当以法定刑标准作为区分重罪和轻罪的标准。以上充分说明，司法实践已经基本接受“三年说”的标准，故以此说为依据对数据进行分析。

其次，部分修正案条文并没有对刑法进行实质性修改，只是单纯的文字性修订。如《关于惩治骗购外汇、逃汇和非法买卖外汇犯罪的决定》中的大多数条款只是起到了提示司法者注意的作用，只有第一条新增了骗购外汇罪这一罪名；又如《刑法修正案（八）》第四十八条，其只是将原刑法条文中的“协助组织他人卖淫的”改为“为组织卖淫的人招募、运送人员或者有其他协助组织他人卖淫行为的”，并未对该罪进行实质性修改；还如《刑法修正案（十一）》第一条第二款只是将原刑法条文中的“投毒”改为“投放危险物质”，属于形式上的补正修改。对于这类刑法修正，均未将其归入统计范围内。

最后，重刑化和轻刑化均指法定刑的变化。此处的法定刑采最广义的理解，既包括主刑，又包括附加刑，也包括缓刑、减刑、假释等刑罚执行方式，还包括禁止令、从业禁止、前科报告义务等非刑罚处罚措施。此外，部分刑法修正条款可能存在轻刑化和重刑化、扩大构成要件和缩小构成要件并存的情况。

需要说明的是，不同学者对修正案内容的理解也存在偏差。如对重刑、

---

① 卢建平、叶良芳：《重罪轻罪的划分及其意义》，载《法学杂志》2005年第5期。

② 苏永生、赵晓媛：《重罪、轻罪和微罪的划分问题研究》，载《武汉科技大学学报》2024年第1期。

轻刑划分标准不同可能会对增设罪名的性质产生影响，甚至有部分学者认为应当从宣告刑进行划分而非法定刑进行划分。又如《刑法修正案（九）》增加了贪污、受贿犯罪“终身监禁，不得减刑、假释”的规定，这究竟属于重刑化还是轻刑化，理论界也有颇多争议。主张终身监禁制度属于死刑替代，因而是轻刑化的观点；主张终身监禁属于修正生刑过轻，因而是重刑化的观点。相关规定是对贪污、受贿犯罪死缓制度的改变，重刑化的观点更为合理。因此，此类因理论争议可能导致出现统计误差，部分数据统计分析存在一定探讨商榷的空间。

二、刑法修正的内容

英国法学家亨利·萨姆奈·梅因（Henry Sumner Maine）有言，法律一经制定，就已经滞后于时代了。但站在新时代的节点向前望，通过法律的修改痕迹能看到社会向前发展的部分轨迹，也能看出国家刑事政策的动态走向，法律修改动态的研究颇具意义。[①] 与此同时，明确刑法修正的内容是分析修正走向和特征的前提，因此需要对历次刑法修正进行总体性的考察，奠定实证研究的基础。

自 1997 年《刑法》颁布以来，我国刑法共进行了 13 次实质修正，包括 1 部单行刑法（1998 年全国人民代表大会常务委员会《关于惩治骗购外汇、逃汇和非法买卖外汇犯罪的决定》）和 12 部刑法修正案。结合最高人民法院、最高人民检察院《关于执行〈中华人民共和国刑法〉确定罪名的补充规定》，对上述修改中的主要内容进行了汇总整理如下[②]：

① 卢建平：《为什么说我国已经进入轻罪时代》，载《中国应用法学》2022 年第 3 期。

② 为便于检索，表 3-15“罪名”栏为现行《刑法》确定罪名；“修改内容”栏提及罪名的，为各修正案使用罪名。

表 3　我国单行刑法修正的主要内容

刑法条文	罪名	修改内容	修改趋势
单行刑法第一条	骗购外汇罪	有下列情形之一，骗购外汇，数额较大的，处五年以下有期徒刑或者拘役，并处骗购外汇数额百分之五以上百分之三十以下罚金；数额巨大或者有其他严重情节的，处五年以上十年以下有期徒刑，并处骗购外汇数额百分之五以上百分之三十以下罚金；数额特别巨大或者有其他特别严重情节的，处十年以上有期徒刑或者无期徒刑，并处骗购外汇数额百分之五以上百分之三十以下罚金或者没收财产： （一）使用伪造、变造的海关签发的报关单、进口证明、外汇管理部门核准件等凭证和单据的； （二）重复使用海关签发的报关单、进口证明、外汇管理部门核准件等凭证和单据的； （三）以其他方式骗购外汇的。 伪造、变造的海关签发的报关单、进口证明、外汇管理部门核准件等凭证和单据，并用于骗购外汇的，依照前款的规定从重处罚。 明知用于骗购外汇而提供人民币资金的，以共犯论处。 单位犯前三款罪的，对单位依照第一款的规定判处罚金，并对其直接负责的主管人员和其他直接负责人员，处五年以下有期徒刑或者拘役；数额巨大或者有其他严重情节的，处五年以上十年以下有期徒刑；数额特别巨大或者有其他特别严重情节的，处十年以上有期徒刑或者无期徒刑。	增设轻罪
单行刑法第三条	逃汇罪	1. 将逃汇罪的主体由原“国有公司、企业或者其他国有单位”的特殊主体限定改为“公司、企业或者其他单位”的一般主体； 2. 明确对单位判处罚金的数额； 3. 将刑罚由原来五年以下一档调整为五年以下、五年以上有期徒刑两档。	扩大构成要件、重刑化

表 4《刑法修正案（一）》修正的主要内容

刑法条文	罪名	修改内容	修改趋势
第一百六十二条之一	隐匿、故意销毁会计凭证、会计账簿、财务会计报告罪	隐匿或者故意销毁依法应当保存的会计凭证、会计账簿、财务会计报告，情节严重的，处五年以下有期徒刑或者拘役，并处或者单处二万元以上二十万元以下罚金。 单位犯前款罪的，对单位判处罚金，并对其直接负责的主管人员和其他直接责任人员，依照前款的规定处罚。	增设轻罪

续表

刑法条文	罪名	修改内容	修改趋势
第一百六十八条	国有公司、企业、事业单位人员失职罪、国有公司、企业、事业单位人员滥用职权罪	1. 将徇私舞弊造成破产、亏损罪修改为国有公司、企业、事业单位人员失职罪、国有公司、企业、事业单位人员滥用职权罪； 2. 将刑罚由原来三年以下一档调整为三年以下、三到七年有期徒刑两档。	扩大构成要件、重刑化
第一百八十条	内幕交易、泄露内幕信息罪	将期货交易中相关行为纳入内幕交易、泄露内幕信息罪中规制。	扩大构成要件
第一百八十一条	编造并传播证券、期货交易虚假信息罪，诱骗投资者买卖证券、期货合约罪	将期货交易中相关行为纳入编造并传播证券、期货交易虚假信息罪、诱骗投资者买卖证券、期货合约罪中规制。	扩大构成要件
第一百八十二条	操纵证券、期货市场罪	将期货交易中相关行为纳入操纵证券、期货市场罪中规制。	扩大构成要件
第二百二十五条	非法经营罪	新增非经批准非法经营证券、期货、保险业务行为为非法经营罪情形之一。	扩大构成要件

表 5 《刑法修正案（二）》修正的主要内容

刑法条文	罪名	修改内容	修改趋势
第三百四十二条	非法占用农用地罪	将破坏林地行为纳入该罪名规制，同时罪名由非法占用耕地罪改为非法占用农用地罪。	扩大构成要件

表 6 《刑法修正案（三）》修正的主要内容

刑法条文	罪名	修改内容	修改趋势
第一百一十四条	投放危险物质罪	将“投毒”改为“投放毒害性、放射性、传染病病原体等物质”，罪名由投毒罪改为投放危险物质罪。	扩大构成要件
第一百二十条	组织、领导、参加恐怖组织罪	对组织、领导、参加恐怖组织罪刑罚进行调整，提高为组织、领导者刑罚改为十年以上有期徒刑或无期徒刑，积极参加者刑罚改为三年以上十年以下有期徒刑。	重刑化

续表

刑法条文	罪名	修改内容	修改趋势
第一百二十条之一	帮助恐怖活动罪	资助恐怖活动组织或者实施恐怖活动的个人的，处五年以下有期徒刑、拘役、管制或者剥夺政治权利，并处罚金；情节严重的，处五年以上有期徒刑，并处罚金或者没收财产。 单位犯前款罪的，对单位判处罚金，并对其直接负责的主管人员和其他直接责任人员，依照前款的规定处罚。	增设轻罪
第一百二十五条	非法制造、买卖、运输、储存危险物质罪	非法制造、买卖、运输、储存毒害性、放射性、传染病病原体等物质，危害公共安全的，依照前款的规定处罚。	增设轻罪
第一百二十七条	盗窃、抢夺枪支、弹药、爆炸物、危险物质罪，抢劫枪支、弹药、爆炸物、危险物质罪	在盗窃、抢夺枪支、弹药、爆炸物、危险物质罪，抢劫枪支、弹药、爆炸物、危险物质罪中增加“毒害性、放射性、传染病病原体等物质”作为犯罪对象。	扩大构成要件
第一百九十一条	洗钱罪	将恐怖活动犯罪的违法所得及其产生的收益增加为洗钱罪规制对象。	扩大构成要件
第二百九十一条之一第一款	投放虚假危险物质罪，编造、故意传播虚假恐怖信息罪	投放虚假的爆炸性、毒害性、放射性、传染病病原体等物质，或者编造爆炸威胁、生化威胁、放射威胁等恐怖信息，或者明知是编造的恐怖信息而故意传播，严重扰乱社会秩序的，处五年以下有期徒刑、拘役或者管制；造成严重后果的，处五年以上有期徒刑。	增设轻罪

表 7 《刑法修正案（四）》修正的主要内容

刑法条文	罪名	修改内容	修改趋势
第一百四十五条	生产、销售不符合标准的医用器材罪	1. 对生产、销售不符合标准的医用器材罪刑罚进行调整，修改为足以严重危害人体健康的处三年以下有期徒刑，造成严重危害的处三年以上十年以下有期徒刑，后果特别严重的处十年以上有期徒刑或无期徒刑； 2. 罪名由生产、销售不符合标准的卫生器材罪改为生产、销售不符合标准的医用器材罪。	重刑化

续表

刑法条文	罪名	修改内容	修改趋势
第一百五十二条第二、三款	走私废物罪	逃避海关监管将境外固体废物、液态废物和气态废物运输进境，情节严重的，处五年以下有期徒刑，并处或者单处罚金；情节特别严重的，处五年以上有期徒刑，并处罚金。 单位犯前两款罪的，对单位判处罚金，并对其直接负责的主管人员和其他直接责任人员，依照前两款的规定处罚。	增设轻罪
第一百五十五条	走私罪	1. 增加在“界河、界湖”地域范围进行走私的行为； 2. 删除逃避海关监管将境外固体废物运输进境的规定（由走私废物罪规制）。	扩大构成要件
第二百四十四条之一	雇佣童工从事危重劳动罪	违反劳动管理法规，雇用未满十六周岁的未成年人从事超强度体力劳动的，或者从事高空、井下作业的，或者在爆炸性、易燃性、放射性、毒害性等危险环境下从事劳动，情节严重的，对直接责任人员，处三年以下有期徒刑或者拘役，并处罚金；情节特别严重的，处三年以上七年以下有期徒刑，并处罚金。 有前款行为，造成事故，又构成其他犯罪的，依照数罪并罚的规定处罚。	增设轻罪
第三百四十四条	危害国家重点保护植物罪	违反国家规定，非法采伐、毁坏珍贵树木或者国家重点保护的其他植物的，或者非法收购、运输、加工出售珍贵树木或者国家重点保护的其他植物及其制品的，处三年以下有期徒刑、拘役或者管制，并处罚金；情节严重的，处三年以上七年以下有期徒刑，并处罚金。 1. 新增非法收购、运输、加工、出售国家重点保护植物、国家重点保护植物制品罪。 2. 将国家重点保护的植物、国家重点保护的植物制品纳入刑法保护范围，并将非法采伐、毁坏珍贵树木罪改为非法采伐、毁坏国家重点保护植物罪。	增设轻罪、扩大构成要件
第三百四十五条第三款	非法收购、运输盗伐、滥伐的林木罪	非法收购、运输明知是盗伐、滥伐的林木，情节严重的，处三年以下有期徒刑、拘役或者管制，并处或者单处罚金；情节特别严重的，处三年以上七年以下有期徒刑，并处罚金。	增设轻罪
第三百九十九条第三款	执行判决、裁定失职罪，执行判决、裁定滥用职权罪	在执行判决、裁定活动中，严重不负责任或者滥用职权，不依法采取诉讼保全措施、不履行法定执行职责，或者违法采取诉讼保全措施、强制执行措施，致使当事人或者其他人的利益遭受重大损失的，处五年以下有期徒刑或者拘役；致使当事人或者其他人的利益遭受特别重大损失的，处五年以上十年以下有期徒刑。	增设轻罪

表 8 《刑法修正案（五）》修正的主要内容

刑法条文	罪名	修改内容	修改趋势
第一百七十七条之一	妨害信用卡管理罪，窃取、收买、非法提供信用卡信息罪	有下列情形之一，妨害信用卡管理的，处三年以下有期徒刑或者拘役，并处或者单处一万元以上十万元以下罚金；数量巨大或者有其他严重情节的，处三年以上十年以下有期徒刑，并处二万元以上二十万元以下罚金： （一）明知是伪造的信用卡而持有、运输的，或者明知是伪造的空白信用卡而持有、运输，数量较大的； （二）非法持有他人信用卡，数量较大的； （三）使用虚假的身份证明骗领信用卡的； （四）出售、购买、为他人提供伪造的信用卡或者以虚假的身份证明骗领的信用卡的。 窃取、收买或者非法提供他人信用卡信息资料的，依照前款规定处罚。 银行或者其他金融机构的工作人员利用职务上的便利，犯第二款罪的，从重处罚。	增设轻罪
第一百九十七条	信用卡诈骗罪	新增使用以虚假的身份证明骗领的信用卡为信用卡诈骗罪的情形之一。	扩大构成要件
第三百六十九条第二款	过失损坏武器装备、军事设施、军事通信罪	过失犯前款罪，造成严重后果的，处三年以下有期徒刑或者拘役；造成特别严重后果的，处三年以上七年以下有期徒刑。	增设轻罪

表 9 《刑法修正案（六）》修正的主要内容

刑法条文	罪名	修改内容	修改趋势
第一百三十四条	重大责任事故罪，强令、组织他人违章冒险作业罪	将重大责任事故罪拆分为重大责任事故罪与强令违章冒险作业罪，并将后者的法定最高刑提高至五年以上有期徒刑。	重刑化
第一百三十五条	重大劳动安全事故罪	取消了重大劳动安全事故罪中“经有关部门或者单位职工提出后，对事故隐患仍不采取措施”的入罪前置条件。	扩大构成要件
第一百三十五条之一	大型群众性活动重大安全事故罪	举办大型群众性活动违反安全管理规定，因而发生重大伤亡事故或者造成其他严重后果的，对直接负责的主管人员和其他直接责任人员，处三年以下有期徒刑或者拘役；情节特别恶劣的，处三年以上七年以下有期徒刑。	增设轻罪

续表

刑法条文	罪名	修改内容	修改趋势
第一百三十九条之一	不报、谎报安全事故罪	在安全事故发生后，负有报告职责的人员不报或者谎报事故情况，贻误事故抢救，情节严重的，处三年以下有期徒刑或者拘役；情节特别严重的，处三年以上七年以下有期徒刑。	增设轻罪
第一百六十一条	违规披露、不披露重要信息罪	除提供虚假财会报告外，将不按照规定披露依法应当披露的其他重要信息行为纳入规制，同时罪名由提供虚假财会报告罪改为违规披露、不披露重要信息罪。	扩大构成要件
第一百六十二条之二	虚假破产罪	公司、企业通过隐匿财产、承担虚构的债务或者以其他方法转移、处分财产，实施虚假破产，严重损害债权人或者其他人利益的，对其直接负责的主管人员和其他直接责任人员，处五年以下有期徒刑或者拘役，并处或者单处二万元以上二十万元以下罚金。	增设轻罪
第一百六十三条	非国家工作人员受贿罪	增加“其他单位”作为犯罪主体，将公司、企业人员受贿罪改为非国家工作人员受贿罪。	扩大构成要件
第一百六十四条	对非国家工作人员行贿罪	增加“其他单位”作为犯罪主体，将对公司、企业人员行贿罪改为对非国家工作人员行贿罪。	扩大构成要件
第一百六十九条之一	背信损害上市公司利益罪	上市公司的董事、监事、高级管理人员违背对公司的忠实义务，利用职务便利，操纵上市公司从事下列行为之一，致使上市公司利益遭受重大损失的，处三年以下有期徒刑或者拘役，并处或者单处罚金；致使上市公司利益遭受特别重大损失的，处三年以上七年以下有期徒刑，并处罚金： （一）无偿向其他单位或者个人提供资金、商品、服务或者其他资产的； （二）以明显不公平的条件，提供或者接受资金、商品、服务或者其他资产的； （三）向明显不具有清偿能力的单位或者个人提供资金、商品、服务或者其他资产的； （四）为明显不具有清偿能力的单位或者个人提供担保，或者无正当理由为其他单位或者个人提供担保的； （五）无正当理由放弃债权、承担债务的； （六）采用其他方式损害上市公司利益的。 上市公司的控股股东或者实际控制人，指使上市公司董事、监事、高级管理人员实施前款行为的，依照前款的规定处罚。 犯前款罪的上市公司的控股股东或者实际控制人是单位的，对单位判处罚金，并对其直接负责的主管人员和其他直接责任人员，依照第一款的规定处罚。	增设轻罪

续表

刑法条文	罪名	修改内容	修改趋势
第一百七十五条之一	骗取贷款、票据承兑、金融票证罪	以欺骗手段取得银行或者其他金融机构贷款、票据承兑、信用证、保函等，给银行或者其他金融机构造成重大损失或者有其他严重情节的，处三年以下有期徒刑或者拘役，并处或者单处罚金；给银行或者其他金融机构造成特别重大损失或者有其他特别严重情节的，处三年以上七年以下有期徒刑，并处罚金。 单位犯前款罪的，对单位判处罚金，并对其直接负责的主管人员和其他直接责任人员，依照前款的规定处罚。	增设轻罪
第一百八十二条	操纵证券、期货市场罪	将行为对象由“价格”扩大为“市场”与“交易量”，将操纵证券、期货交易价格罪改为操纵证券、期货市场罪。	扩大构成要件
第一百八十五条之一	背信运用受托财产罪，违法运用资金罪	商业银行、证券交易所、期货交易所、证券公司、期货经纪公司、保险公司或者其他金融机构，违背受托义务，擅自运用客户资金或者其他委托、信托的财产，情节严重的，对单位判处罚金，并对其直接负责的主管人员和其他直接责任人员，处三年以下有期徒刑或者拘役，并处三万元以上三十万元以下罚金；情节特别严重的，处三年以上十年以下有期徒刑，并处五万元以上五十万元以下罚金。 社会保障基金管理机构、住房公积金管理机构等公众资金管理机构，以及保险公司、保险资产管理公司、证券投资基金管理公司，违反国家规定运用资金的，对其直接负责的主管人员和其他直接责任人员，依照前款的规定处罚。	增设轻罪
第一百八十六条	违法发放贷款罪	增加数额作为入罪要件，并将违反规定向关系人发放贷款作为从重处罚情节。把违法向关系人发放贷款罪、违法发放贷款罪合并为违法发放贷款罪。	扩大构成要件，重刑化
第一百八十七条	吸收客户资金不入账罪	将用帐外客户资金非法拆借、发放贷款罪改为吸收客户资金不入账罪，即将前罪的手段行为直接规定为犯罪。	扩大构成要件
第一百八十八条	违规出具金融票证罪	将非法出具金融票证罪改为违规出具金融票证罪，同时该罪的入罪标准由“造成较大损失”改为“情节严重”。	扩大构成要件
第一百九十一条	洗钱罪	将贪污贿赂犯罪、破坏金融管理秩序犯罪、金融诈骗犯罪的违法所得及其产生的收益增加为洗钱罪规制对象。	扩大构成要件

续表

刑法条文	罪名	修改内容	修改趋势
第二百六十二条之一	组织残疾人、儿童乞讨罪	以暴力、胁迫手段组织残疾人或者不满十四周岁的未成年人乞讨的，处三年以下有期徒刑或者拘役，并处罚金；情节严重的，处三年以上七年以下有期徒刑，并处罚金。	增设轻罪
第三百零三条第二款	开设赌场罪	开设赌场的，处三年以下有期徒刑、拘役或者管制，并处罚金；情节严重的，处三年以上十年以下有期徒刑，并处罚金。 将开设赌场行为从赌博行为中分离，同时提高最高法定刑后新增开设赌场罪。	增设轻罪
第三百一十二条	掩饰、隐瞒犯罪所得、犯罪所得收益罪	增加“其他方法”作为行为方式，并将窝藏、转移、收购、销售赃物罪改为掩饰、隐瞒犯罪所得、犯罪所得收益罪。	扩大构成要件
第三百九十九条之一	枉法仲裁罪	依法承担仲裁职责的人员，在仲裁活动中故意违背事实和法律作枉法裁决，情节严重的，处三年以下有期徒刑或者拘役；情节特别严重的，处三年以上七年以下有期徒刑。	增设轻罪

表 10 《刑法修正案（七）》修正的主要内容

刑法条文	罪名	修改内容	修改趋势
第一百五十一条第三、四款	走私国家禁止进出口的货物、物品罪	走私珍稀植物及其制品等国家禁止进出口的其他货物、物品的，处五年以下有期徒刑或者拘役，并处或者单处罚金；情节严重的，处五年以上有期徒刑，并处罚金。 单位犯本条规定之罪的，对单位判处罚金，并对其直接负责的主管人员和其他直接责任人员，依照本条各款的规定处罚。	增设轻罪
第一百八十条	内幕交易罪，利用未公开信息交易罪	证券交易所、期货交易所、证券公司、期货经纪公司、基金管理公司、商业银行、保险公司等金融机构的从业人员以及有关监管部门或者行业协会的工作人员，利用因职务便利获取的内幕信息以外的其他未公开的信息，违反规定，从事与该信息相关的证券、期货交易活动，或者明示、暗示他人从事相关交易活动，情节严重的，依照第一款的规定处罚。 将“明示、暗示他人从事上述交易活动”增设为内幕交易罪的构成情形之一。	增设轻罪、扩大构成要件

续表

刑法条文	罪名	修改内容	修改趋势
第二百零一条	逃税罪	1. 将行为方式修改为“欺骗、隐瞒手段”，并把偷税罪改为逃税罪； 2. 规定逃税经税务机关下达追缴通知，补缴税款、缴纳滞纳金，已受行政处罚的不予追究刑事责任。	缩小构成要件
第二百二十四条之一	组织、领导传销活动罪	组织、领导以推销商品、提供服务等经营活动为名，要求参加者以缴纳费用或者购买商品、服务等方式获得加入资格，并按照一定顺序组成层级，直接或者间接以发展人员的数量作为计酬或者返利依据，引诱、胁迫参加者继续发展他人参加，骗取财物，扰乱经济社会秩序的传销活动的，处五年以下有期徒刑或者拘役，并处罚金；情节严重的，处五年以上有期徒刑，并处罚金。	增设轻罪
第二百二十五条	非法经营罪	新增非法从事资金支付结算业务行为方式为非法经营罪情形之一。	扩大构成要件
第二百三十九条	绑架罪	调整绑架罪刑期，增设情节较轻的一档：情节较轻的，处五年以上十年以下有期徒刑，并处罚金。	轻刑化
第二百五十三条之一	侵犯公民个人信息罪	国家机关或者金融、电信、交通、教育、医疗等单位的工作人员，违反国家规定，将本单位在履行职责或者提供服务过程中获得的公民个人信息，出售或者非法提供给他人，情节严重的，处三年以下有期徒刑或者拘役，并处或者单处罚金。 窃取或者以其他方法非法获取上述信息，情节严重的，依照前款的规定处罚。 单位犯前两款罪的，对单位判处罚金，并其直接负责的主管人员和其他直接责任人员，照各该款的规定处罚。	增设轻罪
第二百六十二条之二	组织未成年人进行违反治安管理活动罪	组织未成年人进行盗窃、诈骗、抢夺、敲诈勒索等违反治安管理活动的，处三年以下有期徒刑或者拘役，并处罚金；情节严重的，处三年以上七年以下有期徒刑，并处罚金。	增设轻罪

续表

刑法条文	罪名	修改内容	修改趋势
第二百八十五条第二、三款	非法获取计算机信息系统数据、非法控制计算机信息系统罪，提供侵入、非法控制计算机信息系统程序、工具罪	违反国家规定，侵入前款规定以外的计算机信息系统或者采用其他技术手段，获取该计算机信息系统中存储、处理或者传输的数据，或者对该计算机信息系统实施非法控制，情节严重的，处三年以下有期徒刑或者拘役，并处或者单处罚金；情节特别严重的，处三年以上七年以下有期徒刑，并处罚金。 提供专门用于侵入、非法控制计算机信息系统的程序、工具，或者明知他人实施侵入、非法控制计算机信息系统的违法犯罪行为而为其提供程序、工具，情节严重的，依照前款的规定处罚。	增设轻罪
第三百一十二条	掩饰、隐瞒犯罪所得、犯罪所得收益罪	增加单位犯掩饰、隐瞒犯罪所得、犯罪所得收益罪的规定。	扩大构成要件
第三百三十七条	妨害动植物防疫、检疫罪	删除“逃避动植物检疫”行为方式，并将逃避动植物检疫罪改为妨害动植物防疫、检疫罪，同时将“有引起重大动植物疫情危险”作为入罪情形之一。	扩大构成要件
第三百七十五条第二、三款	非法生产、买卖武装部队制式服装罪，伪造、盗窃、买卖、非法提供、非法使用武装部队专用标志罪	伪造、盗窃、买卖或者非法提供、使用武装部队车辆号牌等专用标志，情节严重的，处三年以下有期徒刑、拘役或者管制，并处或者单处罚金；情节特别严重的，处三年以上七年以下有期徒刑，并处罚金。 将非法生产、买卖武装部队制式服装罪从非法生产、买卖军用标志罪中分离，单独作为一个罪名规制。	增设轻罪

续表

刑法条文	罪名	修改内容	修改趋势
第三百八十八条之一	利用影响力受贿罪	国家工作人员的近亲属或者其他与该国家工作人员关系密切的人，通过该国家工作人员职务上的行为，或者利用该国家工作人员职权或者地位形成的便利条件，通过其他国家工作人员职务上的行为，为请托人谋取不正当利益，索取请托人财物或者收受请托人财物，数额较大或者有其他较重情节的，处三年以下有期徒刑或者拘役，并处罚金；数额巨大或者有其他严重情节的，处三年以上七年以下有期徒刑，并处罚金；数额特别巨大或者有其他特别严重情节的，处七年以上有期徒刑，并处罚金或者没收财产。 离职的国家工作人员或者其近亲属以及其他与其关系密切的人，利用该离职的国家工作人员原职权或者地位形成的便利条件实施前款行为的，依照前款的规定定罪处罚。	增设轻罪
第三百九十五条第一款	巨额财产来源不明罪	调整巨额财产来源不明罪的量刑，增设一档刑期：差额特别巨大的，处五年以上十年以下有期徒刑。	重刑化

表 11 《刑法修正案（八）》修正的主要内容

刑法条文	罪名等规定	修改内容	修改趋势
第十七条之一	刑事责任年龄	增加对已满 75 周岁的人故意犯罪可以从轻或减轻处罚，过失犯罪应当从轻或减轻处罚的规定。	轻刑化
第三十八条	管制	规定管制依法实行社区矫正，可根据犯罪情况对犯罪分子进行特定活动、进入场所区域、人员接触加以限制，同时规定了对违反限制的处罚。	重刑化（增加禁止令制度）
第四十九条	死刑	增加对审判时已满 75 周岁的人不适用死刑的规定。	轻刑化
第五十条	死刑	1. 将死缓期满，有重大立功表现，减为 15—20 年有期徒刑，改为减为 25 年有期徒刑； 2. 新增了对严重暴力性犯罪判处死缓，可对其限制减刑的规定。	重刑化（增加限制减刑的规定）
第六十五条	累犯	新增了未成年不构成累犯的规定。	轻刑化

续表

刑法条文	罪名等规定	修改内容	修改趋势
第六十六条	特别累犯	在特别累犯中新增了恐怖活动犯罪、黑社会性质组织犯罪两类罪名。	重刑化
第六十七条	坦白	新增了如实供述作为从轻、减轻情节。	轻刑化
第六十八条	自首	删去自首后又有重大立功的，可以减轻或者免除处罚的规定。	重刑化
第六十九条	数罪并罚	将数罪并罚有期徒刑不能超过 20 年改为刑期总和不满 35 年的，最高不超过 20 年，总和在 35 年以上的，最高不超过 25 年。	重刑化
第七十二条	缓刑	1. 明确了可以宣告缓刑的四个条件； 2. 新增未成年、怀孕的妇女、已满七十五周岁的人符合规定，应当判处缓刑的规定； 3. 新增宣告缓刑，可根据犯罪情况对犯罪分子进行活动、区域、场所、人员接触限制的规定。	轻刑化、重刑化兼有
第七十四条	缓刑	除累犯外，将犯罪集团的首要分子也纳入不适用缓刑的范围。	重刑化
第七十七条	缓刑	将违反法院判决中的禁止令作为撤销缓刑的情形之一。	重刑化
第七十八条	减刑	1. 将被判处无期徒刑，减刑后实际执行刑期不得少于十年改为不得少于十三年； 2. 新增根据第五十条限制减刑后实际执行刑期的规定。	重刑化
第八十一条	假释	1. 将无期徒刑的假释条件之一：实际执行十年以上改为十三年以上； 2. 不得假释的犯罪类型新增放火、投放危险物质、有组织的暴力性犯罪四类。	重刑化
第一百条	前科报告义务	新增犯罪时不满十八周岁被判处五年有期徒刑以下刑罚的，免除前科报告义务的规定。	轻刑化
第一百零七条	资助危害国家安全犯罪活动罪	删除资助对象的限制。	扩大构成要件

续表

刑法条文	罪名等规定	修改内容	修改趋势
第一百零九条	叛逃罪	对叛逃罪取消“危害中华人民共和国国家安全”的结果条件，本罪改为行为犯。	扩大构成要件
第一百三十三条之一	危险驾驶罪	在道路上驾驶机动车追逐竞驶，情节恶劣的，或者在道路上醉酒驾驶机动车的，处拘役，并处罚金。 有前款行为，同时构成其他犯罪的，依照处罚较重的规定定罪处罚。	增设轻罪
第一百四十一条	生产、销售提供假药罪	1. 生产、销售假药罪第一档量刑中，取消“足以严重危害人体健康”的入罪条件，即生产、销售假药即可入罪； 2. 第二、三档的加重情节中，除对人体健康造成严重危害、特别严重危害或死亡的情节外，新增其他严重、特别严重情节； 3. 将罚金刑改为无限额罚金刑。	重刑化
第一百四十四条	生产、销售有毒、有害食品罪	1. 生产、销售有毒、有害食品罪第二、三档的加重情节中，除对人体健康造成严重危害、致人死亡的情节外，新增其他严重、特别严重情节； 2. 罚金刑改为无限额罚金刑。	重刑化
第一百五十一条第一、二款	走私武器、弹药罪，走私核材料罪，走私假币罪，走私文物罪，走私贵重金属罪	1. 走私武器、弹药罪、走私核材料罪、走私假币罪增加一档情节特别严重的刑罚：处无期徒刑或者死刑，并处没收财产； 2. 走私文物罪、走私贵重金属罪、走私珍贵动物、珍贵动物制品罪增加一档情节特别严重的刑罚：处十年以上有期徒刑或者无期徒刑，并处没收财产； 3. 废除走私文物罪，走私贵重金属罪、走私珍贵动物、珍贵动物制品罪死刑。	轻刑化（废除死刑）、重刑化兼有
第一百五十三条	走私普通货物、物品罪	1. 将量刑情节从重到轻排列改为从轻到重排列，并废除该罪死刑； 2. 将本罪走私普通货物、物品偷逃应缴税额由具体数额改为“较大”“巨大”“特别巨大”，并增加一年内因走私被给予两次行政处罚后又走私的情形。	扩大构成要件、轻刑化（废除死刑）、重刑化兼有
第一百五十七条第一款	武装掩护走私的处罚规定	武装掩护走私的，依照本法第一百五十一条第一款的规定从重处罚。	重刑化

续表

刑法条文	罪名等规定	修改内容	修改趋势
第一百六十四条第二款	对外国公职人员、国际公共组织官员行贿罪	为谋取不正当商业利益，给予外国公职人员或者国际公共组织官员以财物的，依照前款的规定处罚。	增设轻罪
第一百九十九条	此条已删除	删去票据诈骗罪、信用证诈骗罪的死刑规定。	轻刑化（废除死刑）
第二百零五条	虚开增值税专用发票、用于骗取出口退税、抵扣税款发票罪	删去虚开增值税专用发票、用于骗取出口退税、抵扣税款发票罪的死刑规定。	轻刑化（废除死刑）
第二百零五条之一	虚开发票罪	虚开本法第二百零五条规定以外的其他发票，情节严重的，处二年以下有期徒刑、拘役或者管制，并处罚金；情节特别严重的，处二年以上七年以下有期徒刑，并处罚金。 单位犯前款罪的，对单位判处罚金，并对其直接负责的主管人员和其他直接责任人员，依照前款的规定处罚。	增设轻罪
第二百零六条	伪造、出售伪造的增值税专用发票罪	删去伪造、出售伪造的增值税专用发票罪的死刑规定。	轻刑化（废除死刑）
第二百一十条之一	持有伪造的发票罪	明知是伪造的发票而持有，数量较大的，处二年以下有期徒刑、拘役或者管制，并处罚金；数量巨大的，处二年以上七年以下有期徒刑，并处罚金。 单位犯前款罪的，对单位判处罚金，并对其直接负责的主管人员和其他直接责任人员，依照前款的规定处罚。	增设轻罪
第二百二十六条	强迫交易罪	1. 强迫交易罪新增情节特别严重的一档刑罚； 2. 新增“强迫他人参与或者退出投标、拍卖的”“强迫他人转让或者收购公司、企业的股份、债券或者其他资产的”“强迫他人参与或者退出特定的经营活动”三类构成强迫交易罪的情形。	扩大构成要件、重刑化

续表

刑法条文	罪名等规定	修改内容	修改趋势
第二百三十四条之一	组织出卖人体器官罪，盗窃、侮辱、故意毁坏尸体、尸骨、骨灰罪	组织他人出卖人体器官的，处五年以下有期徒刑，并处罚金；情节严重的，处五年以上有期徒刑，并处罚金或者没收财产。 未经本人同意摘取其器官，或者摘取不满十八周岁的人的器官，或者强迫、欺骗他人捐献器官的，依照本法第二百三十四条、第二百三十二条的规定定罪处罚。 违背本人生前意愿摘取其尸体器官，或者本人生前未表示同意，违反国家规定，违背其近亲属意愿摘取其尸体器官的，依照本法第三百零二条的规定定罪处罚。	增设轻罪
第二百四十四条	强迫劳动罪	1. 将犯罪对象由“职工”变为“他人”，强迫职工劳动罪改为强迫劳动罪，并将本罪由单位犯罪改为自然人与单位均可构成本罪； 2. 增加一档情节严重的刑罚。	扩大构成要件、重刑化
第二百六十四条	盗窃罪	1. 删去盗窃罪的死刑规定； 2. 新增入户盗窃、携带凶器盗窃、扒窃为入罪情形。	扩大构成要件、轻刑化（废除死刑）
第二百七十四条	敲诈勒索罪	1. 新增多次敲诈勒索作为入罪情形； 2. 增加一档数额特别巨大或者有其他特别严重情节，处十年以上有期徒刑的刑罚。	重刑化、扩大构成要件
第二百七十六条之一	拒不支付劳动报酬罪	以转移财产、逃匿等方法逃避支付劳动者的劳动报酬或者有能力支付而不支付劳动者的劳动报酬，数额较大，经政府有关部门责令支付仍不支付的，处三年以下有期徒刑或者拘役，并处或者单处罚金；造成严重后果的，处三年以上七年以下有期徒刑，并处罚金。 单位犯前款罪的，对单位判处罚金，并对其直接负责的主管人员和其他直接责任人员，依照前款的规定处罚。 有前两款行为，尚未造成严重后果，在提起公诉前支付劳动者的劳动报酬，并依法承担相应赔偿责任的，可以减轻或者免除处罚。	增设轻罪

续表

刑法条文	罪名等规定	修改内容	修改趋势
第二百九十三条	寻衅滋事罪	1. 新增恐吓他人，情节恶劣作为寻衅滋事罪的入罪情形； 2. 增加一档多次寻衅滋事处五年以上十年以下有期徒刑的刑罚规定。	扩大构成要件、重刑化
第二百九十四条	组织、领导、参加黑社会性质组织罪	1. 组织、领导、参加黑社会性质组织罪中组织领导者与积极参加者分开规定刑罚，由原来均为三年以上十年以下有期徒刑改为组织、领导者七年以上有期徒刑，积极参加者三年以上七年以下有期徒刑； 2. 包庇、纵容黑社会性质组织罪的刑罚由三年以下、三到十年有期徒刑改为五年以下、五年以上有期徒刑； 3. 规定了黑社会性质组织的四个特征。	重刑化
第二百九十五条	传授犯罪方法罪	删去传授犯罪方法罪的死刑规定。	轻刑化（废除死刑）
第三百二十八条	盗掘古文化遗址、古墓葬罪，盗掘古人类化石、古脊椎动物化石罪	删去盗掘古文化遗址、古墓葬罪与盗掘古人类化石、古脊椎动物化石罪的死刑规定。	轻刑化（废除死刑）
第三百三十八条	污染环境罪	将重大环境污染事故罪改为污染环境罪，同时取消致使公私财物遭受重大损失或者人身伤亡的入罪要件。	扩大构成要件
第三百四十三条第一款	非法采矿罪	取消非法采矿罪中经责令停止开采后拒不停止开采的入罪要件。	扩大构成要件
第四百零八条之一	食品监管渎职罪	负有食品安全监督管理职责的国家机关工作人员，滥用职权或者玩忽职守，导致发生重大食品安全事故或者造成其他严重后果的，处五年以下有期徒刑或者拘役；造成特别严重后果的，处五年以上十年以下有期徒刑。 徇私舞弊犯前款罪的，从重处罚。	增设轻罪

表 12 《刑法修正案（九）》修正的主要内容

刑法条文	罪名等规定	修改内容	修改趋势
第三十七条之一	从业禁止	因利用职业便利实施犯罪，或者实施违背职业要求的特定义务的犯罪被判处刑罚的，人民法院可以根据犯罪情况和预防再犯罪的需要，禁止其自刑罚执行完毕之日或者假释之日起从事相关职业，期限为三年至五年。 被禁止从事相关职业的人违反人民法院依照前款规定作出的决定的，由公安机关依法给予处罚；情节严重的，依照本法第三百一十三条的规定定罪处罚。 其他法律、行政法规对其从事相关职业另有禁止或者限制性规定的，从其规定。	重刑化
第五十条	死缓	将死缓期间执行死刑的条件由“故意犯罪，查证属实”改为“故意犯罪，情节恶劣”，同时增加故意犯罪未执行死刑，死缓期间重新计算的规定。	轻刑化、重刑化兼有
第五十三条	罚金刑	在特殊情形下，对罚金的缴纳除酌情减少、免除外，新增经人民法院裁定可以延期缴纳的规定，同时将特殊情形由“遭遇不能抗拒的灾祸缴纳确实有困难”修改为“由于遭遇不能抗拒的灾祸等原因缴纳确实有困难”。	轻刑化
第一百二十条	组织、领导、参加恐怖组织罪	新增对于组织、领导、参加恐怖组织罪财产刑的规定。	重刑化
第一百二十条之一	帮助恐怖活动罪	新增资助恐怖活动培训作为帮助恐怖活动罪的入罪情形。	扩大构成要件
第一百二十条之二	准备实施恐怖活动罪	有下列情形之一的，处五年以下有期徒刑、拘役、管制或者剥夺政治权利，并处罚金；情节严重的，处五年以上有期徒刑，并处罚金或者没收财产： （一）为实施恐怖活动准备凶器、危险物品或者其他工具的； （二）组织恐怖活动培训或者积极参加恐怖活动培训的； （三）为实施恐怖活动与境外恐怖活动组织或者人员联络的； （四）为实施恐怖活动进行策划或者其他准备的。 有前款行为，同时构成其他犯罪的，依照处罚较重的规定定罪处罚。	增设轻罪

续表

刑法条文	罪名等规定	修改内容	修改趋势
第一百二十条之三	宣扬恐怖主义、极端主义、煽动实施恐怖活动罪	以制作、散发宣扬恐怖主义、极端主义的图书、音频视频资料或者其他物品，或者通过讲授、发布信息等方式宣扬恐怖主义、极端主义的，或者煽动实施恐怖活动的，处五年以下有期徒刑、拘役、管制或者剥夺政治权利，并处罚金；情节严重的，处五年以上有期徒刑，并处罚金或者没收财产。	增设轻罪
第一百二十条之四	利用极端主义破坏法律实施罪	利用极端主义煽动、胁迫群众破坏国家法律确立的婚姻、司法、教育、社会管理等制度实施的，处三年以下有期徒刑、拘役或者管制，并处罚金；情节严重的，处三年以上七年以下有期徒刑，并处罚金；情节特别严重的，处七年以上有期徒刑，并处罚金或者没收财产。	增设轻罪
第一百二十条之五	强制穿戴宣扬恐怖主义、极端主义服饰、标志罪	以暴力、胁迫等方式强制他人在公共场所穿着、佩戴宣扬恐怖主义、极端主义服饰、标志的，处三年以下有期徒刑、拘役或者管制，并处罚金。	增设轻罪
第一百二十条之六	非法持有宣扬恐怖主义、极端主义物品罪	明知是宣扬恐怖主义、极端主义的图书、音频视频资料或者其他物品而非法持有，情节严重的，处三年以下有期徒刑、拘役或者管制，并处或者单处罚金。	增设轻罪
第一百三十三条之一	危险驾驶罪	1. 新增校车或客运车辆严重超载、超速作为危险驾驶罪的入罪情形； 2. 新增违反规定运输危险化学品危及公共安全作为危险驾驶罪的入罪情形； 3. 增加机动车所有人、管理人在上述两种情形中负有直接责任构成危险驾驶罪的规定。	扩大构成要件
第一百五十一条第一款	走私武器、弹药罪，走私核材料罪，走私假币罪	删除走私武器、弹药罪，走私核材料罪，走私假币罪的死刑。	轻刑化（废除死刑）
第一百六十四条第一款	对非国家工作人员行贿罪	新增对非国家工作人员行贿罪第一档刑罚中的财产刑规定。	重刑化

续表

刑法条文	罪名等规定	修改内容	修改趋势
第一百七十条	伪造货币罪	1. 删去伪造货币罪的死刑规定； 2. 罚金刑由具体数额改为不确定数额。	轻刑化（废除死刑）、重刑化兼有
第一百九十九条	此条已删除	第一百九十九条整体删去。集资诈骗罪的死刑规定被删去，金融诈骗罪中无死刑罪名。	轻刑化（废除死刑）
第二百三十七条第一款	强制猥亵、侮辱罪	将犯罪对象由“妇女”改为“他人”，并将强制猥亵、侮辱妇女罪改为强制猥亵、侮辱罪。	扩大构成要件
第二百三十九条	绑架罪	1. 将绑架罪中杀害被绑架人或者致使其死亡的刑罚由死刑改为无期徒刑或死刑； 2. 将致使被绑架人重伤作为上条加重处罚的情形之一。	轻刑化、重刑化兼有
第二百四十一条	收买被拐卖妇女、儿童罪	将收买被拐卖妇女、儿童罪中有从轻情节的可以不追究刑事责任改为可以从轻处罚。	重刑化
第二百五十三条之一	侵犯公民个人信息罪	出售、非法提供公民个人信息罪，非法获取公民个人信息罪合并为侵犯公民个人信息罪，并取消仅国家机关或者金融、电信、交通、教育、医疗等单位的工作人员可构成此罪的身份限制。	扩大构成要件
第二百六十条之一	虐待被监护、看护人罪	对未成年人、老年人、患病的人、残疾人等负有监护、看护职责的人虐待被监护、看护的人，情节恶劣的，处三年以下有期徒刑或者拘役。 单位犯前款罪的，对单位判处罚金，并对其直接负责的主管人员和其他直接责任人员，依照前款的规定处罚。 有第一款行为，同时构成其他犯罪的，依照处罚较重的规定定罪处罚。	增设轻罪
第二百六十七条	抢夺罪	新增多次抢夺构成作为抢夺罪的入罪情形。	扩大构成要件
第二百七十七条	袭警罪妨害公务罪	妨害公务罪中新增暴力袭警从重处罚的规定。	重刑化

续表

刑法条文	罪名等规定	修改内容	修改趋势
第二百八十条	伪造、变造、买卖国家机关公文、证件、印章罪，盗窃、抢夺、毁灭国家机关公文、证件、印章罪，伪造公司、企业、事业单位、人民团体印章罪，伪造、变造、买卖身份证件罪	1. 在伪造、变造、买卖国家机关公文、证件、印章罪，盗窃、抢夺、毁灭国家机关公文、证件、印章罪，伪造公司、企业、事业单位、人民团体印章罪，伪造、变造居民身份证罪中增加财产刑的规定； 2. 将伪造、变造居民身份证罪的犯罪对象扩大至所有身份证件，并将伪造、变造居民身份证罪改为伪造、变造、买卖身份证件罪。	扩大构成要件、重刑化
第二百八十条之一	使用虚假身份证件、盗用身份证件罪	在依照国家规定应当提供身份证明的活动中，使用伪造、变造的或者盗用他人的居民身份证、护照、社会保障卡、驾驶证等依法可以用于证明身份的证件，情节严重的，处拘役或者管制，并处或者单处罚金。 有前款行为，同时构成其他犯罪的，依照处罚较重的规定定罪处罚。	增设轻罪
第二百八十三条	非法生产、销售专用间谍器材、窃听、窃照专用器材罪	1. 将非法生产、销售间谍专用器材罪的行为方式扩大至非法生产、销售专用间谍器材、窃听、窃照专用器材罪； 2. 新增一档情节严重的加重刑罚，同时规定单位犯罪的处罚。	扩大构成要件、重刑化
第二百八十四条之一	组织考试作弊罪，非法出售、提供试题、答案罪，代替考试罪	在法律规定的国家考试中，组织作弊的，处三年以下有期徒刑或者拘役，并处或者单处罚金；情节严重的，处三年以上七年以下有期徒刑，并处罚金。 为他人实施前款犯罪提供作弊器材或者其他帮助的，依照前款的规定处罚。 为实施考试作弊行为，向他人非法出售或者提供第一款规定的考试的试题、答案的，依照第一款的规定处罚。 代替他人或者让他人代替自己参加第一款规定的考试的，处拘役或者管制，并处或者单处罚金。	增设轻罪

续表

刑法条文	罪名等规定	修改内容	修改趋势
第二百八十五条	非法侵入计算机信息系统罪，非法获取计算机信息系统数据、非法控制计算机信息系统罪，提供侵入、非法控制计算机信息系统程序、工具罪	新增单位犯非法侵入计算机信息系统罪、非法获取计算机信息系统数据、非法控制计算机信息系统罪、提供侵入、非法控制计算机信息系统程序、工具罪的规定。	扩大构成要件
第二百八十六条	破坏计算机信息系统罪	新增单位犯破坏计算机信息系统罪的规定。	扩大构成要件
第二百八十六条之一	拒不履行信息网络安全管理义务罪	网络服务提供者不履行法律、行政法规规定的信息网络安全管理义务，经监管部门责令采取改正措施而拒不改正，有下列情形之一的，处三年以下有期徒刑、拘役或者管制，并处或者单处罚金： （一）致使违法信息大量传播的； （二）致使用户信息泄露，造成严重后果的； （三）致使刑事案件证据灭失，情节严重的； （四）有其他严重情节的。 单位犯前款罪的，对单位判处罚金，并对其直接负责的主管人员和其他直接责任人员，依照前款的规定处罚。 有前两款行为，同时构成其他犯罪的，依照处罚较重的规定定罪处罚。	增设轻罪

续表

刑法条文	罪名等规定	修改内容	修改趋势
第二百八十七条之一	非法利用信息网络罪	利用信息网络实施下列行为之一，情节严重的，处三年以下有期徒刑或者拘役，并处或者单处罚金： （一）设立用于实施诈骗、传授犯罪方法、制作或者销售违禁物品、管制物品等违法犯罪活动的网站、通讯群组的； （二）发布有关制作或者销售毒品、枪支、淫秽物品等违禁物品、管制物品或者其他违法犯罪信息的； （三）为实施诈骗等违法犯罪活动发布信息的。 单位犯前款罪的，对单位判处罚金，并对其直接负责的主管人员和其他直接责任人员，依照第一款的规定处罚。 有前两款行为，同时构成其他犯罪的，依照处罚较重的规定定罪处罚。	增设轻罪
第二百八十七条之二	帮助信息网络犯罪活动罪	明知他人利用信息网络实施犯罪，为其犯罪提供互联网接入、服务器托管、网络存储、通讯传输等技术支持，或者提供广告推广、支付结算等帮助，情节严重的，处三年以下有期徒刑或者拘役，并处或者单处罚金。 单位犯前款罪的，对单位判处罚金，并对其直接负责的主管人员和其他直接责任人员，依照第一款的规定处罚。 有前两款行为，同时构成其他犯罪的，依照处罚较重的规定定罪处罚。	增设轻罪
第二百八十八条	扰乱无线电通讯管理秩序罪	1. 将扰乱无线电管理秩序罪改为扰乱无线电通讯管理秩序罪； 2. 本罪增加一档情节严重的刑罚； 3. 取消了原来“经责令停止使用后拒不停止使用”的规定。	扩大构成要件、重刑化
第二百九十条第一、三、四款	聚众扰乱社会秩序罪，扰乱国家机关工作秩序罪，组织、资助非法聚集罪	多次扰乱国家机关工作秩序，经行政处罚后仍不改正，造成严重后果的，处三年以下有期徒刑、拘役或者管制。 多次组织、资助他人非法聚集，扰乱社会秩序，情节严重的，依照前款的规定处罚。 聚众扰乱社会秩序罪中将医疗秩序纳入本罪名保护。	增设两项轻罪、扩大构成要件

续表

刑法条文	罪名等规定	修改内容	修改趋势
第二百九十一条之一第二款	编造、故意传播虚假信息罪	编造虚假的险情、疫情、灾情、警情，在信息网络或者其他媒体上传播，或者明知是上述虚假信息，故意在信息网络或者其他媒体上传播，严重扰乱社会秩序的，处三年以下有期徒刑、拘役或者管制；造成严重后果的，处三年以上七年以下有期徒刑。	增设轻罪
第三百条	组织、利用会道门、邪教组织、利用迷信破坏法律实施罪，组织、利用会道门、邪教组织、利用迷信致人重伤、死亡罪	1. 组织、利用会道门、邪教组织、利用迷信破坏法律实施罪中新增情节较轻的一档刑罚，同时该罪名增加财产刑的规定； 2. 增加致人重伤情节，将组织、利用会道门、邪教组织、利用迷信致人死亡罪改为组织、利用会道门、邪教组织、利用迷信致人重伤、死亡罪。	扩大构成要件、重刑化
第三百零七条之一	虚假诉讼罪	以捏造的事实提起民事诉讼，妨害司法秩序或者严重侵害他人合法权益的，处三年以下有期徒刑、拘役或者管制，并处或者单处罚金；情节严重的，处三年以上七年以下有期徒刑，并处罚金。 单位犯前款罪的，对单位判处罚金，并对其直接负责的主管人员和其他直接责任人员，依照前款的规定处罚。 有第一款行为，非法占有他人财产或者逃避合法债务，又构成其他犯罪的，依照处罚较重的规定定罪从重处罚。 司法工作人员利用职权，与他人共同实施前三款行为的，从重处罚；同时构成其他犯罪的，依照处罚较重的规定定罪从重处罚。	增设轻罪
第三百零八条之一第一、三款	泄露不应公开的案件信息罪，披露、报道不应公开的案件信息罪	司法工作人员、辩护人、诉讼代理人或者其他诉讼参与人，泄露依法不公开审理的案件中不应当公开的信息，造成信息公开传播或者其他严重后果的，处三年以下有期徒刑、拘役或者管制，并处或者单处罚金。 公开披露、报道第一款规定的案件信息，情节严重的，依照第一款的规定处罚。	增设轻罪

续表

刑法条文	罪名等规定	修改内容	修改趋势
第三百零九条	扰乱法庭秩序罪	新增“殴打诉讼参与人”“侮辱、诽谤、威胁司法工作人员或者诉讼参与人，不听法庭制止，严重扰乱法庭秩序”“毁坏法庭设施，抢夺、损毁诉讼文书、证据等扰乱法庭秩序行为，情节严重”作为扰乱法庭秩序罪的入罪情形。	扩大构成要件
第三百一十一条	拒绝提供间谍犯罪、恐怖主义犯罪、极端主义犯罪证据罪	将犯罪对象扩大至恐怖主义犯罪、极端主义犯罪，并将拒绝提供间谍犯罪证据罪改为拒绝提供间谍犯罪、恐怖主义犯罪、极端主义犯罪证据罪。	扩大构成要件
第三百一十三条	拒不执行判决、裁定罪	1. 拒不执行判决、裁定罪中新增一档情节特别严重的刑罚； 2. 增加单位犯本罪的规定。	重刑化、扩大构成要件
第三百二十二条	偷越国（边）境罪	偷越国（边）境罪中新增为参加恐怖活动组织、接受恐怖活动培训或者实施恐怖活动，偷越国（边）境的，加重处罚的一档刑罚。	扩大构成要件、重刑化
第三百五十条	非法生产、买卖、运输制毒物品、走私制毒物品罪	1. 将行为方式扩大至生产、买卖，并将非法运输制毒物品罪改为非法生产、买卖、运输制毒物品罪； 2. 将本罪及走私制毒物品罪的量刑由原来三年以下、三到十年两档改为三年以下、三到七年、七年以上有期徒刑三档。	扩大构成要件、重刑化
第三百五十八条	组织卖淫罪，强迫卖淫罪	将组织卖淫罪、强迫卖淫罪五种具体加重情节改为“情节严重的”，规定对未成年人实施该行为的从重处罚，删除了该罪死刑，规定犯该两罪又有杀害、伤害、强奸、绑架等犯罪行为的，数罪并罚。	轻刑化（废除死刑）、重刑化兼有
第三百六十条	传播性病罪	删除原文第二款，取消了嫖宿幼女罪。	轻刑化（废除罪名）

续表

刑法条文	罪名等规定	修改内容	修改趋势
第三百八十三条	贪污罪的处罚规定	1. 对贪污罪的量刑标准与量刑幅度作出调整：由具体金额改为“较大”“其他较重情节”“巨大”“其他严重情节”“特别巨大”“其他特别严重情节”及“数额特别巨大，并使国家和人民利益遭受特别重大损失的”； 2. 新增犯贪污罪可以从轻、减轻或者免除处罚的法定情节； 3. 新增犯贪污罪被判处死缓，可以同时决定死缓减为无期徒刑后终身监禁，不得减刑、假释的规定。	轻刑化、重刑化兼有
第三百九十条	行贿罪	1. 新增行贿罪财产刑的规定； 2. 将被追诉前主动交代行贿行为，可以减轻或者免除处罚改为可以从轻或者减轻处罚，新增对其中犯罪较轻，对侦破重大案件起关键作用或有重大立功表现的，可以减轻或者免除处罚。	重刑化
第三百九十条之一	对有影响力的人行贿罪	为谋取不正当利益，向国家工作人员的近亲属或者其他与该国家工作人员关系密切的人，或者向离职的国家工作人员或者其近亲属以及其他与其关系密切的人行贿的，处三年以下有期徒刑或者拘役，并处罚金；情节严重的，或者使国家利益遭受重大损失的，处三年以上七年以下有期徒刑，并处罚金；情节特别严重的，或者使国家利益遭受特别重大损失的，处七年以上十年以下有期徒刑，并处罚金。 单位犯前款罪的，对单位判处罚金，并对其直接负责的主管人员和其他直接责任人员，处三年以下有期徒刑或者拘役，并处罚金。	增设轻罪
第三百九十一条	对单位行贿罪	新增对单位行贿罪财产刑的规定。	重刑化
第三百九十二条	介绍贿赂罪	新增介绍贿赂罪财产刑的规定。	重刑化
第三百九十三条	单位行贿罪	新增单位行贿罪中对直接责任人员财产刑的规定。	重刑化
第四百二十六条	阻碍执行军事职务罪	调整阻碍执行军事职务罪的刑罚规定，删去该罪名的死刑规定。	轻刑化（废除死刑）
第四百三十三条	战时造谣惑众罪	删去战时造谣惑众罪的死刑规定。	轻刑化（废除死刑）

表 13 《刑法修正案（十）》修正的主要内容

刑法条文	涉及罪名	修改内容	修改趋势
第二百九十九条	侮辱国旗、国徽、国歌罪	将犯罪对象扩大至国歌，并修改罪名为侮辱国旗、国徽、国歌罪。	扩大构成要件

表 14 《刑法修正案（十一）》修正的主要内容

刑法条文	涉及罪名	修改内容	修改趋势
第十七条	刑事责任年龄	下调刑事责任年龄至十二周岁。	扩大犯罪主体
第一百三十三条之二	妨害安全驾驶罪	对行驶中的公共交通工具的驾驶人员使用暴力或者抢控驾驶操纵装置，干扰公共交通工具正常行驶，危及公共安全的，处一年以下有期徒刑、拘役或者管制，并处或者单处罚金。 前款规定的驾驶人员在行驶的公共交通工具上擅离职守，与他人互殴或者殴打他人，危及公共安全的，依照前款的规定处罚。 有前两款行为，同时构成其他犯罪的，依照处罚较重的规定定罪处罚。	增设轻罪
第一百三十四条第二款	强令、组织他人违章冒险作业罪	增加行为方式“明知存在重大事故隐患而不排除，仍冒险组织作业”。	扩大构成要件
第一百三十四条之一	危险作业罪	在生产、作业中违反有关安全管理的规定，有下列情形之一，具有发生重大伤亡事故或者其他严重后果的现实危险的，处一年以下有期徒刑、拘役或者管制： （一）关闭、破坏直接关系生产安全的监控、报警、防护、救生设备、设施，或者篡改、隐瞒、销毁其相关数据、信息的； （二）因存在重大事故隐患被依法责令停产停业、停止施工、停止使用有关设备、设施、场所或者立即采取排除危险的整改措施，而拒不执行的； （三）涉及安全生产的事项未经依法批准或者许可，擅自从事矿山开采、金属冶炼、建筑施工，以及危险物品生产、经营、储存等高度危险的生产作业活动的。	增设轻罪

续表

刑法条文	涉及罪名	修改内容	修改趋势
第一百四十一条	生产、销售、提供假药罪	删除前置法假药定义，增加行为方式“提供假药”，并将罪名改为生产、销售、提供假药罪。	缩小构成要件、扩大构成要件并存
第一百四十二条	生产、销售、提供劣药罪	删除前置法劣药定义，增加新的行为方式“提供劣药”，并将罪名改为生成、销售、提供劣药罪。	缩小构成要件、扩大构成要件并存
第一百四十二条之一	妨害药品管理罪	违反药品管理法规，有下列情形之一，足以严重危害人体健康的，处三年以下有期徒刑或者拘役，并处或者单处罚金；对人体健康造成严重危害或者有其他严重情节的，处三年以上七年以下有期徒刑，并处罚金： （一）生产、销售国务院药品监督管理部门禁止使用的药品的； （二）未取得药品相关批准证明文件生产、进口药品或者明知是上述药品而销售的； （三）药品申请注册中提供虚假的证明、数据、资料、样品或者采取其他欺骗手段的； （四）编造生产、检验记录的。 有前款行为，同时又构成本法第一百四十一条、第一百四十二条规定之罪或者其他犯罪的，依照处罚较重的规定定罪处罚。	增设轻罪
第一百六十条	欺诈发行证券罪	增加犯罪对象“其他证券”，增加一档数额特别巨大法定刑，罚金刑无限额化与倍比罚金化，增加犯罪主体“控股股东、实际控制人”，并将罪名修改为欺诈发行证券罪。	扩大构成要件，轻刑化、重刑化兼有
第一百六十一条	违规披露、不披露重要信息罪	增加一档情节特别严重法定刑，增加犯罪主体“控股股东、实际控制人”与单位主体，罚金刑无限额化。	扩大构成要件、重刑化
第一百六十三条	非国家工作人员受贿罪	降低最低刑上限并增加罚金刑，增加一档特别严重情节的法定刑，增加“其他严重情节”作为入罪标准。	扩大构成要件，轻刑化、重刑化兼有

续表

刑法条文	涉及罪名	修改内容	修改趋势
第一百七十五条之一	骗取贷款、票据承兑、金融票证罪	删除“其他严重情节”的入罪条件。	缩小构成要件
第一百七十六条	非法吸收公众存款罪	增加一档数额特别巨大和其他特别严重情节的法定刑，增加从轻、减轻处罚条件，罚金刑无限额化，增加从轻条款。	轻刑化、重刑化兼有
第一百八十二条	操纵证券、期货市场罪	删除影响交易价格、交易量的条件，增加抢帽子交易、幌骗交易、蛊惑交易的行为方式。	扩大构成要件
第一百九十一条	洗钱罪	扩大犯罪主体至上游犯罪行为人自身。	扩大构成要件
第一百九十二条	集资诈骗罪	将三档法定刑合并为两档法定刑，罚金刑无限额化，增加单位作为犯罪主体。	扩大构成要件、重刑化
第二百一十三条	假冒注册商标罪	增加“服务”作为犯罪对象，去除法定最低刑拘役，提高法定最高刑至十年有期徒刑。	扩大构成要件、重刑化
第二百一十四条	销售假冒注册商标的商品罪	修改情节“销售数额”为“违法所得”，增加特别严重情节作为行为方式，并提高法定最高刑至十年有期徒刑。	缩小构成要件、扩大构成要件并存，重刑化
第二百一十五条	非法制造、销售非法制造的注册商标标识罪	去除拘役、管制刑，提高法定最高刑为十年有期徒刑。	重刑化
第二百一十七条	侵犯著作权罪	扩大犯罪客体至“与著作权有关的权利”，增加信息网络传播作为行为方式，同时增加侵犯表演者权、绕开技术措施作为行为方式，提高法定最高刑为十年有期徒刑。	扩大构成要件，重刑化
第二百一十八条	销售侵权复制品罪	增加其他特别严重情节作为行为方式，去除拘役，提高法定最高刑为五年有期徒刑。	扩大构成要件，重刑化

续表

刑法条文	涉及罪名	修改内容	修改趋势
第二百一十九条	侵犯商业秘密罪	将本罪改为情节犯，提高法定最高刑为十年有期徒刑，增加贿赂、欺诈、电子侵入、允许他人使用等作为行为方式。	扩大构成要件、重刑化
第二百一十九条之一	为境外窃取、刺探、收买、非法提供商业秘密罪	为境外的机构、组织、人员窃取、刺探、收买、非法提供商业秘密的，处五年以下有期徒刑，并处或者单处罚金；情节严重的，处五年以上有期徒刑，并处罚金。	增设轻罪
第二百二十九条	提供虚假证明文件罪	增加保荐、安全评价、环境影响评价、环境监测人员作为犯罪主体，并增加相应行为方式，增加一档法定刑。	扩大构成要件、重刑化
第二百三十六条	强奸罪	增加奸淫幼女加重处罚的情形。	扩大构成要件
第二百三十六条之一	负有照护职责人员性侵罪	对已满十四周岁不满十六周岁的未成年女性负有监护、收养、看护、教育、医疗等特殊职责的人员，与该未成年女性发生性关系的，处三年以下有期徒刑；情节恶劣的，处三年以上十年以下有期徒刑。 有前款行为，又构成本法第二百三十六条规定之罪的，依照处罚较重的规定定罪处罚。	增设轻罪
第二百七十一条	职务侵占罪	增加一档法定刑，降低法定最低刑上限，去除没收财产刑，增加罚金刑。	重刑化、轻刑化并存
第二百七十二条	挪用资金罪	去除“或者数额较大不退还的”，增加一档法定刑，增加从轻、减轻、免除处罚条款。	重刑化、轻刑化并存
第二百七十七条第五款	袭警罪	暴力袭击正在依法执行职务的人民警察的，处三年以下有期徒刑、拘役或者管制；使用枪支、管制刀具，或者以驾驶机动车撞击等手段，严重危及其人身安全的，处三年以上七年以下有期徒刑。	增设轻罪

续表

刑法条文	涉及罪名	修改内容	修改趋势
第二百八十条之二	冒名顶替罪	盗用、冒用他人身份，顶替他人取得的高等学历教育入学资格、公务员录用资格、就业安置待遇的，处三年以下有期徒刑、拘役或者管制，并处罚金。 组织、指使他人实施前款行为的，依照前款的规定从重处罚。 国家工作人员有前两款行为，又构成其他犯罪的，依照数罪并罚的规定处罚。	增设轻罪
第二百九十一条之二	高空抛物罪	从建筑物或者其他高空抛掷物品，情节严重的，处一年以下有期徒刑、拘役或者管制，并处或者单处罚金。 有前款行为，同时构成其他犯罪的，依照处罚较重的规定定罪处罚。	增设轻罪
第二百九十三条之一	催收非法债务罪	有下列情形之一，催收高利放贷等产生的非法债务，情节严重的，处三年以下有期徒刑、拘役或者管制，并处或者单处罚金： （一）使用暴力、胁迫方法的； （二）限制他人人身自由或者侵入他人住宅的； （三）恐吓、跟踪、骚扰他人的。	增设轻罪
第二百九十九条之一	侵害英雄烈士名誉、荣誉罪	侮辱、诽谤或者以其他方式侵害英雄烈士的名誉、荣誉，损害社会公共利益，情节严重的，处三年以下有期徒刑、拘役、管制或者剥夺政治权利。	增设轻罪
第三百零三条第二款	开设赌场罪	提高法定最低刑上限为五年有期徒刑。	重刑化
第三百零三条第三款	组织参与国（境）外赌博罪	组织中华人民共和国公民参与国（境）外赌博，数额巨大或者有其他严重情节的，依照前款的规定处罚。	增设轻罪
第三百三十条	妨害传染病防治罪	增加出售、运输疫区中被传染病病原体污染或者可能被传染病病原体污染的物品，未进行消毒处理作为行为方式，增加县级以上人民政府、疾病预防控制机构作为限制。	扩大构成要件、缩小构成要件并存

续表

刑法条文	涉及罪名	修改内容	修改趋势
第三百三十四条之一	非法采集人类遗传资源、走私人类遗传资源材料罪	违反国家有关规定，非法采集我国人类遗传资源或者非法运送、邮寄、携带我国人类遗传资源材料出境，危害公众健康或者社会公共利益，情节严重的，处三年以下有期徒刑、拘役或者管制，并处或者单处罚金；情节特别严重的，处三年以上七年以下有期徒刑，并处罚金。	增设轻罪
第三百三十六条之一	非法植入基因编辑、克隆胚胎罪	将基因编辑、克隆的人类胚胎植入人体或者动物体内，或者将基因编辑、克隆的动物胚胎植入人体内，情节严重的，处三年以下有期徒刑或者拘役，并处罚金；情节特别严重的，处三年以上七年以下有期徒刑，并处罚金。	增设轻罪
第三百三十八条	污染环境罪	将结果犯改为情节犯，增加一档法定刑。	扩大构成要件、重刑化
第三百四十一条第三款	非法猎捕、收购、运输、出售陆生野生动物罪	违反野生动物保护管理法规，以食用为目的非法猎捕、收购、运输、出售第一款规定以外的在野外环境自然生长繁殖的陆生野生动物，情节严重的，依照前款的规定处罚。	增设轻罪
第三百四十二条之一	破坏自然保护地罪	违反自然保护地管理法规，在国家公园、国家级自然保护区进行开垦、开发活动或者修建建筑物，造成严重后果或者有其他恶劣情节的，处五年以下有期徒刑或者拘役，并处或者单处罚金。 有前款行为，同时构成其他犯罪的，依照处罚较重的规定定罪处罚。	增设轻罪
第三百四十四条之一	非法引进、释放、丢弃外来入侵物种罪	违反国家规定，非法引进、释放或者丢弃外来入侵物种，情节严重的，处三年以下有期徒刑或者拘役，并处或者单处罚金。	增设轻罪
第三百五十五条之一	妨害兴奋剂管理罪	引诱、教唆、欺骗运动员使用兴奋剂参加国内、国际重大体育竞赛，或者明知运动员参加上述竞赛而向其提供兴奋剂，情节严重的，处三年以下有期徒刑或者拘役，并处罚金。 组织、强迫运动员使用兴奋剂参加国内、国际重大体育竞赛的，依照前款的规定从重处罚。	增设轻罪

续表

刑法条文	涉及罪名	修改内容	修改趋势
第四百零八条之一	食品、药品监管渎职罪	增加药品管理秩序作为犯罪客体，将“导致发生重大食品安全事故”改为“造成严重后果”。	扩大构成要件
第四百三十一条第二款	为境外窃取、刺探、收买、非法提供军事秘密罪	增加一档较轻法定刑。	轻刑化
第四百五十条	军人违反职责罪适用的主体范围	增加文职人员作为犯罪主体。	扩大构成要件

表 15　《刑法修正案（十二）》修正的主要内容

刑法条文	涉及罪名	修改内容	修改趋势
第一百六十五条	非法经营同类营业罪	增加其他公司、企业的董事、监事、高级管理人员作为犯罪主体。	扩大构成要件
第一百六十六条	为亲友非法牟利罪	增加其他公司、企业的工作人员作为犯罪主体。	扩大构成要件
第一百六十九条	徇私舞弊低价折股、出售公司、企业资产罪	增加其他公司、企业直接负责的主管人员。	扩大构成要件
第三百八十七条	单位受贿罪	增加一档法定刑，并将第一档法定最低刑上限、第二档法定最高刑下限改为三年有期徒刑。	重刑化、轻刑化并存
第三百九十条	行贿罪的处罚规定	增加从重处罚情节。	重刑化
第三百九十一条	对单位行贿罪	增加一档法定刑。	重刑化
第三百九十三条	单位行贿罪	增加一档法定刑。	重刑化

第二节　刑法修正的宏观走向

通过历次刑法修正，共新增了 70 个罪名，废除了 1 个罪名（嫖宿幼女罪），总计存在 208 条实质性修正条款。细细分析这些修正条款可知，刑法修正的宏观走向体现了积极刑法观构建“严而不厉”刑法结构的努力。需要说明的是，尽管从宏观走向上来看重刑化仍是刑罚调整的主要方向，但已经有不少罪名体现出轻刑化的趋势，而积极刑法观并不是完全赞成现行刑法通过重刑化来保护法益的做法。

一、犯罪圈持续扩大

总体来看，犯罪圈正在单向扩大，绝大多数修正都围绕着扩大刑法的适用范围展开，非罪化的情况屈指可数。这样的修正是积极刑法观理念的具体体现。在扩大犯罪圈的前提下，刑法的修正主要存在增设新罪和扩大构成要件这两个特点。

（一）增设新罪频率加快

从 1998 年《关于惩治骗购外汇、逃汇和非法买卖外汇犯罪的决定》增设第一个新罪开始，到 2023 年《刑法修正案（十二）》获得通过，立法者一共新增了 70 个新罪名。增设如此多罪名的立法目的是保护社会公共安全、市场经济安全以及社会秩序安全，正因如此，新增的罪名大部分都是保护各类安全秩序。从修订内容上看，第二章危害公共安全罪中有 12 个新增罪名，第三章破坏社会主义市场经济秩序罪中有 15 个新增罪名，第四章侵犯公民人身权利、民主权利罪中有 7 个新增罪名，第五章侵犯财产罪中有 1 个新增罪名，第六章妨害社会管理秩序罪中有 27 个罪名，第七章危害国防利益罪中有 2 个罪名，第八章贪污贿赂罪中有 2 个罪名，第九章渎职罪中有 3 个罪名。此外，单行刑法中还有 1 个新增罪名（骗购外汇罪）。为了图 1（刑法新增罪名分布）结构的完整性，根据骗购外汇罪侵犯的客体将其归入第三章破坏社会主义市场经济秩序罪中。根据历次刑法新增罪名所处的章节以及历次单行刑法和修正案新增罪名的数量，分别制刑法新增罪名分布图和刑法新增罪名数量如图 1、图 2 所示。

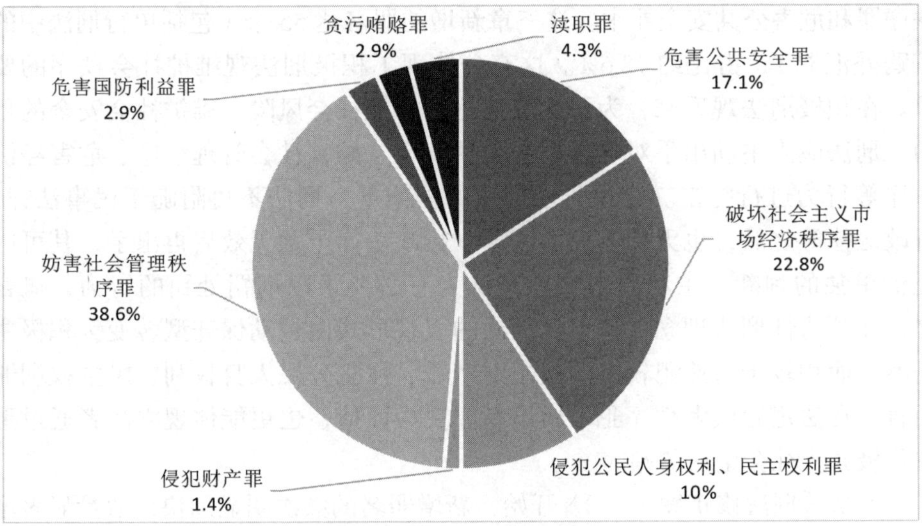

图1　刑法新增罪名分布

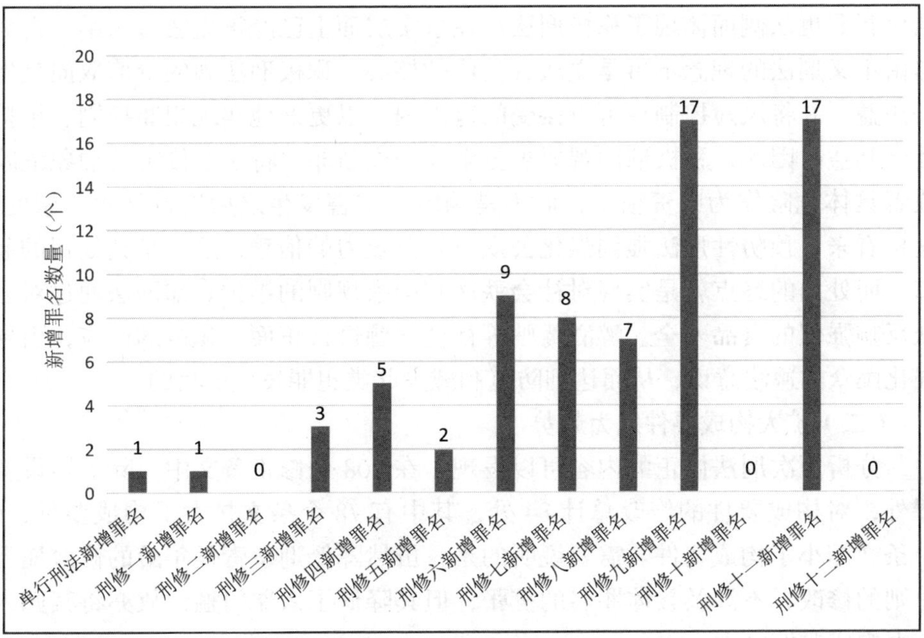

图2　刑法新增罪名数量

从图1和图2可以很明显地看到，刑法增设罪名内容分布集中、频率加快。

1. 刑法增设的罪名集中在妨害社会管理秩序罪、破坏社会主义市场经济秩序罪和危害公共安全罪中。这三章新增的罪名达55个（包括单行刑法中的骗购外汇罪），占比约78.6%。这充分体现了积极刑法观维护社会秩序的要求。在积极刑法观看来，为了更好地达到管控社会风险、维护社会安全的目的，刑法应当主动出手对严重危害公共安全、妨害社会管理秩序、危害经济秩序等行为进行打击。在预防性刑法的框架下，刑法不再附随于民事法律、行政法律等之后，也无须等民事法律、行政法律干预无效后再出手，其可以凭借单独的判断，主动出击治理其认为有必要予以刑罚处罚的行为。概言之，在预防性刑法理念框架下，刑法的表现形式由被动保守型转变为积极主动型。而相较于自然犯较多的侵犯财产罪、侵犯公民人身权利、民主权利罪而言，在法定犯或者秩序犯中增设新罪更为便捷，也更能体现立法者通过刑法积极介入社会生活的倾向。

2. 从《刑法修正案（六）》开始，新增罪名的频次明显加快，数量显著增多。特别是《刑法修正案（九）》和《刑法修正案（十一）》，两次修正案新增了34个罪名，几乎占据了新增罪名总数量的一半。近年来，如此高频率地增设新罪也从侧面体现了积极刑法观在事实层面上已经被立法者采纳，古典自由主义刑法的理念不再是立法者关注的核心。积极刑法观的价值取向是保护法益，并将风险控制在可以接受的范围内，以更好地实现犯罪控制、维护社会利益。因此，积极刑法观要求更多地增设新罪，将法益侵害的抽象危险或者具体危险作为归责根据，而不是局限于实害发生之后进行补救、惩处。这样看来，预防性刑法强调强化公众对规范效力的信赖，这也是其处罚的起点，而处罚的终点就是实现对社会秩序和国家规则的维护。如刑法通过对公众反响强烈的食品安全、醉酒驾驶等社会问题进行正面、积极的回应，引导强化民众的遵法意识，从而达到防范和减少此类犯罪发生的目的。

（二）扩大构成要件成为趋势

分析历次刑法修正的内容可以发现，在208个修正条文中，除了增设新罪外，对构成要件的修改总计84处，其中有78个条文扩大了构成要件，6个条文缩小了构成要件。需要说明的是，虽然降低刑事责任年龄的修改属于总则的修改，不涉及具体罪名的扩张，但其降低了入罪门槛，故亦将其归入扩大构成要件之中。

显然，在刑法修正中扩大构成要件占到了绝对多数，而构成要件的扩张又以客观要件和主体要件的扩张为主。正如学者指出的那样，这种修改扩充主要体现在修改犯罪主体要件以实行犯罪化，或者修改犯罪客观要件进而扩充刑法适用范围，最终使得刑法的犯罪圈不断扩张。

就犯罪客观要件的扩大而言，历次刑法修正的内容主要包括三个方面：一是扩大犯罪对象。如《刑法修正案（八）》将《刑法》第二百四十四条强迫劳动罪（原强迫职工劳动罪）的犯罪对象由“职工”改为“他人”，使得强迫劳动罪的适用范围不再局限于公司、企业的职工，而是扩大到了所有人；又如《刑法修正案（九）》将《刑法》第二百三十七条强制猥亵、侮辱罪（原强制猥亵、侮辱妇女罪）的犯罪对象由“妇女”扩大到“他人”，使得男性的性权利在一定程度上也可以获得该罪名的保护。二是增加行为方式。如《刑法修正案（八）》在《刑法》第二百六十四条盗窃罪的两种行为方式（盗窃公私财物，数额较大或者多次盗窃）规定的基础上，又增加了三种行为方式，即“入户盗窃、携带凶器盗窃、扒窃”，扩张了构成盗窃罪的情形；又如《刑法修正案（十一）》将《刑法》第四百零八条之一食品监管渎职罪“导致发生重大食品安全事故或者造成其他严重后果”的规定更改为“造成严重后果或者有其他严重情节”，这就在发生重大食品安全事故之外又增加了情节这一犯罪构成要件要素，使得这类犯罪的规制范围得以扩张。三是删除实害与结果要件。如《刑法修正案（八）》删除了《刑法》第一百四十一条生产、销售假药罪中的“足以严重危害人体健康”这一立法表述，从而使得该罪由具体危险犯转变为抽象危险犯，其构罪范围也因此而扩大；又如《刑法修正案（十一）》删除了《刑法》第三百三十八条污染环境罪“造成重大环境污染事故”的结果要件，使得该罪成为情节犯，降低了入罪门槛。

相对于犯罪客观构成要件的扩大而言，犯罪主体要件扩大的类型更加丰富。一是增设单位犯罪的规定。如《刑法修正案（九）》在第二百八十五条非法侵入计算机信息系统罪、非法获取计算机信息系统数据、非法控制计算机信息系统罪和第二百八十六条破坏计算机信息系统罪中又规定了单位犯罪，使得单位和自然人都可以构成计算机犯罪。二是降低刑事责任年龄。降低刑事责任年龄是历次刑法修正案中为数不多的对刑法总则进行直接修改的情况，《刑法修正案（十一）》在刑法总则第十七条中增加第三款以降低部分犯罪的刑事责任年龄，从而将已满12周岁不满14周岁的未成年人有条件地纳入部分犯罪的刑事追责范围。三是扩展具体个罪中的行为主体范围。如《刑法修正案（十一）》在第二百二十九条提供虚假证明文件罪原先的主体之上增加了“保荐、安全评价、环境影响评价、环境监测”等类型。同样的情况发生在《刑法》第一百六十条欺诈发行证券罪和第一百六十一条违规披露、不披露重要信息罪上，《刑法修正案（十一）》都将“控股股东、实际控制人”增添为犯罪主体。四是将特殊主体修改为一般主体。如《刑法修正案（九）》删除了《刑法》第二百五十三条之一侵犯公民个人信息罪中的“国家机关或者金融、电信、交通、教育、医疗等单位的工作人员”限制，从而使得该罪由特殊主体转为一般主体。五是扩张章节罪名中的行为主体范围。《刑法修正案（十一）》在第四百五十条中增加“文职人员”这一群体，从而扩大了刑法分则第十章军人违反职责罪的主体范围。

总之，无论是客观要件的增加还是主体要件的扩张，扩大构成要件已经成为刑法修订的主流趋势，缩小构成要件只是偶尔出现在刑法修订的过程中。更值得注意的是，缩小构成要件多是回应社会热点事件，如缩小假药犯罪假药认定范围是基于公众舆情、民意反映而进行的修改。

二、重刑化倾向明显

考察刑法总则和分则中有关刑罚部分的修改可知，历次刑法修订一共涉及 101 条关于刑罚的条文。其中，体现重刑化倾向的有 66 条，体现轻刑化倾向的有 33 条，且其中 14 个条文废除了 22 个罪名的死刑。

显然，法定刑幅度的提高依然是刑罚结构修改的主旋律，减轻法定刑和废除死刑的轻刑化趋势并不占主流。结合历次刑法修正的具体内容，深入分析这种倾向可知，重刑化既包括主刑的趋重化，也包括罚金刑的无限额化。

（一）主刑趋重化

分析历次刑法修正可以发现，主刑的趋重化可以被概括为两个方面，即“生刑加重，废死停滞”。必须承认，这样的修改趋势和积极刑法观主张的轻刑化背道而驰，很容易产生“又严又厉”的刑罚结构，值得反思和警惕。

就生刑不断加重而言，历次刑法修正通过各种方式对诸多罪名加重了刑罚，其中主要的修订内容包括如下三个方面。一是有期徒刑的法定刑幅度大幅提升。以《刑法修正案（十一）》为例，违规披露、不披露重要信息罪的法定最高刑由三年有期徒刑提高为十年有期徒刑，由轻罪直接转变为重罪；非法吸收公众存款罪的法定最高刑由原来的十年有期徒刑直接提升为十五年有期徒刑；污染环境罪甚至增加了一档法定刑，其法定最高刑由七年有期徒刑转变为十五年有期徒刑；等等。如此多罪名法定刑的提高值得注意，其中不乏有部分罪名存在较强的情绪性立法色彩，是刑法对社会治理过度干预的表现。二是无期徒刑数量增加。尽管从性质上来看，刑法增设新罪的内容都属于轻微犯罪，不存在法定最低刑为三年以上有期徒刑的重罪，但在增设的新罪中有不少罪名的法定最高刑是无期徒刑，这就使得刑法中无期徒刑的比例增加，如刑法新增的第一个新罪骗购外汇罪的法定最高刑就是无期徒刑。与此同时，部分刑法修正的条款也将一些罪名的法定最高刑调整为了无期徒刑，如在职务侵占罪和非国家工作人员受贿罪中，原本两罪的法定最高刑均为十五年有期徒刑，但《刑法修正案（十一）》将二者的法定最高刑都提高至无期徒刑。三是管制、拘役刑数量减少。具体而言，集资诈骗罪、假冒注册商标罪，销售假冒注册商标的商品罪，非法制造，销售非法制造的注册商标标识罪，侵犯著作权罪，销售侵权复制品罪等罪名在修正过程中均被取消了第一档法定刑中的管制或者拘役刑。

就死刑的废除而言，晚近以来的修正案废除死刑的速度明显减缓。《刑法修正案（八）》减少了13个死刑罪名，首次开启了立法减少死刑之路，这是我国死刑立法史上的一个转折点，标志着刑法向着死刑罪名减少的趋势发展，这是具有十分重大意义的一个立法事件。四年之后的《刑法修正案（九）》再次废除了9个死刑罪名，刑法分则规定的死刑罪名也因此减少到了46个。然而，自《刑法修正案（九）》之后，我国废除死刑的步伐有所减缓。

在当前我国社会转型、经济急剧发展的时代背景下，纵或立法者能够找到诸多理由为刑罚权的扩张做辩护，刑法修正案所呈现的紧锣密鼓的犯罪化步伐值得深刻反省。① 必须承认，积极刑法观主张建立轻微犯罪处置机制，将轻刑化、“严而不厉”作为理论基础。但考察历次刑法修正中有关主刑部分的修改可知，主刑修改趋重化的现象较为明显，“生刑加重，废死减缓”是其重要特征，这值得警惕。

（二）罚金刑无限额化

前文已述，自2015年《刑法修正案（九）》颁布以来，刑事立法正遵循着积极刑法观的思路进行转变，尤其是以2021年3月1日正式施行的《刑法修正案（十一）》为标志，积极刑法观已经在立法层面得到了肯定。这种立法态度的转变还包含了附加刑的提高，体现着刑法积极介入社会日常生活的态度，而无限额罚金刑在实体法中不断扩张的比重正是这一转变的典型现象。据统计，在目前所有存在罚金刑的刑法规定中，无限额罚金刑的比例达到了72%，倍比罚金刑、限额罚金刑这两种规定模式已经式微，只在少数罪

① 刘艳红：《我国应该停止犯罪化的刑法立法》，载《法学》2011年第11期。

名中有所体现。

实际上，从我国立法沿革的角度看，无限额罚金刑比重的日益增加是刑法修改的主要趋势。我国的罚金刑主要有三种规定模式：无限额罚金刑、限额罚金刑和倍比罚金刑。1979 年《刑法》中规定的罚金刑均为无限额罚金刑，只是范围相对狭窄、不显著，仅有 20 余个罪名存在罚金刑。1997 年刑法修正过程中则创设了上文所述的三种罚金刑规定模式，并大大扩张了罚金刑的适用范围，由原先的仅 20 余条扩充到了 140 余条，分则条文中近半数罪名都规定了罚金刑条款。由此可见，在历次刑事立法中，立法者对无限额罚金刑的扩张已经基本达成共识。其原因则如王琼教授所言，无限额罚金制不受国家经济变化、币值变化、社会治安形势变化、刑罚观念变化等因素的影响，可以避免因受上述因素的影响而不断修改罚金刑的法定数额，导致刑法的一再修改，以保持刑法的最大稳定性。[①]可以预见的是，将来罚金刑的规定很可能再次回归到 1979 年的立法模式，即以无限额罚金刑为主，辅之以少数的有限额罚金刑或者倍比罚金刑。

在积极刑法观的大背景下，学者们于理论宏观层面针对无限额罚金刑进行了大量广泛而深刻的探讨。就理论立场而言，大多数学者对无限额罚金刑的扩张还是持谨慎保守的态度，认为尽管无限额罚金刑的优势在于可以使罚金刑规定在经济发展的变化中始终合理，但也存在罚金刑没有上限、违背罪刑法定原则等弊端，并主张回归倍比罚金制可能更适合相应的罪名。罚金刑的无限额化是近年来历次刑法修正案的修改亮点，也是我国财产刑调整的总趋势。它很大程度上加重了对相关犯罪财产刑上的惩戒力度，赋予了司法实务工作者更大的裁量权，能够让司法机关根据案情和实际情况自由裁量罚金的数额大小，并且使罚金刑的规定不受经济发展状况的影响。从这层意义上来说，罚金刑无限额化和积极刑法观所提倡的法益保护功能匹配，应当予以肯定。

同时，随着金融犯罪、经济犯罪的社会危害性的日益凸显，规制这种特殊领域的犯罪行为将会以无限额罚金刑和倍比罚金刑为主。有限额罚金刑由于缺乏灵活性和稳定性，极易受到国家金融环境和经济状况的影响，难以贯彻罪责刑相适应原则。

---

① 王琼：《罚金刑实证研究》，法律出版社 2009 年版，第 196 页。

第三节　刑法修正的微观特征

如果对历次刑法修正进行微观层面上的考察，可以很明显地观察到刑法的修改具有前置化、制裁手段多元化的特征。应当认为，这种修改是积极刑法观的体现，刑法前置化意味着立法者更青睐从预防犯罪的角度出发，防患于未然，而制裁手段多元化则展现着立法者注重犯罪治理实效，努力构建“国家—社会”二元治理体系的目的。

一、刑法介入前置化

从上文历次刑法修正的主要内容梳理中可以看到，刑法一共新增了 70 个具体罪名。对这 70 个具体罪名进行深入分析可以发现，其中有不少新增罪名体现了刑法介入前置化的倾向。实际上，刑法介入前置化就是法益保护早期化的立法体现，其包括预备行为实行化、共犯行为正犯化和增设抽象危险犯这几种类型。

（一）预备行为实行化

我国《刑法》第二十二条规定，为了犯罪，准备工具、制造条件的，是犯罪预备。从刑法理论上来看，犯罪预备作为一种犯罪未完成形态被规定在刑法总则中，因此预备行为并无定型，即使认为从属预备罪的预备行为在概念上属于实行行为，其也和分则具体地、定型化地规定的实行行为具有明显区别。[①] 这样看来，预备行为和实行行为具有本质的区别，二者似乎泾渭分明。但是，立法者为了实现风险预防和达到犯罪治理的目的，经常会出现将一些本来性质上属于犯罪预备的行为行为直接规定为犯罪的实行行为。换言之，预备行为实行化是一种十分典型的预防性犯罪化立法模式，这是立法者将某些本来仅是预备的行为，予以入罪化（入刑化），使其分离出来成为一种独立的犯罪类型。

出于追求积极预防犯罪效果，预备行为实行化的做法越来越被立法者青睐，成为刑事治理领域的重要手段和刑事立法的重要方向之一。特别是从历

---

① 张明楷：《预备行为与实行行为一体化立法例下的实质解释》，载《东方法学》2023 年第 4 期。

次刑法修正的内容来看，在刑法修正已经存在相当数量的预备行为实行化现象。其中较为典型的立法例包括 2001 年《刑法修正案（三）》将《刑法》第二百九十一条之一“编造爆炸威胁、生化威胁、放射威胁等恐怖信息”这一扰乱公共秩序犯罪的预备行为单独规定为编造虚假恐怖信息罪；2015 年《刑法修正案（九）》进一步在恐怖主义犯罪和信息网络犯罪领域增设了第一百二十条之二准备实施恐怖活动罪，第一百二十条之三宣扬恐怖主义、极端主义罪，第一百二十条之六非法持有宣扬恐怖主义、极端主义物品罪，第二百八十七条之一非法利用信息网络罪等多个实质预备犯。

正如有学者指出的，预备行为正犯化是典型的刑事处罚前置化的立法类型，其将事实性预备行为拟制为独立犯罪的实行行为加以规制，使得刑法介入的时间节点大大提前，可罚性边界的前移意味着行为入罪早期化，带来刑法防卫线和刑事法网的重大扩张。与此同时，刑法的运作逻辑从最后手段转变为优先手段，不再是传统的“事后法”和“惩罚法”，而是正在积极成为“事前法”和“安全法”，犯罪预防功能日益凸显。

（二）共犯行为正犯化

在刑法理论中，组织、教唆、帮助行为一般属于共犯行为，实行行为一般属于正犯行为。但在进入转型社会和风险社会后，在积极刑法观的倡导下，为了使刑法介入社会生活的节点更提前，立法者往往会将一些共犯行为升格为正犯行为，这就是所谓的共犯行为正犯化。就共犯行为正犯化的性质而言，立法机关将实体上的共犯行为规定为正犯，这个意义上的正犯可以说是规范上的正犯而非实体上的共犯，因而是一种拟制的正犯。[①] 结合我国历次刑法修正的内容来看，现行刑法中共犯正犯化的体现主要有组织行为正犯化、教唆行为正犯化和帮助行为正犯化三种类型。

1. 组织行为正犯化一般被应用于打击、预防恐怖主义犯罪、黑社会性质组织犯罪等犯罪类型，体现刑法严厉处罚相关行为的决心。组织行为正犯化最为典型的立法例为组织、领导、参加恐怖组织罪和组织、领导、参加黑社会性质组织罪。此外，组织行为还经常同策划、实施行为并列，成为部分犯罪的正犯行为。如在分裂国家罪、武装叛乱罪、武装暴乱罪和颠覆国家罪中，其客观要件都是组织、策划、实施行为。此外，组织他人偷越国（边）

① 陈兴良：《共犯行为的正犯化：以帮助信息网络犯罪活动罪为视角》，载《比较法研究》2022 年第 2 期。

境罪、组织出卖人体器官罪和组织播放淫秽音像制品罪等罪名也存在组织行为正犯化的情况。

2. 教唆行为正犯化一般被应用于危害国家安全罪中，且大多数情况下以“煽动”的形式出现。一般认为，如果唆使的对象不特定，则叫“煽动”；煽动是比教唆更为缓和的概念。[①] 教唆行为正犯化的立法例包括在煽动分裂国家罪，煽动颠覆国家政权罪，煽动实施恐怖活动罪，利用极端主义破坏法律实施罪，煽动民族仇恨、民族歧视罪，煽动暴力抗拒法律实施罪和煽动逃离部队罪这 7 个罪名中。从这些罪名的设置中就可以看到，教唆行为正犯化所规制的行为大多社会危害性极大，立法者需要将刑法的介入前置到教唆行为来打击这种犯罪。

3. 帮助行为正犯化的应用最为广泛，且大多属于轻微犯罪。实际上，不仅在立法中帮助行为正犯化的情况十分普遍，司法中判决相应罪名的案件的数量也已经位居前列。如在 2021 年，作为帮助犯正犯化典型立法例的帮助信息网络犯罪活动罪已经成为各类刑事案件中起诉人数第三的罪名，仅 2021 年就有近 13 万人被检察机关以该罪名起诉。我国刑法中帮助犯正犯化的情形较多，但主要可以分为两种情形：一是同一犯罪的帮助行为正犯化。如协助组织卖淫罪中的协助行为是对组织卖淫罪的帮助行为，因而属于同一犯罪的帮助行为的正犯化。二是同类犯罪的帮助行为的正犯化。如帮助信息网络犯罪活动罪中的帮助行为是对网络犯罪的帮助，而我国刑法中的网络犯罪属于同类犯罪，刑法中网络犯罪分为针对计算机信息系统的网络犯罪、利用计算机网络实施的传统犯罪和妨害网络业务、网络秩序的犯罪。因此，网络犯罪的帮助行为涉及我国刑法中的众多罪名。相对于组织行为、教唆行为正犯化而言，帮助行为正犯化的法定刑较轻，司法适用频率更大，起到的社会治理作用更强。

（三）增设抽象危险犯

前文在论述积极刑法观的基本主张时已经指出，增设抽象危险犯是刑法保护法益抽象化和刑法介入前置化的表现，是转型社会中积极刑法观应对犯罪的一项治理对策。应当承认，在现阶段的刑法研究中，抽象危险犯凭借其在风险预防、社会管控、刑事追诉等方面的巨大优势，成为当下刑事立法的主流。在积极刑法观的影响下，增设抽象危险犯以控制社会风险也是刑法修

① 张明楷：《刑法学》，法律出版社 2021 年版，第 558 页。

正案的特点，从2011年《刑法修正案（八）》增设的危险驾驶罪开始，历次刑法增设的轻微犯罪中不乏抽象危险犯的存在，如危险驾驶罪，强制穿戴宣扬恐怖主义、极端主义服饰、标志罪等。

法益保护的抽象化意味着刑法处罚提早，犯罪的成立不需要发生实害结果，而是以存在发生结果的危险来定罪处罚。因此，以风险预防为导向的抽象危险犯天然具有扩张处罚范围的倾向。传统刑法教义学认为，抽象危险是立法上所预设的危险，不需要司法机关在个案中仔细审查行为危险性，在认定犯罪时只需要考察行为人的行为是否同构成要件的行为相一致。

尽管在刑事立法中大量增设抽象危险犯的做法遭到了许多质疑，甚至有学者认为这是一种新刑法工具主义，但抽象危险犯仍有其合理性。刑事立法是否具有正当性，应考虑在立法上对行为是否类型化地制造了法所不容许的风险进行了准确的评估和预测，在划定风险界限时是否不当地限制了公民的正当自由，以刑事制裁作为风险管理的手段是否合乎比例原则等。[①] 这样看来，基于控制风险、预防犯罪的需要，刑法理论对于立法上增设抽象危险犯总体上应当持肯定和包容态度。如果一味地批评抽象危险犯不符合刑法谦抑理念或是不利于人权保障，则又陷入了传统法治国刑法的教义和消极立法观的窠臼。既然积极刑法观已经被立法者所采纳，作为其重要立法实践方式的抽象危险犯自然应当获得更多的关注。激进地反对抽象危险犯，只会走进死胡同，只有完全一贯地避开死胡同，刑法学才能对刑事立法提供建构性贡献。因此，与其全面排斥抽象危险犯的增设，不如在承认抽象危险犯立法必要性的前提下，从理论上探究如何确立抽象危险犯立法正当性的判断标准，这才是未来积极刑法观的完善方向。

二、刑事制裁手段多元化

相对于理论界对刑法介入前置化现象如火如荼的讨论，刑事制裁手段的多元化似乎并未引起广泛关注，鲜少有学者直接对这一现象进行研究。但实际上，我国应当立足犯罪治理的现实需要，进一步推进刑法制裁措施的实质多元化和结构平衡，积极构建符合犯罪治理需要的多元刑法制裁体系。[②] 从

---

① 郝艳兵：《抽象危险犯立法的正当化判断标准》，载《北方法学》2024年第3期。

② 袁彬：《刑法制裁措施多元化的功能审视与结构完善》，载《法学评论》2018年第4期。

1997年至今，我国通过多次刑法修正新增了社区矫正制度、禁止令、从业禁止和终身监禁等多种刑法制裁措施，促进了我国刑法制裁体系的立体化和多元化建设，体现了积极刑法观注重犯罪治理而不是一味报应的倾向，值得充分肯定。

（一）社区矫正制度的建立

所谓社区矫正，是和监狱矫正相对的刑罚执行方式。它是指经法院宣告缓刑、经法院裁定假释以及由监狱等部门予以监外执行的罪犯，在机关团体民间组织和社会自愿者的协助下，在社区由专门的国家机构矫正其犯罪意识和恶习的刑罚执行活动。社区矫正制度对我国探索教育、挽救、改造违法犯罪者具有重大的理论和实践意义，它是社会犯罪人再社会化的重要途径。

社区矫正在我国出现的时间较晚，但是历史上和社区矫正性质相似的制度出现在更早之前。新民主主义革命时期有新学艺所等劳动改造矫正机构；新中国成立后，在20世纪50年代中期，我国又建立了各种类型的少年矫正制度，如社会帮教制度。这些先行制度为社区矫正制度的最终建立、完善奠定了坚实的基础。

在1997年刑法颁布五年后，2002年8月上海市政法委发布了《关于开展社区矫正工作试点的意见》，并决定在上海市普陀区曹杨街道、徐汇区斜土街道和闸北区鲍山街道开展社区矫治试点工作。随后，在2003年7月10日，最高人民法院、最高人民检察院、公安部、司法部联合下发了《关于开展社区矫正试点工作的通知》，明确规定了社区矫正的定义和内容。该通知出台后，在全国6个省（市）率先进行社区矫正试点工作。2009年，社区矫正才在全国大面积推行，如雨后春笋在我国司法土地上涌现，社区矫正人员数量也越来越多。

随着立法时机的成熟和社区矫正制度试点的成功，2011年的《刑法修正案（八）》中，管制、缓刑、假释从过去的由公安机关执行、考察、监督修改为“依法实行社区矫正”。之后在2012年，我国将社区矫正写入了《刑事诉讼法》，社区矫正在两部刑事基本法中均有体现；在2019年，细化社区矫正制度的《社区矫正法》正式出台，社区矫正制度在基本法层面有法可依，不再依附于《刑法》和《刑事诉讼法》，从此进入了一个法治化的新阶段。

（二）禁止令制度的增设

和社区矫正制度一样，禁止令制度同样出现于《刑法修正案（八）》中。依据《刑法修正案（八）》的规定，立法者在管制和缓刑中规定了禁止令制度。尽管它不如“刑罚结构调整”全面，亦不如“死刑部分废除”显眼，但却是一项重大的制度创新。[①] 设定禁止令的目的，在于避免犯罪分子再次接触犯罪诱因，防止其再次犯罪。禁止令制度出台后，最高人民法院、最高人民检察院、公安部、司法部联合发布《关于对判处管制、宣告缓刑的犯罪分子适用禁止令有关问题的规定（试行）》，细化了禁止令制度。其第二条规定：人民法院宣告禁止令，应当根据犯罪分子的犯罪原因、犯罪性质、犯罪手段、犯罪后的悔罪表现、个人一贯表现等情况，充分考虑和犯罪分子所犯罪行的关联程度，有针对性地决定禁止其在管制执行期间、缓刑考验期限内“从事特定活动，进入特定区域、场所，接触特定的人”，可决定一项或者几项内容。如犯罪分子是因长期在网吧上网，形成网瘾，进而走上犯罪道路的，可作出禁止其进入网吧的决定；犯罪分子是在酒后犯罪，且有酗酒习性的，可作出禁止其饮酒的决定；等等。

需要注意的是，虽然管制禁止令和缓刑禁止令的内容完全一致，但违反禁止令的法律后果并不相同。判处管制的犯罪分子违反禁止令，由负责执行禁止令的社区矫正机构所在地的公安机关，依照《治安管理处罚法》的规定处罚；而被宣告缓刑的犯罪分子违反禁止令且情节严重的，则是撤销缓刑，执行原判刑罚。总之，违反管制禁止令一般只会产生行政法律效果，而违反缓刑禁止令除了产生行政效果外，还可能对刑罚的实际执行产生影响。

（三）从业禁止制度的创新

《刑法修正案（九）》在《刑法》第三十七条之后增加了从业禁止制度。就其性质而言，从业禁止被规定在刑法总则之中，属于一项限制职业自由权的保安处分措施，理论上对任何利用职业便利或者违背职业特定义务的犯罪均可以适用从业禁止的规定。但是在适用现状上，刑事从业禁止制度总体上存在适用犯罪领域过于集中、适用频率低下的问题，不仅在很大程度上折损了这一制度的现实功效，也不利于实现预防职业犯罪再犯的设计初衷。面对实践中突出的职业犯罪问题，从业禁止条款作为一种预防性措施，弥补了传统刑罚在治理犯罪方面存在的缺陷，赋予了针对职业犯罪进行剥夺资格处罚的司法裁量权，对惩罚和预防职业犯罪具有积极意义，契合了社会防卫和社

---

① 李怀胜：《禁止令的法律性质及其改革方向》，载《中国刑事法杂志》2011年第11期。

会安全的目标追求。[①]

但是在司法实践中，从业禁止的适用却是少之又少，几乎成为虚置的条文。直至2020年5月26日宣判的“宁某内幕交易案”中，上海法院才对宁某判处有期徒刑一年附加从业禁止，这起案件也是全国首次对涉证券领域犯罪的从业人员适用“从业禁止”的案件。[②]

从业禁止制度是积极刑法观的重要体现，对预防职业犯罪、实现社会治理有着重要作用。司法实践中之所以对从业禁止的适用相对较少，其原因在于司法机关对该制度的“其他法律、行政法规对其从事相关职业另有禁止或者限制性规定的，从其规定”这一表述出现了认知偏差，过度限缩了该制度的适用范围。因此，合适的做法应当是对“从其规定”的内容进行教义学解读，激活从业禁止制度资格罚的属性。应当注意，从业禁止制度并非是一种新的“资格刑”，而是基于从业禁止制度有限制公民职业自由权的性质，在本质上是一种限制公民从业资格的保安处分措施，因此具有“资格罚”的属性。此外，“从其规定”并不代表着行政法绝对优先适用，而是在出现诸如行政法上的市场禁入令、职业禁止令的规制主体和期限无法满足预防犯罪需要时，基于刑法自身的独立性和积极刑法观提前介入社会生活的要求，主动填补漏洞，对主体和期限进行扩张和延长。同时，基于一事不再罚的要求，只需要将行政法上的相应制度和刑法中的从业禁止择一重执行即可，即将二者竞合。换言之，在从业禁止制度上，行政法和刑法应当是补充关系，而不是“先行后刑”的衔接关系。唯有如此才能最大限度地激活从业禁止制度资格罚的属性，实现行刑共治。

（四）贪腐犯罪死缓制度的变革

《刑法修正案（九）》第四十四条规定，在刑法第三百八十三条中增加一款规定，对犯贪污、受贿罪，被判处死刑缓期执行的，法院根据犯罪情节等情况可以同时决定在其死刑缓期执行二年期满依法减为无期徒刑后，终身监禁，不得减刑、假释。这标志着我国刑法针对贪污受贿犯罪确立了终身监禁制度。

一般认为，针对贪污、受贿罪规定的终身监禁虽然在结局上是一种可能

---

① 李岚林：《刑法典新增预防性措施之立法定位与规范建构》，载《刑法论丛》2019年第1期。

② 安健：《全国首例涉证券领域犯罪人员适用“从业禁止”案宣判》，载《人民法院报》2020年5月30日，第3版。

终身剥夺犯罪分子人身自由的自由刑，但是从本质上看其属于死刑，是一种和现有死缓有别的死刑执行方式。[①]从实际执行效果来说，它比一般死缓更为严厉。正因如此，终身监禁必须被严格限制适用。依据司法解释的规定，只有贪污、受贿数额特别巨大，或者犯罪情节特别严重、社会影响特别恶劣、给国家和人民利益造成特别重大损失的，才能适用终身监禁制度。

显然，立法机关针对贪污受贿犯罪设置终身监禁制度有特定考虑，这是积极刑法观回应民众“体感安全”价值诉求的体现。在以往的司法实践中，贪污受贿犯罪行为人被判处死缓，实际执行刑期往往并不长，在一定程度上影响了惩治这类犯罪的法律效果和社会效果。终身监禁制度的建立体现了从严从重惩治腐败的刑事政策，具有积极意义。2016 年，原云南省委书记白恩培因受贿金额高达人民币 2.4676 亿元，经安阳市中级人民法院审理后判处死刑，缓期二年执行，剥夺政治权利终身，并处没收个人全部财产，在其死刑缓期执行二年期满依法减为无期徒刑后，终身监禁，不得减刑、假释。这一判决也成为自《刑法修正案（九）》生效以来，我国首个高级官员被判终身监禁的案例。应当认识到，终身监禁制度的建立将有助于更好地打击腐败、维护社会公平正义，为刑法体系的完善和反腐败工作的推进提供了有力的法律支持，是积极刑法观所提倡的推动犯罪治理之体现。

---

① 黎宏：《终身监禁的法律性质及适用》，载《法商研究》2016 年第 3 期。

第五章 积极刑法观的质疑与回应

刑事立法的活跃化突出呈现在《刑法修正案（十一）》，整部修正案就是积极预防性刑法观的立法实践。[①] 在当下积极刑法观受到热捧的背景下，亦有不少学者主张给这一理论“浇点冷水”。这些批评意见对我们认识和理解积极刑法观提供了更为全面、开放的视野，理性看待质疑并一一进行回应，还原理论的全貌，将助益于我国今后刑事立法的科学化发展。

第一节 对积极刑法观的隐忧

积极刑法观属于典型的预防性立法，当刑法积极回应社会热点和民意，是否会不受控制，演化为工具性立法、象征性立法？理论界对积极刑法观的隐忧和质疑多围绕以下几个方面展开。

一、法益保护与积极刑法观的冲突

法益保护原则是刑事立法的基本指导原理。近年来，积极刑法观的立法将强化民众的规范意识作为定罪和处罚的出发点，侧重于行为无价值，是否具有侵犯法益的实害或者危险则不是立法者的考量因素。基于此，有学者指出，这大致意味着法益保护原则在刑法立法中的隐退。[②] 积极刑法观的应用固然可以实现法益的更广泛保护，但同时极易突破法益概念及功能的制约，形成法益保护的假象。

（一）法益理论的背离

刑法的任务是保护法益，已成为现代刑法的共识。通过对毕恩堡姆、宾

---

① 刘艳红：《积极预防性刑法观的中国实践发展》，载《比较法研究》2021 年第 1 期。

② 姜涛：《中国刑法走向何处去：对积极刑法立法观的反思》，载《国家检察官学院学报》2021 年第 5 期。

丁、李斯特等人法益学说的发展，法益概念分为实质的法益概念（批判立法的法益概念）和形式的法益概念（方法论的法益概念）两个类型。就此兼具面向立法和面向司法两个机能：法益概念首先具有指导和批判立法的机能，其次对构成要件的解释也具有指引和限制的机能。费尔巴哈提出权利侵害说，旨在限制中世纪以来扩张、含混的犯罪概念，克服国家权力的恣意和刑法的不安定性，保护市民个人的自由。宾丁状态说所主张的“健全共同生活的实际条件”，是为实现全体公民最大化自由所必要的条件，强调权利主体可以自由但须有节制地行使自己的权利。由此可见，法益理论的初衷在于通过法益概念的实质化限制刑法的处罚范围，是作为“限制刑法的原则”而被提出的。刑法的任务是保护法益，保护的是民众共同生活的安全和秩序等基本价值，只有值得刑法保护的法益才能构成刑罚处罚的实质依据。

积极刑法观追求安全和秩序的基本价值，增设新罪、扩张已有罪名的法益保护范围、刑事处罚的前置化是积极刑法观的典型表现。这种扩张犯罪圈、积极惩处的方式固然可以满足司法者严密刑事法网的现实需要，但背离法益保护原则限制处罚的价值取向。随着现代社会发展所导致法益侵害风险的增加，刑法不再耐心等待损害结果的出现，越来越多刑法规范着重于以制裁手段恫吓、震慑带有社会风险的行为。① 以风险的阐释替换侵犯法益的危险，为刑罚权的介入以及刑事政策的实现提供了契机，但随之带来了社会治理的过度刑法化，进而形成对公民权利和自由的限制。法益不是只由刑法保护，而是由所有法律所共同保护的，即便基于法益提出“要处罚”的要求，也应当在道德、其他法律手段的制裁不充分时才能发动刑罚。根据行为是否侵犯了值得刑法保护的共同生活利益来确定处罚范围，从而使得刑法的处罚范围具有合理性，否则会使得刑事犯罪和行政违法边界不清，而这正是积极刑法观所容易忽视的。

（二）法益保护抽象化

在刑事立法中设置众多的危险犯，特别是抽象危险犯，是积极刑法观的重要应用形式，但这种立法模式导致法益保护抽象化。通常认为，抽象危险犯系立法者依据生活经验推定某类行为具有对法益的一般性危险，因而，只要实施了相应的构成要件行为，即可认定具有这种危险，并不需要法官就个

---

① 何荣功：《社会治理“过度刑法化”的法哲学批判》，载《中外法学》2015 年第 2 期。

案审查是否真有危险性出现。就此，典型的抽象危险犯如醉驾型危险驾驶罪，生产、销售假药罪，立法只对构成要件行为进行规定，而未对行为的危险性作出限定。对醉驾行为一律入罪，可能导致不具有法益危险的短距离挪车等行为，也被不当地以刑事犯罪论处。正因如此，最高人民法院、最高人民检察院、公安部、司法部于2023年通过醉酒危险驾驶刑事案件的意见，对危险驾驶罪的处罚范围进行一定的限制，以“立法扩张、司法限缩”的方式应对抽象危险犯立法模式带来的处罚过宽问题。通常认为，生产、销售假药罪保护的是药品管理秩序和公众用药安全双重法益。《刑法修正案（八）》删除了生产、销售假药罪中“足以严重危害人体健康”的要件，降低了该罪的入罪门槛，对法益的保护似乎更为完善和全面，但带来了适用上的困惑。这一修正是否意味着，所有侵犯行政秩序的制售假药行为，都可以被拟制为对安全具有抽象危险的行为，而不论其是否会对人体健康造成现实、紧迫的危险。这种立法模式带来处罚的早期化或者说是前置化，使得法益保护的适用范围越来越宽泛，法益概念也因而从具体走向抽象。甚至有学者在传统的具体危险犯和抽象危险犯类型之外，提出了第三种危险犯类型“准抽象危险犯”，其更接近于抽象危险犯，只要行为具有某种危险属性即成立犯罪，但对行为的危险性需要作一定程度的具体判断。从法益保护的原则来看，抽象危险犯或者准抽象危险犯的概念和模式均值得深入检讨。具有经验的实在性的法益概念，是检讨刑事立法事实的基础。但法益的抽象化和前置化使得法益批判立法的机能受到一定制约，法益保护更多地成为惩罚和报应的工具。

此外，法益的抽象化还体现在法益侵害核心行为向边缘行为的转移，预备行为实行化、共犯行为正犯化即为立法上的突出表现。刑法对边缘行为的关注，是积极刑法观的逻辑体现，也是刑事立法转型的特征之一，但从法益角度仍可能面临对处罚实质正当性的质疑。

（三）集体法益保护的强化

传统刑法以保护个人的生命、健康、自由和财产法益为中心，注重对构成要件中实害的惩罚，法益保护的任务是一元的，即以保护个人法益为中心。随着刑事立法的发展，个人法益和集体法益的关系发生着变化。各国新增的刑事立法例表明，刑法对于法益的保护开始在一元的个人法益之外，兼顾重要的集体法益，理论上出现了主张个人法益和集体法益共同保护的二元论观点。集体法益和个人法益的分置，是因为二者的侧重点不同，前者关注于对秩序的维护，后者则关注于对个人自由的保护。随着法定犯的急剧增加，越来越多侵害行政管理秩序的行为被纳入刑法的保护范围。集体法益的扩张保护并非我国所独有，在德国，立法者也同样对国民健康、政府补助等整体法益进行大范围且模糊的保护。以至于有学者感叹法益保护在现代刑法中成为制度保护。将特定领域的集体法益作为对个人法益保护的前阶，虽然也涉及法益保护的抽象化、前置化问题，但围绕集体法益和个人法益之间的关系及其保护的必要性，仍然有单独讨论的必要。

对于集体法益扩张保护的质疑观点，主要围绕：集体法益的扩张是否具有必要性？刑事立法转向间接与个人相关的集体法益保护，是否会使法益概念丧失批判立法的功能？就第一点而言，集体法益侧重于社会秩序的维护，是通过限制个人自由来维护秩序，故对集体法益的扩张保护必然会伴随更多对自由的限制。如果无限制地承认刑法对集体法益的保护，会使刑法演变为防范未来风险的工具，法的人权保障机能被忽略，法的安全性被消解。[①] 张明楷教授提出，刑法保护的集体法益应当限于能够还原为个人法益的集体法益，虽然对“还原”的含义还存在不同的理解，但都认可集体法益只能在“它能够促成个人利益”的范围内得到承认。晚近研究基于对抽象危险犯的考察，提出了“阻挡层法益—背后层法益”的双层构造，认为阻挡层法益是集体法益，背后层法益是个人法益，秩序型法益与利益型法益之间是手段和目的的关系。但是，一些刑事立法对集体法益的保护虽然可以和个人法益产生联结，而从处罚范围来看，个人法益是否被现实侵害或者威胁并非其保护重心。《关于办理利用信息网络实施诽谤等刑事案件适用法律若干问题的解释》第五条将网络空间中辱骂、恐吓行为和编造、传播虚假信息行为明确纳入寻衅滋事罪的规制范围，由此形成网络型寻衅滋事罪。寻衅滋事罪保护的法益为公共秩序，网络犯罪中“是否造成公共秩序严重混乱”的认定主要基于发布信息的阅读量、转发量、评论量等指标，而不以恐吓、编造行为是否现实侵害或者威胁到了被害人的利益为考量因素。就此，扩张集体法益维护社会秩序确有必要，但集体法益的保护和个人法益的保护并不具有紧密的关联性，积极维护秩序利益要警惕忽视了背后对个人利益的侵害。

就第二点而言，社会风险构成积极刑法观和集体法益的重要连接点，集体法益的扩张和风险社会理论在集体层面的风险应对产生了耦合。有学者明确指出，基于现代刑法的立场，无法回避的事实是，一切想要和法益概念接

① 王永茜：《论集体法益的刑法保护》，载《环球法律评论》2013 年第 4 期。

轨的主张将被描述为超个人法益形式，即放弃了个体主义为基础的法益概念，否则就必须放弃以法益概念为核心的刑法体系。具体而言，就刑法新归入的保护利益，如果无法还原为个人法益，通常就视为超个人法益，如环境犯罪、生态犯罪等。[①] 但为应对特定的社会需要，将单纯侵害秩序法益、而未对个人法益造成侵害或者紧迫危险的行为纳入规制范围，并不具有目的上的正当性。从发挥法益批判机能的视角，就应当将核心法益定位为个人法益，反向限制对集体法益、秩序法益的扩张解释。

二、积极刑法观可能突破刑法谦抑原则

刑法的谦抑性是指对于某种危害社会的行为，只有在运用民事、行政等法律手段和措施仍不足以规制该危害行为时，才能动用刑法。刑罚作为所有制裁手段中最为严厉的一种，必须作为最后手段来加以运用。而这一思想对应的就是刑法谦抑原则。[②] 而积极刑法观特别强调风险预防，注重发挥刑法的社会治理作用，这种立场和以自由主义刑法为基底的刑法谦抑原则存在天然冲突。

（一）与谦抑性原则的抵牾

根据刑法谦抑原则，如果运用前置法手段或者非法律措施就可以实现立法目的的话，就没有必要适用刑法，刑法是“最后一道防线”。刑法谦抑原则的主要内涵包括刑法的补充性、不完整性和宽容性。所谓补充性，是指只有在其他社会控制手段不能充分保护法益时才能适用刑法。所谓不完整性，是指刑法的调控范围不完整，这是由刑法的补充性所决定的。而宽容性是指刑法并不处罚所有的法益侵害行为，人在某种程度上须相互忍耐他人的侵犯，刑罚应当以不阻碍各人的自由活动为限。

积极刑法观将秩序维护和风险抗制放在优位，人权保障的地位次之，积极刑法观和刑法谦抑原则发生冲突的深层原因是秩序价值和自由价值的对立。从价值取向上看，积极刑法观和刑法谦抑原则取向不同。前者强调刑法在社会治理中应当发挥积极主动的调控作用，后者则强调刑法只有在其他手

---

① 舒洪水、张晶：《近现代法益理论的发展及其功能化解读》，载《中国刑事法杂志》2010 年第 9 期。

② 田宏杰：《比例原则在刑法中的功能、定位与适用范围》，载《中国人民大学学报》2019 年第 4 期。

段均不具有效性时才能起到消极被动的补充作用。从处罚范围上看，积极刑法观和刑法谦抑原则亦反向而行。前者主张扩张处罚范围以实现对法益的周延保护，后者主张限制处罚范围以实现对人权的全面保障。

有学者指出，积极刑法观导致刑法不再是最后手段，刑法呈现出投入社会问题解决之单独的或是优先的手段之趋势。抛弃刑法的谦抑性或者对刑法的谦抑性进行改造，转而主张积极刑法立法观，则会有强化刑法工具主义的风险。[①]一些积极刑事立法违背了最后手段性的要求，将某些前置手段可以调整的行为作为犯罪行为处理，导致违法行为和犯罪行为的界分模糊，如《刑法修正案（八）》将醉驾行为一律入刑，且不作情节和程度的区分。但是，预防交通事故的发生并不以醉驾行为犯罪化的实现方式为必要，严格行政执法的查处同样可以起到相当的预防效果。醉驾入刑制造了更多的犯罪人，给理论和实践制造了“轻微犯罪附随后果消除”的难题。又如为应对实践中开票的乱象，《刑法修正案（八）》将虚开普通发票和持有伪造发票的行为均纳入刑法的规制范围，刑法介入社会生活、经济生活的范围更加广泛，但在尚未充分动用经济行政措施着力解决该问题之前，简单地将此类行为大幅犯罪化，实际上是将刑法作为社会管理法来看待。

德国学者发出同样的感叹，经常体现民粹主义的刑事立法以快速起草的新法律作出反应，它们侵害了最后手段原则，总是设立新的犯罪行为构成要件，将刑罚幅度严厉化并且在整体上将刑法“灵活化”，以便刑法能胜任其新任务。[②]刑法的谦抑原则发展到今天，其主要表现为非犯罪化。然而，刑事立法增设了大量的轻微犯罪，存在一些不理性、不谦抑，甚至情绪化立法的现象。有学者直言，将刑法看作自足且万能的治理工具，并不间断地进行犯罪化，是国家高估了运用刑法治理社会的效果。对刑法的过度使用和依赖，会导致人们心灵麻木和羞耻感递减，对刑罚的感受力日益减弱，最终导致刑若无刑。积极刑事立法的边界把握不当，极易带来刑法工具化的倾向，导致为了法益保护的需要而牺牲刑法谦抑的基本精神。

---

① 姜涛：《中国刑法走向何处去：对积极刑法立法观的反思》，载《国家检察官学院学报》2021 年第 5 期。

② ［德］埃里克·希尔根多夫：《德国刑法学：从传统到现代》，江溯等译，北京大学出版社 2015 年版，第 35 页。

（二）对比例原则的突破

比例原则是宪法层面的一项基本原则，对于限制国家权力、保障国民自由具有重要意义。刑法谦抑原则是比例原则在刑法领域的重要体现，宪法意义上的公民基本权利对刑法意义上犯罪和刑罚的设定具有制约作用。积极刑法观对刑法谦抑原则的可能突破，可以借助比例原则这一具有解释力的工具得到深入分析。

一般认为，适当性原则、必要性原则和均衡性原则构成了比例原则的三个子原则。适当性原则强调手段的“目的符合性”，因而，刑罚的运用应当有助于实现刑法的目的，如果刑罚不可能保护某种法益，或者以刑罚制裁某种行为将导致更为严重的犯罪发生时，就表明刑罚不是保护法益的有效手段，不具有适当性。① 必要性原则在刑法中体现为谦抑性，即刑法只能作为最后手段使用。均衡性原则的核心是利益衡量，必须考量刑事立法达成目的所带来的收益，是否大于限制个人自由导致的损失。② 有学者观察积极刑法观的立法，认为存在同上述三个子原则相背离的情况。

1. 部分罪名的设立不具有适当性。如有学者对《刑法修正案（十一）》新增的催收非法债务罪存在疑问。催收非法债务罪的认定需要考察两个“非法”，一是债务性质的非法性，二是催收手段的非法性。设立催收非法债务罪旨在周延对侵害债务催收秩序行为的惩处，就未达到敲诈勒索罪、非法拘禁罪、寻衅滋事罪等罪名的违法程度的其他侵害行为，起到兜底性规范的作用。但是对非法债务的界定缺乏明确的标准，导致一些合法维权行为被误认为犯罪行为，事实上会鼓励债务人逃避债务，还会有一些人借机实施借款诈骗行为。

2. 部分罪名的设立不具有必要性。《刑法修正案（八）》增设了拒不支付劳动报酬罪，也引发了违背刑法谦抑性的批评意见。有学者指出，将恶意欠薪行为入罪，是置民法、行政法等手段于不顾，直接动用了作为最后保障法的刑法。亦有学者提出，拒不支付劳动报酬罪是对劳动关系领域的前置介入，不当地压缩了公众开展社会生活的合理范围，打破了法益保护和社会保障之间的平衡。由此可见，该罪的设立虽然具有目的上的正当性，但不具有手段的必要性。

---

① 张明楷：《法益保护与比例原则》，载《中国社会科学》2017 年第 7 期。

② 姜涛：《比例原则与刑罚积极主义的克制》，载《学术界》2016 年第 8 期。

3. 部分罪名的设立不具有均衡性。有学者认为《刑法修正案（九）》增设的拒不履行信息网络安全管理义务罪过分限制互联网行业的发展，可能会产生阻遏技术创新的不良影响。将原来网络犯罪中的部分准备行为作为既遂犯罪规定在分则条文中，刑法的打击触角前伸，有扩大犯罪圈之嫌。将网络中的中立帮助行为通过立法直接正当化，并未体现均衡性的要求。

三、积极一般预防的理论困境

积极的一般预防是积极刑法观在刑罚方面的表现，旨在通过刑罚的适用确立公众对刑罚的忠诚，实现公众认同。但是，将公众对法律的忠诚、规范有效性的确立、守法意识的鼓励作为刑罚惩罚的正当性根基，未能深入至法规范的正当性来源，难以洞彻规范认同背后的实质意蕴，致使刑法沦为国家强制的工具。积极的一般预防所面临的逻辑上的冲突和困境，应当同报应刑论、消极的一般预防论进行比较。

（一）正当性依据上的循环论证

积极的一般预防核心观点在于，通过刑罚指导人们行动使人们学会对法规范忠诚，从而自觉实施守法行为而不愿犯罪。但是，所谓忠诚和信赖的命题在内容上其实也可以简化成“规范效力之承认”。如果刑罚目的只是在于强调产生规范效力承认的效果，恐怕刑法的运作逻辑同时会被简化为“透过刑罚维持刑法的实效性”。从承认法规范效力的路径出发，动用刑罚最终实现的是维持规范有效性的目的，逻辑上虽具有一致性，但有同义反复之嫌。这里的“产生规范效力承认的效果”本身就是一种假定，其前提是个人能够自觉忠诚于法律、产生守法意识，那既然如此，“透过刑罚维持刑法的实效性”就是演绎后的当然后果，理性的守法之人和维护法律地位的目标皆只是形式表象。对此，积极的一般预防理论并未能触及刑罚的正当性依据，而只是简单强调公民对法规范的遵守。由此得出的结论便是，即使是恶法，公民也要保持对法律的敬畏之心，严格遵循其行事，立法本身是否具备正当性并不重要。放弃了实质法益概念的立法批判功能，容易使立法失去应有的约束，而当法秩序走向失控，又何谈遵守法规范的实益？从这一维度上来看，积极的一般预防和积极刑法观的结合，可能难以产生积极刑法观论者所期待的效果，反而可能对法治造成一定混乱。

（二）工具主义的功利性窘迫

积极的一般预防理论面对将人视为工具、贬损人的尊严的指责。如黑格尔所说，如果刑罚只是出于威吓的目的，那就像拿棍子吓唬一只狗一样对待人，这不是对待人的尊重和自由的应有态度，而是将人当作动物一般对待。通过刑罚威慑的方式警戒潜在犯罪者，必须得直面将人作为工具、警示手段或者示范客体的质疑。通过刑罚进行威吓，是将人作为手段看待，是把罪犯“纯粹当作工具”加以使用。[①] 而在尊重人权、保障人权观念日益深入人心的今天，人是作为目的而存在的，谁也不会认同将人作为手段或者工具加以利用。

消极的一般预防以刑罚威慑为基础，因而必然面临将人工具化的正当性质疑——高举棍棒使人惧怕刑罚的威力而遵守规范，俨然使人沦为法律的奴仆，主体意识和自我决定并不重要。积极的一般预防主张通过对守法行为的鼓励，否定违法行为，巩固受损规范的效力，试图通过刑罚警戒的反意表达或者积极面的合理阐释消解消极一般预防的刑罚正当性危机。在积极的一般预防理论看来，预防对象是有能力遵守法规范并能够作出服从还是违反的理性抉择的人，刑罚法规发挥的是规范宣示、惩戒教育和行为指引的作用，根本目标是为了引导公民形成守法意识，自觉维护规范的有效性。但是，积极的一般预防主义没有“消除”消极的一般预防主义在合法性层面所存在的缺陷，威慑性还在起作用，而且，积极的一般预防主义并未认真地对待“人”，反而扩大这种将人视为手段的缺陷。换言之，积极的一般预防虽然申张对法规范的遵守和对法秩序的忠诚，未直接强调刑罚对潜在犯罪者的震慑作用，但仍然以刑罚震慑为基础。

预防主义以功利主义为法理基础，因而面临刑罚的工具性和人的主体性相分离的哲学困境，积极的一般预防主义始终是预防主义的“胎变”，难以克服功利主义的“工具主义”色彩。可见，积极一般预防的转向难以校正将人工具化的做法，只是避免了与动物等同视之，成为一种更高等级的工具，通过鼓励、忠诚、信仰等积极词藻的修饰，极大地遮蔽工具化的实质。由此可见，积极刑法观将刑罚的正当化依据确立为积极的一般预防，衡量刑罚的轻重以能否使一般人产生守法意识为重要考量，不仅消解了责任主义的制

---

① ［德］冈特·施特拉腾韦特、洛塔尔·库伦：《刑法总论》，杨萌译，法律出版社 2006 年版，第 11 页。

约，还陷入了“人是工具吗”的功利主义困境。

（三）难以有效规训法定犯

积极的一般预防希望基于公众内心认同建立其对法律的忠诚，但法定犯与抽象法益难以获得公众认同，进而无法使公众忠于、遵循法律。雅科布斯将积极的一般预防归纳为训练规范信仰、训练法忠诚感、训练包容违规行为后果三个方面。积极的一般预防理论要想发挥作用，要使人们忠诚于法规范，依赖于公众的内心认同，首先需要确保刑法规范本身合乎人们的道德感受。刑法一旦依赖于公众的内心，那么其与道德强化作用的渠道就别无二致。[①] 但在法定犯占了绝对多数的当下，法定犯仅是对国家行政法规的单纯不服从，本质是因为它被实证法明确禁止而变得不道德，和公众所能明显感知、脱离实证法也能得出的道德判断无关的。法益的抽象化、稀薄化也导致人们很难从法定犯的规范表述中获得同样的认同感和信赖感，法忠诚的形成就会被降低到一种纯粹表面的匹配效应，一般法意识不会得到平复，而是会被暴露在一种持续的误解之中。[②] 费尔巴哈的心理强制论是一般预防的理论基础，根据费氏的观点，对国民的一般预防实际上是通过刑罚威慑消极实现的，虽然积极的一般预防变更了刑罚任务，但无论是消极的一般预防还是积极的一般预防都是基于心理上的震慑而作出趋利避害的选择。法定犯难以对公众形成心理上的有效规训，这里的“利害”难以进行明确的度量，而违反公众认同的刑法规范反过来也难以实现有效预防的目标，最终导致规范宣示也难以得到有效遵循和执行。

（四）“旧瓶装新酒”的质疑

积极的一般预防是通过积极的方式实现对犯罪的一般预防，重申对犯罪的预防力度。从预防功能的实现手段上看，积极的一般预防的概念本意是与传统的报应论、消极的一般预防等形成区分，但仔细推敲，积极的一般预防似乎难以实现彰显刑法正当性的功能效果。

积极的一般预防是一种规范的报应主义。作为规范论第一人的雅科布斯教授认为，市民对规范的信赖或者忠诚于法律的感情只是社会的真实性这种

① 冀洋：《逻辑与经验：刑法积极一般预防理论质疑》，载《现代法学》2016年第2期。

② ［德］米夏埃尔·帕夫利克：《人格体、主体、公民：刑罚的合法性研究》，谭淦译，中国人民大学出版社2011年版，第29页。

重要东西的派生物，作为证实规范的结果，公共的刑罚也希望有这种心理的事情。只要刑罚证实了规范的真实性，那么，能否带来其他后果（如预防犯罪）就是无关紧要的。可以看出，雅科布斯的推导逻辑是“规范—规范违反（犯罪）—规范确认（刑罚）”和黑格尔“否定之否定”的报应主义思想暗合。黑格尔的等价报应理论嵌入了预防必要性的内容，将犯罪和刑罚之间的对应关系由量的等同转向等价的相当性，客观上也蕴含了预防主义的相对因素。将报应主义的等同转向等价，这种法律报应其实也是对积极一般预防的注脚，积极的一般预防理论将刑罚视为对规范违反的回应，通过对惩罚犯罪，征表对行为规范的否定之否定，实现维护规范的预防追求。深层含意其实仍是对相当规范违反程度的衡量和报应。

积极的一般预防未彻底摆脱消极一般预防的工具主义倾向。积极的一般预防主张通过惩戒犯罪人增加一般公民对法律的信仰，消极的一般预防主张通过惩戒犯罪人威慑潜在的犯罪对象。虽然在积极的一般预防概念下，公众将具有守法的自发意识和主动性，似乎摆脱了工具化的质疑，但并未与消极的一般预防存在本质上的区别。只要将刑罚正当性的根本依据确定为刑罚的威吓，则难以摆脱工具化的诘问，这也导致积极的一般预防和消极的一般预防似乎只是同一问题的两种提法。正如许玉秀教授所指出的，两者都建立在刑罚给犯罪人的痛苦之上，因此积极预防的定义只是骗人的说辞。①

四、象征性立法的特征属性

积极刑法观的讨论不仅和预防主义刑法观、功能主义刑法观相勾连，不少学者在述及积极刑法观时，还将其与象征性立法相联系。晚近刑事立法对新型犯罪的增设以及对社会问题和民意的回应，招致了象征性立法、工具性立法的批判。积极刑法观展示了刑法立法的象征性，而刑法象征性立法的目标是为了回应民众对犯罪的恐惧和不安。因此，在很大程度上，积极刑法观无法回避刑法象征化的质疑。

（一）回应社会热点

社会热点事件的发生推动着我国刑事立法不断“做加法”，回顾 1997 年至 2024 年间我国刑事立法的历程，一共颁布了十二个刑法修正案和一部单行

① 许玉秀：《当代刑法思潮》，中国民主法制出版社 2005 年版，第 47 页。

刑法，其中的一些新增罪名及其他部分罪名的修正均在不同程度上体现了象征性立法的特点。将刑法修正过程中对典型热点事件的回应梳理成表，从中可以直观地窥见积极刑法观的应用。

表 16　刑法回应社会热点的梳理

序号	所属修正案	修正内容	热点案例
1	《修正案（三）》	增设第二百九十一条之一“投放虚假危险物质罪”“编造、故意传播虚假恐怖信息罪”。	【中国首例投寄虚假炭疽杆菌恐吓邮件案】 2001 年 10 月 18 日，肖某某将两封装有虚假炭疽杆菌的邮件，分别投寄到上海市有关部门及新闻单位，制造恐怖气氛，造成恐慌。法院判决肖某某犯以危险方法危害公共安全罪，判处有期徒刑四年。
2	《修正案（七）》	在第一百八十条“内幕交易、泄露内幕信息罪”之后增设“利用未公开信息交易罪”。	【牛市内幕交易案】 2006 年 2 月 15 日，浙江某公司发布公告称“公司正和有关业主洽谈一境外建设项目，该意向项目整体涉及总金额人民币约 300 亿元”。公告发布前后，浙江某公司股价出现连续 13 个涨停。陈某某和王某某通过浙江某公司的相关人员提前获取了信息，在低价的时候大量买入建仓，并在公司公告发布后股价上扬抛出获利。
3	《修正案（八）》	增设第一百三十三条之一“醉酒型与飙车型危险驾驶罪”。	【胡某某交通肇事案】 2009 年 5 月，杭州的胡某某驾驶非法改装的车辆在城市主要道路上严重超速行驶，并和同伴相互追赶，在住宅密集区域的人行横道上肇事并致人死亡； 【孙某某醉驾案】 2009 年 7 月，成都的孙某某无证酒后驾车，致使 4 人死亡，1 人重伤，一审判处其死刑，二审认定孙某某构成“以危险方法危害公共安全罪”，改判为无期徒刑。
4	《修正案（八）》	废除第二百六十四条“盗窃罪”的死刑。	【许某某案】 许某某去银行的 ATM 机取款，输入取款金额 100 元之后，ATM 机却弹出了 1000 元的现金，看到机器出了故障，许某某就一次性取走了 17.5 万元。一审判决许某某构成盗窃金融机构罪，判处无期徒刑。由于盗窃金融机构的量刑起点是无期徒刑，对于本案来说明显过重，判决结果出来以后，社会反响强烈。二审法院根据《刑法》第六十三条第二款的规定报请最高人民法院核准判处许某五年有期徒刑，通过核准程序减轻了刑罚。

续表

序号	所属修正案	修正内容	热点案例
5	《修正案（八）》	增设第四百零八条之一“食品监管渎职罪”。	【三鹿奶粉案】 在2009年1月宣判的三鹿奶粉事件中，张某甲、张某乙、高某某等人，生产、销售以三聚氰胺为主要原料的“蛋白粉”，这些蛋白粉被某些和三鹿集团有合作关系的奶厅（站）经营者添加到原奶中并流入市场，严重危害了不特定多数婴幼儿的身体健康。
6	《修正案（十一）》	第十七条降低刑事责任年龄。	2019年1月，湖南省涟源市13岁的严某某持刀捅伤同班同学贺某某，送医抢救无效后死亡； 2019年3月，江苏省建湖县13岁的邵某因不服管教，将其母杨某杀害； 2019年7月，宁夏永宁县12岁的苏某用木板击打6岁的亲戚李某某致其死亡； 2020年4月，安徽省郎溪县13岁的杨某甲杀害堂妹杨某乙后抛尸。
7	《修正案（十一）》	增设第一百三十三条之二“妨害安全驾驶罪”。	【重庆万州抢夺公交车方向盘坠江案】 2018年10月，重庆万州一辆公交车因乘客和司机激烈争执互殴，在长江二桥上和一辆小轿车相撞后，冲上路沿、撞断护栏，坠入江中，造成13人死亡、2人失联。
8	《修正案（十一）》	第一百三十四条“重大责任事故罪”在第二款中增加“明知存在重大事故隐患而不排除，仍冒险组织作业”的规定。	【江苏响水某化工有限公司“3·21”特别重大爆炸事故】 2019年3月21日14时48分，位于江苏省盐城市响水县生态化工园区的某化工有限公司发生特别重大爆炸事故，造成78人死亡、76人重伤、640人住院治疗，直接经济损失198635.07万元。发生原因是，事故企业旧固废库内长期违法储存的硝化废料（主要成分是二硝基二酚、三硝基一酚、间二硝基苯、水和少量盐分等）持续积热升温导致自燃，燃烧引发爆炸。

续表

序号	所属修正案	修正内容	热点案例
9	《修正案（十一）》	删除了第一百四十一条第二款“生产、销售、提供假药罪”对假药的定义。	【陆某案】 陆某偶然了解到印度生产的仿制“甲磺酸伊马替尼片”抗癌药，药效几乎相同，但一盒仅售4000元。印度和瑞士两种“格列卫”对比检测结果显示，药性相似度99.9%。陆某开始服用仿制“甲磺酸伊马替尼片”，并于当年8月在病友群里分享了这一消息。随后，许多病友让其帮忙购买此药，人数达数千人。逐渐，该仿制药“团购价”降到每盒200元左右。为方便给印度公司汇款，陆某网购了3张信用卡，用于帮病友代购药品。2015年1月27日，沅江市检察院向法院请求撤回对陆某的起诉，法院当天对“撤回起诉”做出准许裁定。陆某获释，后检察院作出最终决定，认为其行为不构成犯罪，决定不起诉。
10	《修正案（十一）》	将第一百六十条“欺诈发行证券罪”由倍比罚金刑修改为无限额罚金；并在第2款增设了控股股东、实际控制人组织、指使实施欺诈发行证券的处罚。	【某集团证券欺诈案】 2015年，某集团欺诈发行公司债券，非法募集资金高达13.6亿元； 【某科技公司IPO造假案】 2018年，某科技公司被证监会查实IPO造假，涉及募集资金4.18亿元，波及近6万户投资者。
11	《修正案（十一）》	将第一百六十一条“违规披露、不披露重要信息罪“的罚金刑从最高20万元的限额罚金刑修改为无限额罚金刑。	【某公司违规披露重要信息案】 2016年，为避免公司因连续三年亏损被暂停上市，某公司原董事长、总裁吴某某指使公司人员制作虚假《月底播贝采捕记录表》，调减虾夷扇贝采捕面积以虚减营业成本，对部分海域已经不存在的扇贝应当作核销处理而不作核销处理，虚减营业外支出。某公司公开披露的《2016年年度报告》虚增利润1.3亿余元，占当期披露利润总额的158.11%。2017年末至2018年初，为能够在2016年已经采捕但未作记录的隐瞒区域重新播种扇贝苗，吴某某指使公司人员在隐瞒海域增设抽测点位、编造扇贝死亡的虚假消息，对已采捕海域的扇贝虚假核销、减值，相关人员还虚增捕捞面积和营业成本，以核销2016年度的虚增利润。某公司公开披露的《2017年年度报告》虚减利润2.78亿余元，占当期披露利润总额的38.57%。2018年2月至2020年6月，吴某某擅自更改大连市某集团海域国家级海洋牧场示范区项目实施方案，指使他人编造虚假材料申领国家人工鱼礁建设补助资金共计2400余万元。

续表

序号	所属修正案	修正内容	热点案例
12	《修正案（十一）》	增加第一百八十二条“操纵证券、期货市场罪”的行为类型，明确规定了虚假申报操纵、蛊惑交易操纵以及抢帽子交易操纵。	【汪某某抢帽子交易案】 汪某某原为北京某投资公司负责人，其在任期间先后利用其本人及他人的身份证开立了由其实际控制的沪、深证券账户，并使用上述账户，在某甲证券北京北三环中路营业部、某乙证券北京三里河营业部等证券营业部开立了十余个资金账户用于证券交易。同时，在银行开立了10个银行账户，用于证券交易资金的存取和划转。随后先买入“工商银行”“中国联通”等38只股票，再利用某公司名义通过媒介对外推荐其先期买入的股票，并在股票交易时抢先卖出相关股票，人为影响上述股票的交易价格，从中获取个人非法利益。其涉案金额达到了惊人的1.2亿元，最终汪某某被判处重刑。
13	《修正案（十一）》	增设第二百三十六条之一“负有照护职责人员性侵罪”。	【鲍某某侵害养女案】 鲍某某明知其本人和韩某某的情况都不符合相关法律规定的收养和被收养条件，且在明知韩某某系未成年人的情况下，仍以“收养”为名和韩某某交往且与其发生性关系。
14	《修正案（十一）》	增设第二百八十条之二“冒名顶替罪”。	【陈某某被冒名顶替上大学案】 2020年6月，36岁的陈某某决定报考成人大学，在查询学籍信息时，惊讶地发现自己早已“毕业”于当年报考的山东理工大学。后发现其当年确实被录取了，却被其他考生截获通知书、伪造档案而顶替入学。 【退伍军人仵某某被冒名顶替就业案】 安徽太和县人徐某某通过亲戚串联郸城县退伍安置办工作人员，冒用仵某某的退伍军人身份办理了相关虚假手续，以吃请的方式，将徐某某的资料覆盖仵某某，使得徐某某如愿成为国家公职人员。在2019年12月办理相关证件时，仵某某发现，自己在郸城县当地政府部门竟然拥有正式编制。

续表

序号	所属修正案	修正内容	热点案例
15	《修正案（十一）》	增加第二百九十一条之二“高空抛物罪”。	【蒋某某高空抛物案】 2019年8月1日17时许，被告人蒋某某持棒球棍至案发地址，发现自己的钥匙开不了门，遂叫来开锁匠将房门撬开。蒋某某进入卧室向其母亲要钱，被拒后即用棒球棍将其母亲砸倒在地，之后用棒球棍砸烂家中窗户玻璃、家电等物品，并至其父母卧室，将手机、平板电脑、水果刀及其他杂物从14楼扔下。部分物品砸落在小区公共道路上，并致楼下停车位停放的一辆奇瑞路虎轿车前挡风玻璃破碎、车顶多处凹陷，一辆日产蓝鸟轿车车顶多处划痕和凹陷，一辆大众帕萨特轿车前挡风玻璃砸花。经鉴定，三辆轿车物损共计4293元。法院认为，被告人蒋某某的行为虽未造成人身伤害或者财产重大损失的严重后果，但足以危害公共安全，其行为已构成以危险方法危害公共安全罪，判处有期徒刑一年。
16	《修正案（十一）》	增加第二百九十九条之一“侵害英雄烈士名誉、荣誉罪”。	【全国首例英烈名誉保护领域民事公益诉讼】 2019年10月，杭州市西湖区居民小王在网上购物时发现在董存瑞舍身炸碉堡和黄继光舍身堵枪眼的画面上却配着调侃历史、侮辱英烈的字眼。认为涉案网店经营者侵害了董存瑞、黄继光的名誉并伤害了其爱国情感，于是向杭州市西湖区人民检察院举报，检察院启动了检察公益诉讼程序。法院认定，被告瞿某某通过网络平台销售亵渎英雄烈士形象贴画的行为，已对英雄烈士名誉造成贬损，且主观上属明知，构成对董存瑞、黄继光的名誉侵权。最终判决被告瞿某某立即停止侵害烈士董存瑞名誉权的行为，且销毁库存，不得再继续销售案涉贴画，并在国家级媒体公开赔礼道歉，消除影响。 【“蜡笔小球”侵害英雄烈士名誉、荣誉案】 2021年2月，网红“蜡笔小球”仇某先后发布两条微博，歪曲卫国戍边官兵祁某某、陈某甲、陈某乙、肖某某、王某某等人的英雄事迹，诋毁贬损卫国戍边官兵的英雄精神，该微博在网络上迅速扩散，造成恶劣社会影响，引发公众强烈愤慨。江苏省南京市建邺区人民检察院向发布微博的仇某提起刑事附带民事公益诉讼。2021年5月31日，江苏省南京市建邺区人民法院以被告人仇某犯侵害英雄烈士名誉、荣誉罪，依法判处其有期徒刑八个月；被告仇某自判决生效之日起十日内通过国内主要门户网站及全国性媒体公开赔礼道歉，消除影响。

续表

序号	所属修正案	修正内容	热点案例
17	《修正案（十一）》	修改第三百三十条“妨害传染病防治罪”，将传染病的范围扩至“依法确定采取甲类传染病预防、控制措施的传染病”。	【新冠疫情的防控实践】 疫情初期，国家卫健委发布了2020年1号公告，将新型冠状病毒感染正式纳入《中华人民共和国传染病防治法》规定的乙类传染病，并采取甲类传染病的预防、控制措施，随后各省积极响应，以广东省为先的多个省份陆续启动重大突发公共卫生事件Ⅰ级响应，形成严密的防控体系。疫情中期，防疫成为国家治理的重点和难点，为维护防疫秩序，保障卫生安全，各省、市、自治区分别就疫情防控发布相关规定，其中要求上报个人接触史、加强病患的隔离治疗、限制人员流动聚集是最主要的举措。突发疫情下，防治工作的开展举步维艰，妨害传染病防治的行为却频频发生，如安徽省郭某在确定为疑似病例后拒不配合隔离治疗、浙江省赖某某就诊时隐瞒接触史致使医务人员感染、安徽省王某瞒报湖北返乡史致使多人感染等。
18	《修正案（十一）》	增设第三百三十六条之一“非法植入基因编辑、克隆胚胎罪”。	【贺某某基因编辑案】 2018年，贺某某对两个人类胚胎进行了基因修改，使其出生后即能天然抵抗艾滋病，引发舆论风暴。2019年底，贺某某因“非法行医罪”被判处有期徒刑三年，并处罚金300万元。
19	《修正案（十一）》	增设第三百五十五条之一“妨害兴奋剂管理罪”。	【孙某某兴奋剂检测案】 2018年9月4日，孙某某在接受国际泳联授权的兴奋剂检查样本采集机构（IDTM）的赛外检查时，因检查人员不能提供合法的兴奋剂检查官证件和护士执业证，孙某某认为该次检查是非法和无效的，从而导致检查无法完成。国际泳联在2019年初裁决孙某某并未违规，但世界反兴奋剂机构随后将孙某某以及国际泳联诉至国际体育仲裁法庭。2020年2月28日，国际体育仲裁法庭做出首次裁决，判孙某某禁赛8年。孙某某随后向瑞士联邦法院进行上诉。瑞士联邦法院经审理认为，做出首次裁决的仲裁小组成员因个人原因可能导致裁决有失公允，于2020年12月22日撤销了孙某某的禁赛处罚。2021年，新的仲裁小组最终认定，孙某某在2018年9月的兴奋剂检测中违反了国际泳联的反兴奋剂规则，对孙某某禁赛4年零3个月，禁赛期限从2020年2月28日开始计算。

续表

序号	所属修正案	修正内容	热点案例
20	《修正案（十一）》	增设第四百零八条之一“药品监管渎职罪”。	【长春某公司假疫苗案】 2018年7月15日，国家药监局称查获一批生产记录造假的狂犬疫苗，长春某生物科技有限责任公司的冻干人用狂犬病疫苗生产存在记录造假等严重违反《药品生产质量管理规范》行为。国家药监局要求吉林省食品药品监督管理局收回长春某公司《药品GMP证书》，责令停止狂犬疫苗的生产，对相关违法违规行为立案调查。 疫苗造假事件背后牵扯出医疗领域的行贿受贿产业链。在2017年11月至12月，短短一月之间，便共有5起行贿受贿案件涉及某公司。

1. 对公共安全领域“体感治安”的安抚。在历次的刑法修正案中，公共安全领域始终是立法者关注的重点。我国首例投寄虚假炭疽杆菌恐吓邮件案一度造成公众恐慌，处罚虚假危险物质投放行为的必要性以及只能以危险方法危害公共安全罪论处的规范缺失，直接推动了《刑法修正案（三）》对投放虚假危险物质罪，编造、故意传播虚假恐怖信息罪的增设。在醉驾入刑前，每年有近10万人被车祸夺去生命，而其中60%的车祸都是由于醉酒驾驶引起的，民间对醉驾入刑的呼声强烈。《刑法修正案（八）》回应民意和社会关切，正式将醉驾入刑。《刑法修正案（十一）》更是出于维护人民群众“头顶上的安全”“体感上的安全”的目的，增设了《刑法》第二百九十一条之二高空抛物罪、第一百三十三条之二妨害安全驾驶罪。这也是对一系列小区高空抛物案件以及重庆万州抢夺公交车方向盘坠江案所带来的汹涌民意的“交代”。而在生产领域，生产安全的维护根本上是为了维护人民群众的人身及财产安全，从《刑法》第一百三十四条重大责任事故罪的修正也可见一斑。

此外，恐怖活动犯罪的规制在《刑法修正案（九）》中得到了进一步的明确和细化，可以说是对国内外发生的恐怖袭击事件的回应和表态。因在恐怖犯罪领域，象征性刑事立法能帮助国家借助刑罚这种具有痛苦性的强制措施，表达其对某种恐怖行为的强烈谴责和否定立场，表明国家对恐怖分子的姿态。

2. 对食品药品领域卫生健康的保护。食品监管、药品监管虽属于公共安全的范畴，但属于和民生休戚相关的重点领域，因而在梳理立法规定时将其予以单独考量。刑法不断强化参与民生犯罪治理的过程，三鹿奶粉等典型大案的社会轰动使对食品监管渎职的惩处提上日程，《刑法修正案（八）》增设了第四百零八条之一“食品监管渎职罪”。相类似地，医疗腐败问题也属于国家近年来不得不直面的重点课题，在民众的呼声之下，《刑法修正案（十一）》将药品监管渎职行为也予以入刑。陆某案中，陆某仿制“甲磺酸伊马替尼片”抗癌药和“格列卫”的药效几乎相同，但因未获批进口许可代购药品受到起诉。然而，将具有实质功效的药品也视为刑法上的“假药”是动用刑法惩罚纯粹不符合行政要求的行为，因而引发众议，检察院作出不起诉处理。《药品管理法》而后对“假药”采取实质定义，《刑法》取消第一百四十一条第二款假药的定义也是这类社会事件催化下的产物。

3. 对公众依赖崇拜法律感情的回应。近年来，低龄未成年人恶性暴力犯罪事件屡屡见报，实施了严重危害社会行为的未成年人因不满 14 周岁而无法受到刑事制裁，引发了社会公众的强烈不满。为回应民众关切，《刑法修正案（十一）》修改了关于最低刑事责任年龄的规定，即在特定情形下，已满 12 周岁不满 14 周岁的人也应当负刑事责任。陈某某等被冒名顶替上学事件、退伍军人仵某某被冒名顶替就业事件的发生强烈违背了公众的法感情，《刑法》第二百八十条之二冒名顶替罪的增设亦是象征性刑法的典型体现，是对公众情感和受教育及就业公平诉求的回应。侵害英雄烈士名誉、荣誉罪的增设同样是对“蜡笔小球”案等严重伤害民族情感事件的有力回应。象征性刑法立法的目标是为了显示立法者有所作为，回应民众对犯罪的恐惧和不安，由此制定出来的很多罪名是“备而不用”的。[①] 此外，贺某某基因编辑婴儿事件也不断挑战公众的伦理道德感官，人类基因胚胎技术一旦被滥用将可能对人格尊严、意志自由等道德理念产生冲击。立法增设《刑法》第三百三十六条之一非法植入基因编辑、克隆胚胎罪是一种“价值宣示”，起到增强行为规范的作用，同时有效地安抚了民众对技术滥用的恐惧和不安。

4. 对社会事件反映法律漏洞的弥补。一些社会事件的发生同时映射了法律的缺位或者疏漏，民意和舆论在一段时间内持续发酵，期待对这类事件作出有力处置。立法者顺应民心，认为若不及时规定会形成法律漏洞的，

① 周光权：《论通过增设轻罪实现妥当的处罚》，载《比较法研究》2020 年第 6 期。

通过增加新的罪名或者修改已有的罪名完善刑事规制体系。如《刑法》第三百五十五条之一妨害兴奋剂管理罪即是对某体育明星涉兴奋剂事件及其激起的热点话题的回应。而妨害传染病防治罪的修正也是总结新冠肺炎以来的防控经验，对拒不执行防疫措施的行为进行回应，如安徽省郭某在确定为疑似病例后拒不配合隔离治疗、浙江省赖某某就诊时隐瞒接触史致使医务人员感染、安徽省王某瞒报湖北返乡史致使多人感染等。此外，金融安全也是立法补漏需求较多的领域，金融行业处在不断变化发展之中，难以准确预见到新的犯罪形式。增加对利用未公开信息交易行为的规制，通过无限额罚金刑提高对证券欺诈、违规披露、不披露重要信息行为的处罚力度，完善操纵证券、期货市场行为的规定等一系列举措均是对投资者权益的保障，从而给予市场和投资者以信心。

（二）滑向万能主义

积极刑法观主张刑法的积极有用性，从而宣称刑法应当积极参与社会治理，刑法对社会成员失范行为的干预成为解决相关问题、化解社会矛盾的重要手段。因此，积极刑法观的表象和实质是把刑法当作应对社会问题的工具，且是优先于其他社会规范的首选工具。积极刑法观立法呈现出象征性立法的诸多特征，其以积极的一般预防理念为立法导向，关注于对公众抽象安全心理的回应。由此导致刑法滑向万能主义，同时伴随着刑法工具主义、重刑主义等质疑。

将刑法作为风险防范和安全保障的手段，过度强调刑法的社会保护机能，违背了刑法作为保障法的地位和二次规范性。层出不穷的新风险带来新的法益保护需要，公众对规范供给的需求和传统控制手段的效果之间存在显著矛盾。立法为了实现回应舆论、安抚民心、化解社会矛盾等目标，而采取的前移刑法评价节点、设置抽象危险犯以及降低罪量要求等方式，使得公众获得安全感，这无疑会导致刑法和前置法、行为是否具有刑事违法性之间的界限变得模糊。但是，象征性立法将刑法作为安抚社会和管控风险的最优选择，违背了刑法作为“法律最后一道屏障”的要求。在刑事立法层面，只有在前置法无法惩治严重危害社会的行为时，刑法才能发挥补充性规制的作用。相较于前置法及其他社会控制手段，刑法适用的效果更为严厉且直观，但不考虑可能带来的刑法膨胀、动辄入罪、侵犯人权的负面效应，无异于饮鸩止渴，从而导致刑法的公正和权威受损。刑法积极参与社会治理会引起这样的担忧，扩张的立法模式天生具有刑罚膨胀的基因，附带着国家刑罚权扩张的一切风险，尤其是对公民自由权利挤压和克减的风险。[①]立法对日益增长的社会不安全感的回应，不追求制定刑罚的实际后果，而仅仅展示给众人以一种积极的高姿态，以某一流行的“关键词”形式告知观众，以明文的形式凸显立法者对“民意”“治理”的关切。以《刑法修正案（十一）》为例，“高空抛物”“冒名顶替”等热点词汇入刑，对于入刑本身的实质合理性以及之后的刑罚效果则缺乏追问，这样的积极刑法只会导致刑事立法和司法在刑法万能主义的泥潭里越陷越深。《刑法修正案（八）》增设了拒不支付劳动报酬罪，将拖欠农民工薪资的行为入刑，系民事纠纷的犯罪化。将社会中的违法行为简单犯罪化，体现了较强的行为规范和积极预防色彩，但无形之中压缩了行政违法和民事违法的空间，也模糊了刑事犯罪和行政违法之间的界限。

在治理模式的选择上，应当转变对先刑后民这一传统观念的依赖，民刑共治的社会治理模式更符合现代化治理的要求，更有利于实现良法善治的目标。特别是在积极刑法观的指引下，轻微犯罪数量的增多也引发或者激化了新的社会矛盾，高发的危险驾驶罪就是例证。将醉驾入刑虽然显著减少了每年醉驾的发案量，但也创造了每年近30万的犯罪人。许多人因为这种轻微犯罪而留下犯罪前科，难以回归社会，或者基于失业累积下对社会对怨恨而报复社会，再次走上犯罪道路。如果刑事治理惩处了一种犯罪却又引发另一种犯罪，这样的治理既得不偿失又于事无补。[②]摒弃刑法万能主义的观念，可以避免对国家资源的过度损耗，因为普遍地增设轻微犯罪或者提高部分犯罪的法定刑，使得国家要付出更多的刑罚量。刑法并非治理一切社会问题的万能药，坚守法益保护的基本原则，减少刑法的泛化适用，就应当从依靠重刑治理转向民刑共治、私法自治的局面。

---

①　张永强：《预防性犯罪化立法的正当性及其边界》，载《当代法学》2020年第4期。

②　刘艳红：《刑法不是治理社会问题的万能药》，载《上海法治报》2022年2月18日，第B7版。

第二节　对积极刑法观质疑的回应

对已有刑事立法中不合理现象的批判不能简单归咎于积极刑法观本身。积极刑法观虽然以积极的一般预防理念为导向，但主张的仍是适度的犯罪化。立法的扩张仍然要在合致法益保护原则、恪守谦抑原则的范围内进行。已有对积极刑法观的批判放大了可能的风险，人为制造了对立。客观来看，积极刑法观仍未摒弃对象征性立法的批判能力，一些表面上看是回应民意的立法实际上蕴含了正当性的深层考量。

一、符合法益保护原则

传统重视结果导向的法益保护已经不合时宜，法益概念应当随着法益保护的现实需要而与时俱进。抽象危险犯的设置和集体法益的扩张保护，构成对当代法益保护课题最为突出的挑战。重新解构法益保护原则，以发挥其对积极刑法观的限制作用，法益保护的适度扩张仍有充分性依据。

（一）法益概念具有变动性

就历史的角度来看，法益概念导入刑法学，原本是为了防止犯罪概念的不当扩张，拦堵非个人概念的宗教教义写进刑法典，并透过国家权力确保个人自由，维护个人权利，具有自由主义的色彩。通过实质的法益概念实现对刑法处罚范围的限制，归根结底是为了保护自由。传统刑法观对积极刑法观的担忧在于其可能侵蚀公民自由的边界。国家刑罚权来自公民权利的让渡，国家刑罚权越大，留给公民的权利空间越小。然而，积极刑法观的前提是法益保护主义，积极刑法观的提倡并非对法益保护原则的冲击，而恰是对法益保护原则的贯彻。应当注意到，对法益的解析从“侵害的权利”到“状态”“利益”，其本身就是一个不断演进的概念，需要用全面、发展的眼光看待法益保护。

以社会发展需要作为法益保护范围的证券标准。刑法扩张犯罪圈、提前保护法益侵害行为，招致了从“行为一实害”式刑法转向“危险人一危险”式刑法的批评。但是，不能以现行刑法规定的犯罪数量较过去多，增加了对新类型法益主要是集体法益的保护就得出刑法处罚范围不当扩张的结论。影响刑事立法变革的背后是社会的变革，依托社会进步将现实需求转化为法益保护的行为，是积极刑法观在刑事司法中最为突出的价值体现。之所以科处刑罚，是因为对全体国民而言存在必要性。并非“越是限定处罚就越增加国民的利益”，而是必须具体地、实质地探求为保全国民利益所必需的最小限度的刑罚。[①]因此，是否过度扩张法益保护范围，必须基于社会发展的需要进行必要性判断，刑法的处罚范围应当越合理越好，而非越窄越好。面对人工智能、自动驾驶、基因编辑、克隆移植等技术的发展和迭代，刑法作为风险控制工具之一更为重要的是在风险后果发生之前防范、遏制风险，避免危害结果的发生。在这一背景下，刑法不能再单纯固守传统的法益观念。正如德国刑法学家乌尔斯·金德霍伊泽尔所指出的，今天的刑法不仅是对侵害的反映，而且它还有这样的任务：使保障社会安全的基本条件得到遵循。[②]需要保护利益的增加，构成法益概念扩张的主要理由。新类型的利益的增加，使得集体法益纳入保护范围，且具有独立保护的必要性；对利益认识的改变，原本不被认为是利益或者不会被侵害的利益，具有了需保护性（如电信网络发展带来了个人信息权保护的现实需求）；而原有轻微的法益侵害行为向严重的法益侵害行为的程度演变，也加剧了法益概念的变动性。

可以观之，在现代社会，实质的法益概念作为消极标准发挥作用的余地越来越小，而作为积极标准发挥作用的余地会越来越大；实质的法益概念的积极标准，虽然从形式上会使犯罪增加，但实质上保证了处罚范围的合理性。法益概念虽然随着社会发展的需要具有一定的变动性，但借助实质的法益概念仍能实现确保刑法处罚范围合理性的机能。

（二）抽象危险犯的法益侵害具有可证明性

抽象危险犯以行为针对法益的一般的侵害可能性为认定标准，招致对法益抽象化、稀薄化的批判，但该立法模式是否必然违反法益的客观性、具体性要求，仍然有讨论的空间。

1. 抽象危险犯的范围未得到准确界定，导致对设置抽象危险犯的批判缺乏说服力。实践中所抨击的一些抽象危险犯实际上是具体危险犯甚至是实害犯。对于具体危险犯，刑法分则条文将法益侵害的具体危险作为构成要件要素予以规定，司法人员在适用时要对危险的内容及程度进行具体的判断。而

---

① ［日］前田雅英：《刑法总论讲义》，东京大学出版会2011年版，第5页。

② ［德］乌尔斯·金德霍伊泽尔：《安全刑法：风险社会的刑法危险》，刘国良译，载《马克思主义与现实》2005年第3期。

对于抽象危险犯，只需要以行为的一般性危险为推定依据，由立法者直接规定而不需要司法者进行特别证明。“足以发生……危险”“危及”就是具体危险犯的标志性表述，但有观点认为，“危害公共安全，尚未造成严重后果”是法律对于抽象危险犯犯罪既遂的要求要件。[①]然而，对危险的内容及程度同样进行了判断，实际上属于具体危险犯而非抽象危险犯。

2. 法益侵害的危险与法益概念的具体化并不冲突。行为危险对法益侵害实现概率的高低，直接影响刑法提前介入保护的必要性。但事实上行为是否能最终促成损害的实质结果以及是否会落入法益的核心保护圈，在行为和法益侵害的现实化还存在较大距离时是难以预见的。但若等到这种危险发展到现实化、紧迫化程度，则对法益的影响将是不可控的，反而会侵害人们共同的生活利益。如金融安全、货币信用等制度资源，属于无形的利益，但是，个人参与社会体系的可能性在这一秩序法益中得到具体体现。因此，应当适时调整传统法益概念以个人法益和实害为中心的取向，只要能将法益所指向的对象予以具体的解释说明、明确其特别保护的必要性，积极刑法观所青睐的抽象危险犯模式同样能够发挥人权保障的重要机能。

3. 抽象危险犯的法益侵害可以通过个人法益的还原予以明确。虽然抽象危险犯所保护的法益不必然是集体法益，但集体法益的具体化即法益可还原性，仍然可以作为抽象危险犯客观化、具体化的有力佐证。无论是法益一元论者还是法益二元论者，都认同将法益尽可能还原为具体的个人利益。法益一元论者力图将属于个人自由的外部条件还原为同个体直接关联的生活世界中的利益，而法益二元论者则试图说明个体的自由发展所需的独立于个体的外部条件，后者也构成社会系统的重要组成部分。[②]根据《药品管理法》第一条的规定，加强药品管理的最终目的是保障公众用药安全和合法权益，因而生产、销售、提供假药罪所保护的药品管理秩序法益完全可以还原到具体的个人法益，同公众的身体健康和合法权益相关联。可以认为，虽然阻挡层法益是秩序法益，但背后层法益是具体个人法益的，抽象危险犯的法益侵害仍有具体化根据。另外，存在一些不可还原的法益，如金融秩序、因恐怖主义造成的民众恐惧感，因其兼具经验上和规范上的重要价值，构成保障公民

① 林亚刚：《危害公共安全罪新论》，武汉大学出版社2001年版，第34页。

② 刘浩：《我国抽象危险犯立法的整体考察及法益分析》，载《比较法研究》2024年第3期。

个人自由、维持社会正常运转的必要条件，不能简单地以价值的抽象化否定其保护的必要。

4. 抽象危险犯的法益侵害亦可以借助影响或者改变对象的具体化得到客观证明。抽象危险行为对保护法益的侵害并不意味着要造成物质性的损害结果，只要行为对保护法益造成了实际的影响或者改变即可。① 虽然抽象危险犯的保护法益是抽象化的，不具有物质性的行为对象，但可以通过被影响或者改变对象的客观状态变化得以证明。如在环境犯罪中，对环境法益的抽象危险是推定的，但同样可以通过空气、水、土壤等物质实在的改变得以具体观测。《刑法》第三百三十八条污染环境罪所规定的“严重污染环境”就是对侵害环境的实害要求。

（三）集体法益限制性扩张符合法益保护原则

要回答集体法益的扩张是否违背法益保护原则这一问题，首先要对集体法益的概念和范围进行界定。集体法益通常被视为多数人或者公众的利益，具有集合性特征。张明楷教授指出，如果一个构成要件行为不可能对法益造成实害和具体危险，但多数的构成要件行为会导致法益遭受实害时，此时的法益就是集体法益。但是，集体法益的概念仍需要在范围上予以澄清，应当区分广义的集体法益和狭义的集体法益。广义的集体法益是个人的生命、健康、财产等法益的随机结合，尽管涉及多数人的利益，但实质上仍是特定人利益的随机聚合，可以还原为个人法益；狭义的集体法益则是系统结合的整体利益，包括制度信赖、环境保护在内，需要通过国家机关、其他组织和机构进行保护，是具有独立意义的真实存在。

基于二元的视角审视集体法益，集体法益具有需保护性。集体法益所保护的也是社会共同生活中能够促进众人普遍自由发展及其基本权利实现的制度条件。法益一元论无法解释狭义的集体法益的存在依据，故应当站在法益二元论的立场。狭义的集体法益的内容通常无关生命、身体、财产等个人法益，而是涉及整个社会系统的稳定运作。这类法益虽然难以还原为个人利益，但系为共同利益提供基本的制度保障，进而须承认集体法益已经具有了独立于个人法益的重要地位。而对于广义的集体法益，应当尽可能将其还原到个人法益，因为保护秩序型法益只是手段，保护利益型法益才是目的。因此，甄别值得刑法保护的集体法益并予以周延保护，不仅不违背法益保护原

① 王永茜：《论集体法益的刑法保护》，载《环球法律评论》2013 年第 4 期。

则，而且是贯彻法益保护的需要。

积极刑法观背景下，集体法益破坏法益批判功能的隐忧并不必要，集体法益仍在“可控”范围内，其扩张是有限制的，并不违背法益保护原则。有学者指出，集体法益通常具有不可替代性、不可再生性或者无法迅速复原，且不具有现实性，因而对其损害的有无和程度根本无法进行验证和评定。但是，集体法益虽具有一定的抽象性，其仍然依托于具体的个人利益或者重要的制度利益。理论上可以通过“重大性、明确性、比例性等标准对集体法益的扩张范围进行限定。一方面，刑法并不是无条件地保护所有的集体法益，基于谦抑的法益保护原则要求，只有侵害重大法益的行为才有必要犯罪化。另一方面，实质的法益概念也对集体法益的范围提出了要求，集体法益和个人法益之间必须具有实质性关联，或者至少成为保障自由和秩序的基本运转条件。最后，积极刑法观也不认可为了法益保护而牺牲人权保障，对于真正的、重要的集体法益，刑法也只能是在其他法律力有不逮的情况下才能介入保护。

二、不违背刑法谦抑原则

刑法保持相对谦抑而非绝对退居幕后是时代的选择。重新解读谦抑性的内涵，正视刑法修正中体现的谦抑性面向，调和两者之间的可能冲突并实现刑事立法的科学性才是应有之义。

（一）谦抑内涵的解读

谦抑性概念提出于古典自由主义刑法背景下，主张刑法应当尽可能少地介入市民生活，克服刑罚权发动的恣意性，以保障资本主义经济的飞速发展。我国在引进谦抑性概念时也主要围绕着“缩减”和“非犯罪化”的面向展开。但是，在刑法成为治理社会的重要手段的当下，继续恪守谦抑性的传统内涵已经不合时宜，谦抑性的内涵应当因时而变。正如有学者所言，在风险社会理论逐步走向台前的当下，刑法已经无法等待其他前置法出台后才崭露头角，刑法“抢跑”已经不再是偶然和不可接受的现象。[①] 亦有学者直言，专注于谦抑主义本身含义的解读，将谦抑性作为超越时空的刑法原则，而忽

① 储陈城：《刑法修正的趋势与约束机制的演变》，载《青少年犯罪问题》2021年第2期。

略践行谦抑主义的现实条件、不同语境，并不恰当。①

刑法是规定犯罪和刑罚的法律，刑法谦抑原则的内容自然包括罪的谦抑和刑的谦抑两个方面。罪的谦抑强调入罪范围的谦抑，不应将仅违反道德的行为或者违法行为作为犯罪处理；刑的谦抑强调刑事制裁的轻缓化，反对重刑主义和刑法工具主义倾向。然而，刑法的绝对谦抑只是一种理想状态，不应将“违反刑法谦抑主义”作为一个万能且简单的立法批判工具，而不去深究背后的法益保护需要和立法实效。刑法谦抑性并不意味着不能增设轻微犯罪，也不意味着对犯罪的处罚范围越小越好，关键是要实现妥当的处罚。而为了实现妥当的处罚，立法上就不能束手束脚，也就无法得出不能增设必要新罪的结论。犯罪圈的大小并非一个简单的理论选择，而是立足于客观的社会现实，且会随着社会的发展而处于动态变化当中。不能将犯罪圈的发展方向和谦抑与否直接画上等号，犯罪圈的扩大不能说明刑法不谦抑，犯罪圈的缩小也不能得出刑法谦抑的结论。即使是支持积极刑法观的学者也不会认同犯罪圈的不当扩张，而是强调适度的犯罪化，所谓的刑法谦抑意在强调刑法的有所为有所不为，实质上是强调刑法因应社会情势，合理而有效地组织对犯罪的反应。因而，刑法谦抑原则的方向虽然是强调刑法克制主义，但同样是在比例原则的指引下实现法益保护的要求。强调对刑事立法的必要性和适当性审查比一味地主张刑法谦抑、反对犯罪化更有实益。

仅将谦抑性内涵停留于对刑罚发动的补充性或者最后性意义是片面的，以法益为内核的刑法谦抑性必须和法秩序统一原理相贯通。具体而言，刑法的谦抑性应当随着前置法中的调整性法益、第一保护性法益的演进以及不法行为圈的变化而相应调整，刑法法益既是前置法和刑法对核心“利益”的价值发掘和规范承认，又是前置法和刑法按照宪法比例原则对“法益”的逐级规范调整和保护。如前所述，拒不履行信息网络安全管理罪的增设面临着违反比例原则、刑事立法“备而不用”的批判，但该罪的认定具有明显的层级性。正如有学者所言，该罪通过“行政不法认定的前置性—行政程序的前置性—网络服务提供者的拒不作为—造成严重后果”的层级认定，在刑事法和行政法领域内实现了对网络服务提供者不法行为的分层规制和责任分

① 孙国祥：《反思刑法谦抑主义》，载《法商研究》2022 年第 1 期。

配。[①] 司法实践对部分新设轻微犯罪的适用较少并不意味着其违反了刑法谦抑原则，也不意味着其未达到刑事立法的实效。刑法既是行为规范也是裁判规范，而对于行政犯而言，通过行为规范的补强，确保行为规范的有效性，同样也是发挥刑罚预防作用的重要路径。通过立法完善规范供给、司法备而不用亦也是刑法谦抑原则的体现。

（二）积极刑法观与谦抑原则并非对立

认为增设轻微犯罪或者扩大犯罪圈的行为突破了刑法谦抑原则是一种僵化认知，积极刑法观和刑法谦抑原则并非水火不容的关系，二者在特定情形下可以相容，背后的价值也非绝对对立。

1. 犯罪圈的扩大并不必然带来重刑化后果，反而构成对刑罚力度的修正。如《刑法修正案（十一）》增设了妨害安全驾驶罪和催收非法债务罪，从表面上来看扩大了犯罪的打击半径。但比较增设新罪前后司法实践的适用情况，不难发现，判处轻微犯罪使得被告人免于重罪，反而使被告人获得了“实益”。妨害安全驾驶罪的设立，使得妨害安全驾驶的行为依据危险程度形成轻度和重度的分置处理：对于危害公共安全的轻度危险，未达到和防火、爆炸、决水等行为相当程度的，司法实践就应当认定为妨害安全驾驶罪这一轻微犯罪，而不应为防止行为逃脱刑罚处罚认定为以危险方法危害公共安全罪这一重罪。此外，催收非法债务罪的设立，使得以暴力、软暴力等手段催收非法债务的行为有了明确的罪名予以规制，且规定了较寻衅滋事罪更为轻缓的刑罚，是对修正前司法实践认定为重罪做法的纠偏。由这两个适例可见，积极刑法观理念下对轻微犯罪的增设，反而是对刑罚的轻缓化修正，使得本不该处以重刑的行为转用轻微犯罪处置，罚当其罪、积极刑法观和刑法谦抑原则在这一情形下得到统一。

2. 积极刑法观与刑法谦抑原则分别体现的法益保护机能与人权保障机能，虽然存在此消彼长的冲突关系，但可以达到一定程度上的促进与相容。两者均具有指导立法的意义，但是刑事立法的必要性和适当性判断的标准并不是单一的。积极刑法观下的扩张，同样需要满足刑法谦抑原则的约束，在迎合法益保护需要时也应当把握好“度”。而传统的绝对谦抑主义刑法观（消极刑法观）也已经落后于时代，刑事立法同样反对过于保守而疏于对新型法益

---

① 杜小丽：《社会治理视角下拒不履行信息网络安全管理义务罪再审视》，载《中国法律评论》2024 年第 3 期。

的保护。

（三）积极刑法观与谦抑原则的调和

积极刑法观和刑法谦抑原则并非水火不容的关系。基于对犯罪化现象、刑法结构乃至谦抑性原则着眼点的重新解读，调和两者之间的可能冲突并实现刑事立法科学性、正当性才是应对之策。

1. 犯罪化成为刑法谦抑原则的表现形式。部分学者以刑法谦抑原则为理据对犯罪化现象提出批评，认为我国刑事立法的发展方向应当是力倡刑法的谦抑性，拒绝进一步犯罪化，实行有条件的非犯罪化。[①] 但是，以刑法谦抑原则拒斥所有的犯罪化，无异于因噎废食，以抽象的观念否定具体的立法决断并不具有充分的说服力。在西方国家，刑法谦抑主义主要是通过非犯罪化来实现的，然而，一国刑事法治的实现是否需要"复刻"他国的蓝本，只能在本国的犯罪论体系的具体语境下才能得到正确解答。在立法模式上，与大多数大陆法系国家在犯罪类型上采用的"立法定性＋司法定量"的模式不同，我国犯罪类型的规定模式是"立法定性＋定量"，绝大多数犯罪有罪量因素的限制。西方国家的刑法规定模式产生了"大犯罪圈"，刑法的处罚范围相当宽泛，因而"非犯罪化"思潮的出现旨在限缩处罚范围，实现自由主义的回归。与西方刑法非犯罪化发展历程所不同，晚近我国的刑法以犯罪化为主要表现。这是因为，我国刑法对入罪的量有一定的限制，在制定 1979 年《刑法》时秉持"宜粗不宜细"的原则，随着一些新的犯罪现象出现，以及一般违法行为违法性的提升必然会形成一定的刑罚处罚"真空"。此时，照搬照抄域外的立法经验，主张刑法的消极、谦抑，不仅不合时宜，也不符合刑法的补充性要求。非犯罪化固然是刑法谦抑主义的表现形式，但犯罪化并非违反了刑法谦抑主义，恰恰是刑法谦抑主义的中国表达。应当对谦抑性的传统理解进行纠偏，刑法谦抑性精神的核心依据是主张刑罚的有效性以及刑法的局限性，进而强调刑罚权发动的慎重性和正当性。[②] 由此可见，犯罪化和非犯罪化均是刑法谦抑原则的表现形式，不应一味反对必要的犯罪化和刑罚化，刑法更广泛地参与社会治理并不违背刑法的谦抑性。

2. 形成"严而不厉"的刑法结构是对谦抑性的贯彻。我国刑法规制体系

---

① 刘艳红：《我国应该停止犯罪化的刑事立法》，载《法学》2011 年第 11 期。

② 高铭暄、孙道萃：《预防性刑法观及其教义学思考》，载《中国法学》2018 年第 1 期。

曾长期处于“厉而不严”的状态，生刑较重，刑事法网相对来说比较粗疏。除少数犯罪以外，我国大多数犯罪都配置了较重的法定刑。且1997年《刑法》中死刑罪名较多，经过《刑法修正案（八）》和《刑法修正案（九）》的削减，仍有46种罪名保留了死刑。储槐植教授早在1989年就高瞻远瞩道，我国现行刑法表现出来的主要倾向是“厉而不严”，而现代化刑法的发展方向应当是“严而不厉”。付立庆教授指出，我国目前的刑法结构仍然存在一种从“厉而不严”的恶性结构到“严而不厉”的良性结构的演进和优化的过程之中。梁根林教授亦言，我国刑事立法的活性化、扩大犯罪圈、提高刑法干预起点等事实表明，我国刑法的犯罪化立场，已经由过去的相对消极、谦抑，悄然转向相对积极、扩张。[①] 立法者鉴于刑法“厉而不严”的结构缺陷，借助犯罪扩张和刑罚轻缓化的方式严密刑事法网、优化刑罚结构，是积极刑法观的体现。“又严又厉”的刑法结构固然有助于实现一般预防，但不利于特殊预防，也并非积极刑法观的追求。整体来看，积极刑法观仍然以实现合理控制犯罪圈、妥当配置刑罚量为目标，通过增设轻微犯罪的方式扩大犯罪圈，实现适度的犯罪化。即使存在对部分犯罪的加重处罚，亦是对过去刑事立法认识不足导致规制力度不足的矫正，仍受到罪刑均衡思想的制约。因此，“严而不厉”的刑法结构是对谦抑性的贯彻和发展，在完善刑法结构层面，积极刑法观和刑法谦抑原则同样可以形成良好互动。

3.“抑”的重心应当从立法转向司法。在“谦抑”一词中，“谦”表明的是刑法应当谦居其他法律及控制手段之后，“抑”则阐明克制之义，刑罚的发动应当限于不得已的情形。刑法谦抑原则的总基调是刑法克制主义。刑法谦抑原则既是重要的立法原则，对司法适用也具有指导性意义，因此，应当明确谦抑原则在不同环节的适用。在肯定积极刑法观进行适度犯罪化的基础上，有学者提出应当将谦抑性原则的着眼点从主要钳制立法转向制约司法活动的观点，具有启发意义。醉驾入刑，发挥了行为规范的宣示作用，但同时可能导致形式入罪的范围过大。醉酒危险驾驶刑事案件的意见将情节显著轻微、危害不大的短距离挪车等行为排除在外，对醉驾行为的危险性进行综合判断，正是在司法适用中贯彻谦抑原则的体现。在我国，“立法适当扩张、司法谨慎限缩”也不失为具有中国特色的妥当方案。当然，司法谦抑并不意味着对于具备刑法规定的犯罪规格行为通过谦抑原则出罪，如认为“许霆

① 梁根林：《刑法修正：维度、策略、评价与反思》，载《法学研究》2017年第1期。

案”以民事侵权行为处理即可，就没必要以刑事犯罪认定。谦抑是在犯罪情节显著轻微，不具有刑事处罚必要性或者必要性较低的情况下特别地适用其他法律以实现更好的预防效果。

三、积极的一般预防具有正当性

积极的一般预防作为新生事物，具有其他刑罚根据论所不具有的优势。国家的任务不仅是在侵害实际发生时进行制裁，更在于在危险初露端倪时就通过预防措施加以遏制或者去除。但是，将积极的一般预防人为地放在人权保障的对立面，并单方面地认为其加强了国家对个体的控制，忽视公众对社会治理的参与性，并不具有妥当性。

（一）克服特殊预防与消极的一般预防缺陷

报应论能解释行为的可罚性和应罚性内容，刑罚的评价对象是具体个人所实施的具体的恶行。但是，一旦报应理论走出同态复仇的形态，它就难以解释刑罚的内容。当下的报应理论不可能停留在同态复仇的阶段，就此，不少学者转而寻求预防理论，以弥补报应理论的缺陷。报应理论和预防理论之间的融合已经成为共识。

在预防理论上，积极的一般预防是和特殊预防、消极的一般预防相对应的概念。特殊预防论认为，刑罚的正当性根据在于防止已经犯罪的人再次犯罪，特殊预防的关注焦点是犯罪人的主观危险性。特殊预防的目的是通过刑罚的保安、威慑和再社会化功能实现的。但是，采取特殊预防论存在不少障碍：一方面，行为人的再犯危险性在绝大多数情况下难以查证；另一方面，从特殊预防的角度出发，刑罚只有能够再次抑制犯罪才是必要的。这样一来，对一些严重的犯罪可能就不应处罚，因为其不存在再犯危险性；对精神病人等无责任能力者却应当判刑，因为其可能存在再犯危险性；对犯罪本身并不严重的累犯、惯犯，最好的阻止其再犯的措施可能是将其拘禁在居住地。由此可见，特殊预防难以单独成为刑罚目的，认为特殊预防优于一般预防存在理论上的缺陷。

在一般预防内部，同积极一般预防相对的消极一般预防也存在逻辑上的问题。消极的一般预防论认为，人的放纵会危及市民社会，因此需要用刑罚对社会成员施加影响，并防止他们实施犯罪行为，其核心是“借助于刑罚威慑的警告作用预防公民犯罪”。费尔巴哈的心理强制说就代表了这一种预防论。消极一般预防的逻辑在于人具有趋利避害性，当人们认识到自己实施犯罪可能会遭受处罚时，就会削弱他们实施犯罪的动机，进而遏制犯罪行为。但是，这种理论难免将犯罪人放在预防他人犯罪的工具地位上，对人性尊严的侵犯是直接性的且难以辩驳。此外，在震摄效果上也存在难以克服的局限。当犯罪人事先未能明确知晓相关犯罪的规定及其后果时，这种震摄的效果也就无从体现。

相较于特殊预防和消极的一般预防，积极的一般预防将关注重心从威吓转向了规范认同。“积极”是指不是通过刑罚的威慑来抑制潜在的犯罪人行动，而是通过增强其他民众对法律的忠诚来预防犯罪。“一般”揭示了其刑罚效果指向对象的普遍性，不仅是针对犯罪人个人，而是要在全体国民面前宣示法规范的效力。通过义务的承担和履行，社会内部的法秩序和法忠诚（Rechtstreue）的稳定化，以达到社会的补偿，从而使得犯罪人树立起对法的信仰和忠诚，重新回归社会。消极的一般预防将潜在犯罪人视为当头棒喝的对象，凸显刑罚的外在威慑功能，而积极的一般预防以教育和引导为己任，阐扬公众的内心尊崇。外在和内在之间，内在显然更具优势地位。[①] 刑罚的威吓是一般预防的共性所在，但这并不足以抹杀积极一般预防的正当性。就积极的一般预防而言，刑罚的威吓只是手段，维护规范、法秩序以及国民信赖感才是目的，这是其较消极一般预防的优越之处。与此同时，也应当匡正积极一般预防的概念，不能停留于和消极一般预防的对立表象。应当将其指引下刑罚正当性的根据定位为保障包括犯罪人在内的全体公民人权，化解报应惩罚和犯罪预防之间的正面冲突，消弭特殊预防和一般预防的矛盾罅隙。

（二）培育规范认同，尊重人的主体性

预防主义以功利主义为理论底色，受到将人工具化、侵犯人的尊严的批判。作为预防理论分支之一的积极一般预防，同样难以回避刑罚的工具性和人的主体性相分离的哲学困境。在刑罚制度的建构和设计环节，以积极的一般预防理论为引导，确实难以否认将人作为实现刑罚预防功能的工具。相对而言，在司法裁量环节，保障刑罚的适用符合预防的需要、防止犯罪人承受不合理的刑罚处罚则显得更为重要。与其纠结于规范遵守的工具化倾向，不如将宏观制度设定和具体个案处理予以适度隔离。在个案中，法官对犯罪人判处刑罚时并不需要抽象地考虑积极的一般预防目的，而应当首先以行为人

① 徐伟：《积极一般预防正当性的反思与重塑》，载《西南政法大学学报》2017年第4期。

所犯罪行的性质、危害程度及其可谴责性定罪处刑，在匹配责任刑的基础上兼顾预防的需要。

积极的一般预防论不是用高举的棍棒相威胁，而是针对能够作出清醒的决定，有能力在服从还是违反规范之间作出选择的人。它不想对任何人进行威慑，无论是公众还是受害者。它的目的是在总体上强化民众“一般的法律意识”。[①] 积极的一般预防理论虽然客观上通过行为否定及其法律后果的宣告起到了一定的震摄作用，但威慑并非立法者的意图所在，通过规范重要性的提示防止一般公众犯罪、减少再犯才是其根本目的，即指向预防的理念。维护法规范的权威并不意味着将人视为工具，而恰是将人视为目的。人们让渡部分的权利、自愿忠实于法律，是为了实现更大限度的自由。违反刑罚规定会受到刑罚处罚，这是基于平等社会中公众自愿建立起来的规则的约束而得以实现的，谁在有选择余地的情况下主动破坏了规则，就应当得到社会共同体的否定评价。由此可见，受刑罚处罚实际体现了人的社会属性，同主体意识相联结。

根据社会契约论，人们在组成国家之前生活在一种“自然状态”中，每个人都天然享有各种“自然权利”。但是，这种自然状态本身却还不能为人的自然权利提供可靠保障。自然权利若不能得到法律的约束和保护，极有可能遭到侵害。为了进一步保障“舒适、安全和和平的生活”，人们出于理性的考虑，通过缔结契约的方式，将自己的部分权利让渡给国家和社会。基于社会契约论的描述，也可对积极一般预防的“工具化”评批进行审视、反驳。在制定契约时，个人权利的让渡是为了保障更大的利益，包括安全、秩序等，同理，对法秩序的忠诚并不意味着将人工具化，而是为了维持法规范的实效性，使得公民能获得更大限度的自由。若说一般预防的消极面是“杀鸡儆猴”，以个例警示全部，那么一般预防的积极面是“真诚流露”，通过规范的警戒防患于未然也是符合全体国民利益的。当面对恶法之治时，人们有权利对立法的正当性提出疑问，此即公众意愿的表达，亦是对主体性的证成。规范的维护并不是维护其形式本身，更重要的是维护公众对规范正当性的认同。从深层次来说，公众遵循的是自己的内心意愿而非规范本身。因此，积极的一般预防取径规范有效性的确认，刑法规范须遵循公众意愿，由此可以避免将人作为工具的功利性窘迫。

---

① 周光权：《行为无价值论与积极一般预防》，载《南京师大学报》2015年第1期。

（三）行为无价值论的体现

积极的一般预防论以肯定行为规范的重要性为前提。法国社会学家埃米尔·涂尔干（Emile Durkheim）认为，今天的刑罚已经从单纯的报复转变为抵偿，通过报应实际上要达到保卫社会的效果，从而确保集体意识不受侵犯，保证行为规范的有效性。刑罚适用一方面是为了向社会宣示这种触法行为是不值得学习的，是应当被谴责的；另一方面是为了申明守法的正确性，遵守法律的行为是值得表彰的。可以看出，涂尔干的基本刑罚思想是要从报应中产生积极一般预防的效果。犯罪人对法规范的违反，一方面削弱了公众对法规范的信赖，另一方面侵害了法益。在积极的一般预防论者看来，刑罚是对规范违反行为的确认和反击；利用刑罚处罚个人，是规范效果的投射。如果想要让刑法达到保护法益的效果，就只能让刑法针对未来的、尚未发生的事件发挥作用；只有透过刑罚对未来产生预防的效果，才能达到保护法益的目的。

结果无价值论所倡导的只有在发生了实害结果之后才能考虑行为违法、才能启动刑法处罚的观念已经落伍。随着风险社会理论被广泛探讨，恐怖主义犯罪、有组织犯罪、网络犯罪、环境犯罪等研究的不断深入，一旦风险成为现实，可能会造成无可挽回的巨大损失。预防风险向现实结果转化，也成为刑法所追求的重要价值。为实现对于法益的全面保护，同时为了实现一般预防，强调规制具有法益侵害危险性行为的行为无价值论逐渐成为有力学说。行为无价值论认为，只要行为违法，就可以断定具有违法性，而不用等到结果最终发生，即从事后处理型刑法观转向事前预防型刑法观。积极的一般预防和行为无价值论在逻辑上具有契合性，行为无价值论的理论核心和积极一般预防主义的“规范有效性”正好吻合，适用刑罚和规范有效性认同之间、对背离规范的惩戒之间具有紧密的互动关系。[①] 从一元的行为无价值立场出发，对犯罪本质的解释就必须从规范违反说入手，违法性的实质是违反法秩序或者法规范。法律对具体个人的保护，不是为了保护法益，而是保护“对利益的侵害不应发生”这样一种期待。二元的行为无价值论是对一元行为无价值论的修正，其尽可能地告别道德主义的影响，并同时考虑新规范违反说和行为的法益侵害导向性说，而且将行为的法益侵害导向性说置于优先

---

① 孙道萃：《积极一般预防主义的理论逻辑与中国话语》，载《河南财经政法大学学报》2016年第2期。

考虑的地位。[①] 二元的行为无价值论不再割裂规范保护和法益侵害，明显更具有合理性。由此，基于刑罚法规对违法行为的提前告知，公众有了行为指引的基本遵循，违反法规范设定的行为基准的行为就具有违法性，对法益侵害的危险性也属于触法行为。与此同时，这种违法性判断有助于帮助公众树立起这样的意识：当其在未来处在行为人的地位时不会实施相类似的行为，从而实现一般预防的效果。这种违法性的认识和积极一般预防的取向不谋而合，只要坚持二元的行为无价值论，就应当肯定积极一般预防理论的意义。

（四）具有开放型理论特征

部分学者质疑积极一般预防理论正当性的理由在于，积极一般预防的效果无法通过经验加以证明。然而，经验有效性尚需验证，并不意味着积极一般预防有效性的缺失。经验有效性的验证实际上是一个长期的试错过程。只有在观测刑罚的应用事实及其效果的过程中，才能确认“试错”结论是否和规范预设相悖。将侧重点由经验有效性转向规范有效性是积极一般预防的特点所在，该理论在追求维护所有人的共同自由的价值上是妥当的，和其他刑罚正当性根据理论是可以兼收并蓄的。积极的一般预防理论是二元行为无价值论在刑罚正当性根据上的体现，因而具有解释力和周全性。诚然，积极的一般预防理论并非一种完美的理论，面临诸多质疑。但其具有报应理论和特殊预防理论所不具有的开放性，后两者可以在具体的情况下发挥辅助作用。具体而言，一方面，在个案处理中必须首先明确行为的性质，让公众明白犯罪人的某行为违反了法规范，实施这样的行为是不对的，会受到刑法的否定评价。规范对此发挥效力并加以制裁，以防止此类行为在未来重演，从而体现了积极一般预防理论的要求。另一方面，如果承认积极的一般预防同样针对犯罪人本人，意在让犯罪人明白规范的有效性和不可违反性、树立起守法意识，则自然在个案的裁量当中要重点考虑行为人责任的大小。因此，具体考察特定行为人的具体情况并非对积极一般预防的背弃，反而有利于更好地实现积极的一般预防。

积极的一般预防理论为比例原则的介入留有余地。与其一味地否定和批判积极的一般预防理论，不如对其进行改造和限制。有学者指出，以积极的一般预防理论为内核，结合经验性研究的结论，同时结合比例原则，刑罚遭

① 周光权：《新行为无价值论的中国展开》，载《中国法学》2012 年第 1 期。

遇的正当性危机就有望得以解除。[1]将宪法中的比例原则引入司法裁量，以合理划定犯罪的量刑基准，摆脱量刑对责任刑的纯粹依赖。根据二元行为无价值论的观点，刑罚必须同时受到责任和预防必要性的制约，即责任刑与预防刑之分。一方面，刑罚的严厉性应当同责任的程度相匹配，因此故意犯罪的刑罚严厉性应当较过失犯罪更重。另一方面，在行为造成的损害较轻，没有预防必要时，可以不科处刑罚；而在预防必要性较小的情况下，基于有利于犯罪人改造和社会化的考虑，可以在责任刑以下判处刑罚。亦即，采取以责任刑为基础、以预防刑为调节的量刑方法。积极的一般预防理论在解决经验有效性上提出了有益方案，有助于缓解刑罚的正当化危机。在周全性上，又彰显了公众意愿的重要性，凸显出公众的主体地位。积极一般预防理论的开放性，为其他理论的注入提供了空间。积极的一般预防虽难以独自承担刑罚正当性证成的重任，但其既和行为无价值论有着深厚的理论关联，又和比例原则具有方法论上的承继性，是一个富有生命力的理论。

四、未摒弃对象征性立法的批判

对积极刑法观滑向象征性立法、走向工具主义的指摘，多基于刑事立法对社会现象回应之表象。有必要澄清象征性立法的内涵，划清积极刑法观和象征性立法之间的界限。应当看到，回应民意的立法并不必然就是象征性立法，积极刑法观并未摒弃对象征性立法的批判力，恰恰相反，仍将象征性立法作为批判立法的工具对刑事立法的正当性进行检视。

（一）象征性立法概念与范围的澄清

象征性立法的概念可以追溯到 20 世纪 80 年代德国及瑞士学者对立法的反思和批判，主要是在捍卫刑法的目的理性，反思立法的正当性及有效性的背景下提出并展开广泛讨论的。瑞士学者皮特·诺尔（Peter Noll）认为，象征性立法是不能满足有效性要求的立法形式之一，自始即不追求事实上的有效性而是以其颁布实现其他社会效果的立法。德国学者克雷姆斯（Krems）指出，如果立法只是为了作一份规范申明，其规范的目的只是国家期待在社会大众之间形成一定的合法与不法意识，实质上并不想影响任何个人的行为取向，那么这样的立法就是象征性立法。罗克辛直言，象征性刑事立法不是

① 陈金林：《刑罚的正当化危机与积极的一般预防》，载《法学评论》2014 年第 4 期。

服务于法益保护，对于保障和平的共同生活不是必要的，但为了谋求刑法之外的目的，就像安抚选民或者表达国家自我姿态的法律规定。[①] 由此可见，学者对象征性立法的概念界定多偏重于立法目的，即出于申明规范、回应民意、实现政治或者社会层面效果的立法。与此同时，也关注到了象征性立法的客观机能，象征性立法并不追求法益保护机能的实现或者说在法益保护上是有所欠缺的。哈斯默尔认为，具有批判意义的象征性刑法是指潜在机能超过显性机能的规范；其中，显性机能是指法益保护，而其潜在机能则是多种多样的。虽然立法者在制订象征性立法的过程中通常会表现出一定的动机，但不能将这种追求象征性价值的主观动机作为认定象征性立法的根据。因为批判立法并非是为了谴责立法者，立法者作为一个模糊的集体，无法承担责任，也不会从批评中感受到压力；好的制度是进化、优胜劣汰而非立法者刻意设计的结果。判断是否是象征性立法的根据只能是立法的客观机能，即是否承担了法益保护和人权保障的刑法功能性目的。若是对法益保护和人权保障机能背离，将刑法作为调整国家和民众关系的政策工具，立法只是为了满足民众的安全需求或者安抚公众的情绪，则应当将其归为象征性立法，借助象征性立法这一批判性工具否定其正当性。

象征性立法不同于刑法的象征性。指引人们不为一定的行为并指出实施这类行为会触犯的恶果，就是刑法象征性的体现。只要承认刑法具有行为规制功能，就应当承认刑法将一定的行为规定为犯罪并给予刑罚处罚，本身就表明了该行为为刑法所禁止。而与之不同，在长期的争论过程中，象征性立法已经固定为一个带有贬义色彩的专有名词。从客观机能的范围进行考虑，对象征性立法的范围就应当有所限定，并非所有安抚公众情绪、回应民意的立法都是象征性立法。象征性立法是以象征性为唯一追求，而不考虑法益保护和预防需要，缺乏法益保护机能而仅以价值认同为存在根据的罪刑规范。在程度上，应当以绝对主义为基调，即象征性刑法是除了象征以外别无任何其他意义的刑法；在成立条件上，象征性立法的成立应当同时满足：完全没有法益保护机能且象征属性欺骗地掩盖了其正当性的不足。但长期以来对象征性立法的概念界定不清，导致有学者认为，象征性立法的含义在于，立法者将刑法作为回应社会问题的速效手段，追求的是通过增设罪名安抚公众情绪，而不关心该罪刑规范是否真正能够预防、遏制该种犯罪行为。就

① 陈兴良主编：《刑事法评论》，北京大学出版社2007年版，第155页。

此，有学者将我国现行的恐怖犯罪立法、网络犯罪立法，甚至环境犯罪立法归属于所谓象征性立法，就存在扩大象征性立法的概念外延而不当批判的嫌疑。

（二）积极刑法观象征性特征的分析

立法必然指向某种社会现象，一定时期内实践经验的总结和提炼也需要通过立法的形式予以转化。民意和舆论虽然可能裹挟着不理性的因素，但公众被侵害的法感情也能在一定程度上反映出行为的社会危害性和一般预防的必要性。积极刑法观所主张的犯罪化是适度的，被推到立法者面前的这些社会现象，是否有依赖法律统一规制的必要性，是否有必要借助手段最为严厉的刑法，都必须通过一定的标准进行筛选。

1. 回应民意的立法并不必然就是象征性立法，而应当重点考察行为是否有侵害法益的危险和法益保护的必要性。被学者归入象征性立法的诸多刑事立法例或许根本就不是象征性立法，而将立法目的停留在姿态、情绪等所渲染的表象，可能荫蔽了真正的识别标准和立法的真实依据。有学者指出，刑法象征性立法的识别标准，一是要从经验事实层面上看，某种行为是否具有个案发生的现实可能性；二是要从内在价值层面上看，行为是否具有值得刑事处罚的新的法益侵害性。若兼具事实发生的已然性和法益侵害的应受刑罚处罚性，则属于务实型立法，断然不属于象征性立法之列；若顺应事实发生的现实可能性和法益侵害的应受刑罚处罚性，则属于前瞻性立法，“备而不用”亦具有立法上的正当性。象征性立法的提出初衷就是为了反思和批判立法的正当性，既然如此，对某种行为立法要免于象征性立法的批判，就只能在实质标准上证成某种行为有受到刑罚处罚的充分理由。刑法的任务是保护法益，因而对立法的批判就必须围绕法益保护的内容展开。

基于上述分析，可以对回应社会热点的象征性立法进行正当性的检视。一是在公共安全领域，对体感治安的维护针对的不是个人法益，而是不特定多数人利益的集合。新型犯罪法益的集合性决定了不能再以古典自由主义的个人主义法益观来约束新的犯罪事实，在面临日新月异的社会现实时，个体化和孤立化的法益观已力有不逮。抽象危险犯的保护模式并不违背法益保护原则，集体法益也具有需保护性。立法者增设新罪并非纯粹为了安抚公众的不安情绪，也并非将刑法作为抗制畏惧感的工具，而是存在客观的法益保护内容和需保护性。二是在卫生健康领域，食品安全无疑是公共安全最为重要的组成部分，同个人的生命和健康法益紧密相连。增设食品、药品监管渎职罪是对食药安全保护环节的周延保护，基于食品药品安全风险控制的需求，这种立法上的适度扩张是必要的。当然，食品药品监管渎职行为刑事可罚的本质在于对食品药品安全的危害，而不是单纯的行为规范违反。其中的滥用职权和玩忽职守行为应当至少具备危害食品药品安全抽象危险。至于生产、销售、提供假药一罪对“假药”定义的删除，正是为了将“形式假药”排除出刑法中“假药”的认定范围，“实质假药”的判断恰是遵守法益保护要求的体现，和象征性立法的法益稀薄化是全然相反的两个方向。三是回应公众法感情的立法也不必然等同于象征性立法。“蜡笔小球”等侵害英雄烈士名誉、荣誉的行为，不仅侵害了英雄烈士的名誉和荣誉，也伤害了社会公众的民族情感，损害了社会公共利益。对伤害民族感情的行为的宣示并非是纯粹的规范申明，而是关系到国家存在的精神根基，属于维系国家和社会的正常运作的重要的公共利益。而对基因编辑等技术风险的抗制顺应了公众的伦理观念，但其不仅和基本的医疗管理秩序相关联，还关涉人最基本的尊严乃至生命利益。四是针对新型犯罪的补漏型立法，立法者同样需要针对新犯罪事实的社会危害性及其法益保护的类型展开进一步的论证。从民意到刑事立法，应保持审慎态度，立法补漏仍存在一定的筛选和过滤机制。

2. 立法的象征性与司法的实效性是两个层面问题。象征性刑法批判论认为，恐怖犯罪、网络犯罪罪名在判决中的适用数量较少，实质效果欠佳，使得刑事立法徒具象征意义；而环境犯罪虽然刑事判决多，但环境刑事立法难以发挥实效，对于生态风险的治理效果欠缺，仍是象征性刑法的典型适例。这种观点实际是将司法的实效性和立法的正当性予以简单等同。无论恐怖犯罪、网络犯罪还是环境犯罪，在我国并非是立法规定上虚设、司法适用上静默的犯罪。① 罪名在司法判决中适用较少不意味立法只具有象征性意义，反而正是立法规定之后犯罪治理效果得到改善的体现。而仅从环境犯罪案发数量以及环境刑事立法对积极一般预防理论的贯彻、法益保护的早期化现象来批判其象征性，忽略了环境犯罪本身的复杂性。环境犯罪的法益侵害性、犯罪现象持久性以及环境犯罪自然犯属性的强化，都导致将环境犯罪视为象征性立法难以接受。

3. 将象征性立法作为批判工具符合积极刑法观适度犯罪化的立场。积极

---

① 田宏杰：《立法扩张与司法限缩：刑法谦抑性的展开》，载《中国法学》2020年第1期。

刑法观并未摒弃它对增设新罪的批判能力，如果一项新的犯罪化立法无法保护国家合法利益，过于模糊或者过于宽泛，从而仅仅具有象征性功能时，积极刑法观也可以对其展开批判。具体而言，若刑事立法能够满足社会的需求且能有效运行的，立法的实用性和工具性得到了统一，这样的立法就应当予以肯定和保留；另外，若刑事立法为了追求象征性价值或者社会需求的满足，而无视刑法的核心价值的，对这样的立法就应当予以批判和摒弃。如高空抛物罪和妨害安全罪的设立，其实是对司法实践中将不少高空抛物行为和妨害安全驾驶行为简单认定为以危险方法危害公共安全罪的否定。两罪是对与放火、爆炸、决水等行为不具有相当性的、轻度危害公共安全行为的规制，刑法一方面发挥了社会治理机能，另一方面又最大限度地实现了罪刑均衡，具有实质正当性。此外，通过增设催收非法债务罪这一轻微犯罪，对以暴力、软暴力等手段催收非法债务的行为进行规制，实际上是对原有司法解释将其认定为寻衅滋事罪这一重罪做法的纠正。积极刑法观追求的是合理且必要的犯罪化，在这一过程中，象征性立法就可以作为批判立法的工具发挥检视作用。上述适例是不属于象征性立法的正向例子，而现有的立法中也存在少量有待商榷的象征性罪名，如冒名顶替罪的规定。冒名顶替罪保护的法益为“社会资源的公平分配秩序”①，公平作为刑法所保护的基本价值之一，这一具体法益的确定能够说明该罪设置的内在合理性。顶替他人取得的高等学历教育入学资格、公务员录用资格、就业安置待遇都属于对他人具有完全人身依附性和独占性资格的侵犯。但是，冒名顶替行为发生的时代背景多为20世纪90年代及21世纪初；冒名顶替的行为得以发生，和当时信息闭塞，在领取录取通知书、入学报到、档案户籍伪造上存在太多可人为操作的漏洞密不可分。而在当下信息网络时代，随着个人信息网络化和学业考试信息、档案户籍信息的可查询化、透明化，冒名顶替行为几乎没有容身之地。增设此罪难以实现刑罚报应和预防的目的：一方面，对于新法颁布前已经超过时效的旧行为，该罪名不存在适用的空间，使得报应目的落空；另一方面，在信息网络时代，冒名顶替行为难以发生，通过增设新罪预防犯罪的发生似乎是一个伪命题。客观来看，刑法在其中发挥的社会治理作用已经完全偏向于安抚公众情绪和回应民意，不具有法益保护的实益，从而落入象征性立法的窠臼。

---

① 冯卫国、方涛：《预防性刑法观视域下冒名顶替罪的法教义学阐释》，载《政法学刊》2022年第4期。

第六章 积极刑法观的合理限度

积极刑事立法增加了有效的规范供给，具有积极意义，但是，也不能忽视潜藏在积极扩张势头下的风险。仅分析相关的理论及其质疑还远远不够，如何对体系性风险进行防范和控制，以使刑法更好地服务于社会治理，是下一步要深入讨论的重要课题。把握积极刑法观的合理限度，不仅要在立法层面发力，更新优化立法的理念和方法，还要从司法层面着手，坚持司法审慎的观念，合理、妥当地解释刑法条文。

第一节 立法层面的优化方法

积极刑法观立法在理念上强调积极的一般预防，主张增设一定数量的轻微犯罪，导致了刑法规制范围的前置化和扩张化。刑事立法对于过度积极的犯罪预防，应当反思其边界。立法犯罪化根据应当体现法治精神，并确认其最终意旨是保护公民自由和为公民谋求幸福。积极刑法观在立法层面的应对之策应当结合宪法原则和刑法基本原则，具体从以下几个方面展开。

一、坚持以宪法框架为前提

刑法积极回应社会生活，不仅会在原本不被认为是利益或者原本不会被侵害的利益，现在却是重要的利益并受到了严重侵害时扩大法益保护范围，还可能为了追求处罚的实质妥当性而提高部分犯罪的法定刑。这种犯罪圈的扩张或者重刑化的倾向都会增加对公民基本权利的限制。作为国家的根本法，宪法集中规定了公民所拥有的最基本的权利，其内容包括政治权利和自由、人身自由和宗教信仰自由以及社会经济权利和文化教育权利等。因而，引入宪法教义学的约束具有重要意义，积极刑法观的立法必须坚持以宪法框架为制度前提。结合人权原则、平等原则、明确性原则、比例原则的要求，其基本目标是，防范刑法的工具化主义，消解刑法的道德化风险，合理控制刑法的规制边界。

运用宪法意义上的公民基本权利对刑事立法进行合宪性控制，以免刑法侵犯公民的基本权利，可以使刑法在社会转型过程中保持理性而不是盲目地被动适应。立法者的刑事政策判断必须受到宪法的约束。特别是，宪法的基本权利被看作“客观价值秩序”而辐射一切法领域，刑事立法者因此负有保护义务，有义务通过刑法规范的制定和修改，保护基本权利免受侵害。[①] 对人们一定权利和自由的约束是为了实现更大的自由和发展。在积极刑法观的背景下，刑事政策和罪刑法定原则的冲突就表现为两种以上宪法价值的冲突，而承载着自由价值的罪刑法定原则在这种价值衡量之中就更理所当然地被赋予了优先性。罪刑法定原则既是一项刑法原则，也是一项宪法原则。之所以将罪刑法定原则视作刑法的铁则，其背后的根源在于民主主义和尊重人权的思想，因而具有充分的宪法上的根据。

法益概念被视为刑法中最为重要的概念之一，其核心内容是自由，近代宪法的基础是自由。它不仅是自由法制的体现，也是自由主义的产物。刑法应当尽可能尊重公民的基本权利，当有必要用刑法限制基本权利时要确保其在宪法框架下进行，这一要求就必须借助实质的法益概念。换言之，刑法应当确立以宪法规范为基础的法益概念。在实质标准上，不含基本权利或者不以服务基本权利为目标的利益就不能视为刑法法益。在功能分化的现代社会，宪法规定的基本权利表达的是人们在社会交往中的规范性预期，奠定了社会功能子系统自主运作的基础和保障。[②] 当刑法对社会生活中发生的新事件、产生的新问题，直觉性地作出反应时，首先应当谨慎考察上述社会事实是否侵犯了宪法所规定的基本权利。若刑法保护的对象是包括秩序、安全在内的集体法益，就应当对其作出限制。亦即，刑法规制侵犯了这类利益的行为必须是为了服务于基本权利的实现，且系为实现个人的自由发展所必要的手段。

总体来看，约束积极立法在宪法的框架内运行，可以从正向和反向两个角度进行综合判断。一方面，就正向角度而言，要积极证成罪刑规范设置对公民基本权利保护的意义，将可还原的集体法益还原到个人法益，而对其他

---

① 张翔：《刑法体系的合宪性调控》，载《法学研究》2016 年第 4 期。

② 吴亚可：《系统论视阈下刑法立法观的当代中国选择及其展开》，载《政治与法律》2023 年第 10 期。

具有特别价值、但难以还原的集体法益进行妥当说明。目的上的正当性是刑罚权发动的基础前提。另一方面就反向角度而言，应当基于比例原则排除不具有手段上的正当性的刑法适用。刑罚如两刃之剑，用之不得其当，则国家和个人两受其害。若通过其他法律等控制手段即可实现预期效果，就不应当发动危害范围更大且程度更严厉的刑罚。比例原则作为限制国家公权力的宪法性原则，借助比例原则有利于实现科学立法。

二、捍卫刑法的谦抑性表达

有学者提出，当前我国社会治理中存在“过度刑法化”的“病态现象”，国家不适当地将刑法作为“社会管理法”看待。刑法范围过度化的质疑源于积极刑法观指引下犯罪圈的扩张。然而，即使是积极刑法观的支持者，也同样反对刑法工具主义和象征性刑法，主张刑法积极且“适度”地介入社会生活。刑法的谦抑原则仍然对刑事立法具有重要的指引性作用。要实现适度犯罪化的目标，就应当用谦抑原则约束刑事立法，在立法环节就牢牢“关紧水龙头”。一般认为，刑法谦抑的内容同时包括罪的谦抑和罚的谦抑，谦抑原则的贯彻就应当分别从这两个方面展开。

（一）罪的谦抑

在罪的谦抑层面，谦抑原则可以在限制犯罪化与处罚早期化上发挥重要作用。刑法的制定是为了保护法益，但法益保护的任务不可能由刑法单独完成。在国家的法益保护体系中，基于保护力度和保护方法上的差异，不同的法律对同一法益发挥着强制力不同的保护作用，而刑法保护是其中强制力最强的法律保护。尽管人们都希望获得最刑法的保护，但这种期待是不切实际的，刑法的保护意味着国家和社会要付出更高的成本和代价。如果通过其他法律的保护也能达到法益的目的，那么就不需要动用最刑法的保护。因此，在立法层面，刑法强调作为二次性规范，刑法不应“越位”立法，而应当保障其他社会治理措施的优先地位。从立法修正的历程来看，刑法所新增的犯罪以法定犯为多数，而法定犯以违反行政法规为前提，这就决定了要充分发挥行政法规的前置调整效果。

以非法吸收公众存款罪为例，其前置法依据是《非法金融机构和非法金融业务活动取缔办法》（以下简称《取缔办法》）（2021 年 5 月 1 日废止，取而代之的是《防范和处置非法集资条例》）第 4 条和第 27 条。但是，根据 2010 年《最高人民法院关于审理非法集资刑事案件具体应用法律若干问题的解释》的规定，对非法吸收公众存款和变相吸收公众存款行为特征的认定，从“承诺保本付息”扩展到“给付回报”，将“公众存款”简化理解为“社会资金”，这种解释结论明显突破彼时作为其前置法的《取缔办法》所划定的解释边界。由此导致非法吸收公众存款罪的规制范围更宽，刑法对金融风险的回应已不当入侵到行政监管领域，刑法成为守护金融秩序的“急先锋”。此外，兜底条款的滥用容易带来过罪化。兜底条款本质上属于不明确的罚则，是立法者为了弥补成文法的局限，堵截法律漏洞所运用的一项立法技术，为了维护罪刑法定的明确性，应当将其设置限定在极小部分特殊的犯罪之内。因此，在积极适应社会生活的过程中，刑法应当避免通过设置数量庞大的刑法兜底性条款来解决问题。具体而言，应当减少刑法和前置法形成“双重兜底”的立法，杜绝司法解释对刑法兜底的“再兜底”。若刑法立法未能慎重考量兜底条款的设立必要性，则无疑会侵蚀刑法的人权保障机能。在有设置刑法兜底条款的必要性时，也应当兼顾和前置法规定的协调。

对于处罚早期化问题，坚持刑法谦抑原则就是要反对将尚未达到可罚程度的法益侵犯行为纳入刑法的调整范围。抽象危险犯的立法和刑法的提前介入，需要仔细论证其对于法益保护的必要性。《刑法修正案（十一）》新增的妨害药品管理罪将“未取得药品相关批准证明文件生产、进口药品或者明知是上述药品而销售的”作为妨害药品管理秩序的行为类型之一，同时附加了“足以严重危害人体健康”的要件，体现了对抽象的药品管理秩序法益和具体的个人身体健康法益的双重关注。如果行为仅妨害药品行政管理秩序，但对人体健康法益没有侵害或者侵害危险的，就只能认定构成行政违法而非构成刑事犯罪。在处罚早期化问题上，对谦抑原则的坚守就是要将不具有重大风险或者不可能造成重大危害后果的行为排除出刑法的规制范围，防止刑法的触角过度前伸。

（二）罚的谦抑

在罚的谦抑层面，谦抑原则可以制约积极刑事立法的重刑化趋向。正如贝卡里亚所言，刑罚的有效性不在于刑罚的残酷性，而在于刑罚的及时性和不可避免性。“严而不厉”的刑法结构是对谦抑性的贯彻，刑事立法的发展方向也应当朝着轻刑化的方向发展。近年来刑法的修改共计废除了 22 个罪名的死刑，在一定程度上促进了刑罚的宽缓化；自《刑法修正案（九）》颁布以来，在个罪的刑罚配置中，罚金刑所占的比重越来越大，适用方式也呈现多元化特征。但不可否认，我国目前刑罚结构仍存在死刑罪名过多、以自由刑为主体、非监禁刑地位较低且供给不足等情况，难以适应轻微犯罪为主的新时代犯罪治理要求。[①] 由前文对有关刑罚的修正趋势的统计可以得知，刑罚修正的重刑化和轻刑化的比重接近2：1。刑法修正中轻刑化的表现主要包括废除部分罪名的死刑、对部分罪名增设轻刑化适用条款（如增加非法吸收公众存款罪积极退赃退赔可从轻或者减轻处罚的条款）以及降低法定刑（如将非国家工作人员受贿罪的第一档法定刑由“5年以下有期徒刑或者拘役”降低到“3年以下有期徒刑或者拘役”）。积极刑法观下“严而不厉”刑法结构的建构和完善，势必要借助谦抑主义审慎配置法定刑，反对一律的重刑化。通过刑罚“质”的优化和“量”的缓和，推崇刑罚的轻缓化，只有例外情况下才能提升原有犯罪的法定刑。

三、贯彻法益保护原则

早期的行为无价值论和结果无价值论的论争，和对违法性本质的理解是规范违反还是法益侵害可以得到大致对应。晚近以来，以周光权教授为代表的新行为无价值论的提出，旨在尽可能地告别道德主义的影响，并将行为的法益侵害性放在优先考虑的地位。将处罚的根据求之于行为人违反行为规范，同时引入法益的视角，使得行为无价值论成为和保护法益相联系的概念。这一意义上的行为无价值论和结果无价值论的差异已经很小。而这种法益侵害导向性的论述有助于消弭结果无价值论和行为无价值论的对立，并进一步揭示了将法益作为刑罚正当性前提的重要性。法益概念可以作为判别行为是否需要入罪化的实质依据。一方面，判断某一行为是否需要动用刑法进行规制，就是要从实质上考察该行为是否具有法益侵害性和需保护性；另一方面，法益保护原则可以检验刑事立法中对抽象法益的保护、处罚的早期化以及刑罚的设定是否具有合理性。因此，在立法批判层面，法益一直被认为具有不可替代性。

犯罪的本质是侵害法益的行为，行为只有对法益造成侵害或者产生现实的危险时，才有动用刑法处罚的必要。积极刑法观立法增设了大量的轻微犯罪，轻微犯罪行为和一般违法行为之间的界限模糊，一定程度上造成了法益识别的困难。虽然全体法秩序共同保护法益，但由于刑法保护的往往是人

---

① 卢建平、张力：《如何实现刑罚在质上的谦抑》，载《检察日报》2021年9月1日，第3版。

类生存生活中最重要的利益，因此刑法法益应当同其他部门法的法益有所区别。[①] 坚持法益的立法批判机能，就应当将实质的法益概念引入刑事立法，为立法的正当性提供根据。实质法益概念的宪政基础在于其以自由价值为中心，个人法益保护的是个人的核心利益，而集体法益保护的是社会生活中能够促进众人普遍自由发展及基本权利实现的制度条件。在积极刑法观大量增设新罪的背景下，应当借助实质的法益概念检视个罪增设的合理性，抑制刑事立法的冲动可能导致的刑罚处罚泛化。

（一）防止处罚范围过度扩张

针对刑事立法中出现的处罚的早期化现象，应当通过法益保护原则防止处罚范围过度扩张。《刑法修正案（八）》增设的危险驾驶罪、《刑法修正案（九）》增设的准备实施恐怖活动罪等，属于典型的处罚早期化立法。处罚的早期化实际上是将危险行为规定为犯罪行为，对危险行为的提前处罚并不意味着放弃了法益保护原则，恰恰相反，需要借助法益保护原则对处罚何种程度的危险进行实质判断。抽象危险犯作为刑罚早期化的重要立法模式，其设置的正当性一直饱受争议。抽象危险犯是对法益提前且更为周延的保护机制，处罚抽象危险犯不仅不违反法益保护，反而更贴合法益保护原则，其关键在于如何对抽象危险犯进行正当性审查。德国学者沃勒斯指出，对于抽象危险犯正当性的评判应当具体根据不同的刑法规定来进行单独评价，单以法益保护功能来论证其正当性并不充分。抽象危险犯所导致的刑罚前置化特点使其对于公民自由的权利进行了更大程度的限制。因此，当考虑抽象危险犯设置正当性时，应当对法益的保护和自由的保障进行衡量。具体而言，一方面要考虑其保护法益的特殊功能，另一方面还要考虑该法益的保护是否对公民正当权利的限制超过必要限度。法益保护无论再怎么前置，也不应对公民基本权利造成不应有的剥夺或者损害。

若某一行为根据一般社会生活经验，一般或者典型地会导致侵害法益的危险，则可以将该类行为的禁止性门槛适当前移至行为的实施阶段。然而，仅凭纯粹的经验分析并不足以作为对某类行为进行规制的充分理由，立法者在增设某一抽象危险犯时理应经过严谨的实证论证过程。在内容上，应当将其设置局限在容易造成巨大影响和严重危害后果的领域，且尽量将法益还原

① 欧阳本祺、秦长森：《积极刑法观的实践修正与功能完善》，载《东南大学学报》2023 年第 2 期。

为具体的个人法益。只有当行为的抽象危险容易现实化为实害，行为人基本上不可能控制危险的现实化时，才能将该危险行为规定为犯罪。在程序上，有必要充分展开经验调查，以确保作为刑法介入根据的法益侵犯危险是一种现实而不是一种纯粹的主观臆测，如通过经验分析确保刑法拟处罚行为和法益损害之间的因果关系。

（二）防范对制度保护过度推崇

针对刑事立法中出现的集体法益的扩张现象，应当通过法益保护原则防范对制度保护的过度推崇。有学者指出，刑法的发展虽然是积极的，但刑法不能也不应放弃法益保护主义的立场。现代社会虽然凸显了集体法益的保护需要，但集体法益的保护仍需要和个人法益的保护相勾连，纯粹的行政秩序利益一般不应成为刑法的保护对象。[①] 还有学者认为，在将集体法益纳入刑法保护体系时应当遵循法益侵害实质化和宪法比例原则，避免因集体法益的抽象化和入罪标准的降低而导致刑法法益保护原则的虚空。[②] 界定集体法益的保护范围，可以从价值重大性、真实性和明确性三个标准进行限定，避免集体法益适用的泛化。首先，集体法益必须具有价值意义上的重大性。刑法不能事无巨细地对所有法益进行保护，只有对重大法益的侵害才值得动用作为“最后一道防线”的刑法。而衡量某一法益是否具有价值意义上的重大性，需要以个人利益作为基础和目标。当侵害集体法益会对个人利益造成巨大损害时，集体法益才具有价值意义上的重大性，才需要动用刑法对其进行保护。集体法益必须返回到人的利益或者说至少要和人的利益相关联，才能获得刑法保护的入门资格。《刑法修正案（八）》虽然将污染环境罪“造成重大环境污染事故，致使公私财产遭受重大损失或者人身伤亡的严重后果”的结果要素修改为“严重污染环境”，似乎取消了对生命健康法益侵害的要求。但是，理论界通常认为生态法益的保护最终是为了保护人的利益，最终必须和人的法益具有关联性，不能还原为人的生命、身体、健康、自由、财产的环境法益，必须从生态学的人类中心的法益论中予以排除。[③] 其次，集体法

① 孙国祥：《积极谨慎刑法发展观的再倡导》，载《西南民族大学学报》2021年第9期。

② 刘艳红：《积极预防性刑法观的中国实践发展——以〈刑法修正案（十一）〉为视角的分析》，载《比较法研究》2021年第1期。

③ 张明楷：《污染环境罪的争议问题》，载《法学评论》2018年第2期。

益的保护必须具有真实性。集体法益具有抽象性、模糊性特征，以保护抽象的社会秩序为名，极容易导致犯罪圈的不合理扩张，因而，应当区分"真正为了个人利益存在的集体法益"和"纯粹为了集体利益存在的集体法益"，后者应当排除在刑法的保护范围之外。集体法益的真实性突出体现在个人对社会生活体系的参与和互动，这种参与和互动值得刑法的保护；具体又包括法益使用上的包容性（可以为所有个体所使用）、消耗上的非冲突性（可供所有的个体互不冲突地享用）以及不可分割性（所有个体只能整体地享有这一利益），上述三个特征共同组成了集体法益的真实性内容。最后，集体法益必须具有明确性。集体法益是为保护个人法益而存在的，故其创设必须防止片面强调抽象的集体而忽视现实的人，以及见物不见人的偏向。[①] 将集体法益尽可能还原为具体的个人法益是一种限制路径，另一种明确路径则在于强调集体法益和个人法益之间的"实质性关联"。集体法益的损害只能从对具体且特定的个人法益的损害中去找寻，集体法益一旦受到损害，个人法益也无法从中幸免。和个人法益的关联太过遥远的集体法益不能成为刑法上的保护对象。如行为人销售具有实际疗效只是未取得行政部门许可而进口的真药，由于销售行为仅侵犯了药品行政管理秩序，而这种秩序法益无法和个人的生命、健康法益产生直接性关联。因此，将此种场合下的药品管理秩序也作为刑法所保护的集体法益，并不具有和有质量瑕疵的"实质假药"同等的社会危害性，从而不具备作为刑法保护的集体法益的适格性。

四、引入比例原则的理性限制

谦抑原则是一种立法理念，但若只是宏观地谈定罪和量刑的方向，可能还难以发挥合理划定犯罪圈的功能；法益保护原则诠释了刑事立法规制正当性的实质内容，但法益内涵的抽象化和外延的扩张化使得法益的立法批判机能可能被高估。引入比例原则的方法论，不仅能够实现对刑法的发展和扩张进行合宪性控制的目的，还能够弥补谦抑原则、法益保护原则的不足。比例原则适当性、必要性和均衡性三项子原则之间细致的层次结构和规范的操作秩序为形成刑事立法的合理边界提供相对客观、明确的判断方法和标准，具

① 熊万鹏：《人权的哲学基础》，商务印书馆2013年版，第318页。

有重要的方法论价值。[①] 比例原则对刑事立法的约束力也可以从这三个方面展开。

（一）适当性原则

适当性原则的考察是检验刑事立法正当性的第一步。适当性原则要求国家所采取的公权力措施能够实现其所追求的目的。对于积极刑事立法而言，立法者将某一行为纳入刑法规制范围，必须有助于实现刑法预期的法益保护目的。在制定新的犯罪法律条文时，需要考虑新增罪名的保护目的是面向现实、具体的法律利益，而非纯粹为了规范宣示、安抚公众情绪。现代刑法的目的在于保护法益而非维护社会伦理。民众对于社会热点问题入刑的呼声不断，但包括增设通奸罪、见危不救罪、虐待动物罪、学术诈骗罪等罪名的呼吁，忽略了刑法保护法益的本质。刑法对仅违反社会伦理道德规范的行为贸然进行规制，导致刑法泛道德化，有违比例原则适当性的要求。

（二）必要性原则

应当考察适用刑法手段的必要性，充分考虑犯罪的需罚性。必要性原则的核心是对各手段之间作出比较取舍，以"最小损害"作为取舍标准。当其他部门法的规制就可以达到规制行为的目的时，就不应轻易使用刑法，以最大限度地减少对公民自由和权利的侵害。刑法作为最后的手段，是其他部门的保障法，不能作为社会治理的优先手段。刑罚作为社会治理最严厉的手段，不仅会对行为人的人身财产权利带来一定的限制或者剥夺，还需要耗费巨大的司法资源和社会成本，且不可避免地带来刑罚附随效果。在制造了相当数量犯罪人的同时，也会对犯罪人子女的入职政审、就业等造成不可避免的影响。由此观之，在刑罚和行政处罚的抉择中，动用刑罚难言属于达到规制目的的"最小侵害"和"必要手段"。

（三）均衡性原则

需要通过均衡性原则限制刑事立法的不当扩张。均衡性原则要求在国家行为对公民基本权利的限制程度和追求正当目的的重要性和紧迫性之间进行整体性的权衡，核心问题在于利益衡量。如果动用刑罚所引发的副作用及给公民造成的负担和其所增进的利益不相称，则有违均衡性原则。《刑法修正案（十一）》增设了侵害英雄烈士名誉、荣誉罪，旨在保护英雄烈士的名誉

---

① 陈伟、李晓：《积极主义刑事立法的理性限制：比例原则的植入》，载《河北法学》2020 年第 12 期。

权和社会公共利益。检视该罪的设置是否符合均衡性原则，可以发现，立法者通过该罪对公民的言论自由和艺术创作自由进行了一定的限制，而二者是宪法所规定的公民基本权利。从构成要件来看，该罪的成立不仅要求行为人损害英雄烈士的名誉和荣誉，还以行为损害社会公共利益及符合情节严重为必要。立法者为侵害英雄烈士名誉、荣誉罪配置了和侮辱罪与诽谤罪相同的法定刑，但是，侵害英雄烈士名誉、荣誉的行为不仅损害了英雄烈士个人的名誉，而且还损害了社会共同价值观念。英雄烈士是享有特殊称号的死者，其往往是社会共同价值观念的象征和社会集体情感的符号，故对其名誉和荣誉的维护也有社会利益的面向。① 对这种社会共同价值观念的公然蔑视极易强烈冲击国民的道德情感，构成对国民的严重冒犯，进而危害社会秩序的安宁和稳定。因此，该罪实行行为的法益侵害性甚至更甚于侮辱罪和诽谤罪，所作的罪刑规定并未超过均衡性原则所反对的对公民的言论自由和艺术创作自由的过度限制，仍处在合宪性和均衡性范围之内。

第二节　司法层面的限制路径

除了在立法层面要对积极刑法观的扩张进行约束和控制以外，在司法层面更需要准确地把握入罪的界限、合理解释刑法条文。积极刑法观理念下刑法为适应社会变迁而进行的频繁修正，是对规范稳定性、权威性的削弱，因而注重解释论层面的适用显得更为重要。面对积极刑法观的立法扩张，司法理念和解释方法都要因时而变，警惕刑法适用的“过度化”。

一、司法限制的总体要求

（一）贯彻罪刑法定原则

罪刑法定原则是当代刑法的铁则。积极刑法观在回应对犯罪圈扩张的质疑时，强调扩张的适度性。这里的“适度”就只能在罪刑法定原则的框架内进行，不能随意突破刑法解释的限度。

由于立法者存在难以克服的认识局限，语言表达也会受制于载体的有限

① 王钢：《刑法新增罪名的合宪性审查》，载《比较法研究》2021年第4期。

性等，随着社会的发展变化，立法往往会表现出一定的滞后性。通过制定司法解释以及运用各种解释方法成为增加刑法规范有效供给的重要路径。对于新出现的犯罪现象，司法主要通过制定司法解释的方式，兼顾裁判规范的统一性和行为预期的明确性。司法解释中的解释者和法律的关系，是一种“服从和被服从、描述和被描述”的关系，必须服从解释对象的权威，受解释对象的制约，负有忠实于解释对象的责任。从司法解释和立法原意的关系来看，司法解释可以对立法原意作出解读，但其只能是对立法原意的确认和深化，而不能以“创造性解释”之名、行类推之实。理论上认为，对于立法的不明确之处，司法只能进行符合规范保护目的的扩张解释，不能通过类推解释实现法律续造。当司法解释具有超越了解释范围的类推性甚至续造立法意图，即便可以求得及时惩治严重危害社会行为的客观效果，却可能使国家权力被恣意行使，进而压制公民的自由和权利，与罪刑法定原则的精义相冲突。部分带有“造法”性质的司法解释并未摆正自身的“解释”定位，企图将司法解释升级为既解释规则又创设规则的“准法律”，如对于拒绝执行卫生防疫机构依照传染病防治法提出的防控措施，引起新型冠状病毒传播或者有严重传播危险的行为，司法解释以妨害传染病防治罪定罪处罚，实际上已经是一种类推解释。虽然是司法机关面对现实关注安全需求的无奈之举，但已然是对罪刑法定原则的背反。

类推解释和扩张解释的区分是刑法教义学中一个老生常谈但却争议不止的话题。理论上一般认为，区分类推解释和扩张解释，可以借助是否超出文义范围、是否具有国民预测可能性等标准进行判断。但是，需要防范借实质解释之名进行类推适用的现象。如针对真军警人员抢劫的定性，张明楷教授认为，“冒充”包括假冒和充当，其实质是使被害人得知行为人为军警人员，所以，军警人员显示身份抢劫的，属于充当军警人员抢劫，从而就属于“冒充军警人员抢劫”而得以适用抢劫罪的加重法定刑。这种解释结论的初衷是周延法益保护、弥补此时只能适用该罪基本法定刑所导致的不均衡。但是，将真军警人员抢劫界定为“冒充军警人员抢劫”无疑已经超过了文义解释的边界，显然已属于类推解释而非扩张解释，司法人员在解释适用其他条文时，也应当重视把握文义的边界，保障国民对行为的预测可能。

（二）合理运用“疑罪从无”

在刑事立法积极主动地进行犯罪化和重刑化修订时，若司法权仍然侧重于扩张属性，主张“应打尽打”“能打尽打”，则刑事司法权和刑事立法权之间无法起到相互制约的关系。我国采取宽严相济的刑事政策，意味着当案件进入司法程序后，司法人员要准确把握“宽”与“严”的辩证关系。但是，在现实的司法实践中，我们仍然存在过度追求打击犯罪的严厉和重刑化的趋向。对于疑难复杂案件，特别是在法条的解释存在多种可能，或者虽法律适用明确，但事实不清、证据不足，无法达到排除合理怀疑的程度时，司法人员必须转变观念，从入罪思想转变到出罪思想，坚持“疑罪从无”的原则。坚持疑罪从无原则是维护人权和确保司法公正的重要方式，当既不能排除犯罪嫌疑又不能证明有罪的两难情况出现时，被控告的人在法律上不被认定有罪。近年来，一些冤假错案的披露和平反从经验层面证明了疑罪从无原则的生命力，其已成为纠正冤假错案的重要理由。2013 年，《最高人民法院关于建立健全防范刑事冤假错案工作机制的意见》规定，对于证据不足的案件，应当坚持疑罪从无原则，依法宣告被告人无罪，而不是作出留有余地的判决。积极刑法观下犯罪圈的扩张，必然导致案件数量的稳定增长。因此，司法机关在具体案件中应当根据实际情况具体分析适用疑罪从无原则，必须针对每个案情进行独立分析，只有在明晰案件事实和证据真实性的情况下，才可以作出有罪判决。

（三）发挥“但书”规定的限制功能

日本学者前田雅英指出，指望立法来确定合理的处罚范围和明确处罚界限的想法是一厢情愿的幻想，倒不如说，通过国会渠道来尊重全体国民的意愿虽然很重要，但通过司法官员的法律适用或者刑法解释来制定合理的“法规范”更加值得期待。[①] 面对积极刑事立法的扩张，如何恪守司法的独立判断和规制理性成为一个重要命题。刑法应当具有谦抑的内在品格，刑事司法环节也不例外，保留适当的出罪机制和出罪通道，可以避免刑事法治陷入“过罪化”的误区。围绕《刑法》第 13 条“但书”规定的适用，理论界和实务界还存在不少的分歧，但通过“但书”规定的适用限缩犯罪圈已成为一般共识。根据“但书”规定，即便是违反行为规范的行为，但“情节显著轻微，危害不大的”，不认为是犯罪。从实质来看，“但书”规定正是立法者赋予司法者以适度的自由裁量权，以弥补立法规定的不足，在司法环节发挥限定处罚范围、明确处罚界限的功能。根据“但书”规定对行为的社会危害性

---

① ［日］前田雅英：《现代社会与实质犯罪论》，东京大学出版会 1992 年版，第 65 页。

程度做再次判断，从有利于嫌疑人的出罪考虑，旨在缩小刑法的打击面、保障人权。因此，“但书”在个案中的适用和刑法的谦抑属性不谋而合。

司法实践中出现了一些直接适用“但书”规定进行出罪处理的案例，如我国首例安乐死案件中，一审法院认定王某某、蒲某某的行为均属故意剥夺公民生命权利的行为，通过援用1979年《刑法》第十条（现行《刑法》第13条）关于犯罪定义条款中的“但书”规定得出无罪判决。其论证理由主要是，在被害人的死亡已不可逆转的情况下选择了减轻其死亡痛苦的方法，其社会危害性未达到刑法规定的构成犯罪的程度；注射行为的用量未超出正常范围且并非死亡的直接原因。应当注意到，一、二审判决的说理路径和“出罪标准说”的逻辑相吻合，这也体现了司法实践中的惯性做法，即在犯罪认定时先在形式上判断行为符合具体的犯罪构成要件，再实质地判断行为不具有应受刑罚处罚的社会危害性，进而直接根据“但书”规定排除犯罪成立。对于“但书”功能的争论，采取“入罪标准说”相对而言更具有合理性。“但书”规定作为入罪限制条件，要求所有入罪行为的社会危害性均不得是“情节显著轻微危害不大”。在认定犯罪时，就应当将“但书”作为认定行为是否符合构成要件的指导原则，实质地判断行为是否充足构成要件的要求。

司法人员适用“但书”规定对社会危害性的程度进行实质评价的过程，就是对犯罪构成进行实质解释的过程。如从形式上看，《刑法》第一百二十八条所规定的非法持有、私藏枪支、弹药罪是抽象危险犯，只要违反不得非法持有枪支弹药的行为规范就构成。但在实际的认定上，基于司法谦抑的立场，该罪的成立仍会结合特定的时空条件及行为人本人的情况进行具体考察和限定理解。适用“但书”规定的重心在于对定罪情节的评价，定罪要保持公正，必须以事实和规范为基础，并将能够体现价值判断的非规范性评价等要素纳入定罪体系之中。① 刑法和司法解释所明确的定量标准，对社会危害性的评价多局限于数额、次数等特定因素。司法定罪过程中“一刀切”式地判断是否达到构罪标准，对定罪的价值判断并未得到充分考虑，从而不可避免地会存在片面追求稳定、适用僵硬化等弊端。司法自由裁量权在相当程度上受到了限制，由此导致了在多数情况下，司法者在自由裁量时倾向于优先适用定罪免刑而非“但书”出罪。据学者统计，从数量上看，在共

---

① 彭文华：《刑法第13条但书规定的含义、功能及其适用》，载《法治研究》2018年第2期。

用统一情节标准的前提下，定罪免刑判决是“但书”出罪的8.1倍。因此，司法人员应当适度地行使自由裁量权，而非在规范性标准面前一致保持缄默。“但书”体现的是不法和责任的“量”而非“质”，故对于身份、对象、因果关系等直接作为构成要件内容的要素，不宜援引“但书”出罪，而是因不符合相应犯罪的构成要件而不成立犯罪。“但书”规定解决的是罪与非罪的问题，应当同量刑问题存在区别，因此单纯影响量刑的情节如被告人的动机、犯罪后的态度、是否有前科、是否积极赔偿损失等，都不宜作为适用“但书”的理由。

（四）倡导量刑的轻缓化

量刑轻缓化是社会发展的必然要求，因而也是刑法改革的方向。① 重刑化思想通过威慑、片面提高刑罚强度来实现控制犯罪的目的，反而会削弱人们对刑罚的尊重和认同。轻刑化是实现严而不厉的关键，其首先对立法机关配置法定刑提出了要求，其次要求司法人员在个案处理中要摒弃重刑主义观念，犯罪的预防效果并非和刑罚的轻重成正比。在实现路径上，可以从以下几个方面进行完善。

其一，增加非监禁刑的适用率。包括管制、缓刑在内的非监禁刑在我国司法实践中的适用率相对较低。实际上，对于一些轻微犯罪，非监禁刑的适用较短期自由刑更能发挥预防犯罪的作用。一方面，非监禁刑可以减少不必要的刑罚，避免短期自由刑罪犯交叉感染的后果；另一方面，非监禁刑可以减轻犯罪标签的负面效应，有助于罪犯重新回归社会。缓刑作为短期自由刑的减轻执行方式，由于保留了执行自由刑的可能性，能够促使犯罪人改过自新，更有助于实现特殊预防。在《刑法修正案（八）》完善缓刑制度以后，更应当大幅提高缓刑的适用率。此外，《刑法修正案（九）》将职业禁止令正式纳入刑事制裁范畴。这种处罚方式禁止行为人在一定期限内从事相关职业，有助于剥夺再犯能力、遏制同类犯罪，同时对潜在犯罪人可以产生直观的威慑作用。禁止从事相关职业的实益不亚于判处数年的监禁或者巨额的罚金。

其二，依法适用从宽规定。刑法规定了自首、立功、从犯等法定从宽处罚情节，具备这些情节的，应当从宽处罚。对于自首中的“自动投案”和“如实交待自己的罪行”，不宜作过于严格的限制，否则不利于及时侦破案

① 张智辉：《刑法理性论》，北京大学出版社2006年版，第321页。

件、惩治犯罪；罪犯不能从中获得从宽处理，也不利于分化瓦解犯罪势力、激励罪犯改过自新。而对于规定“可以”从宽处罚的情节，司法人员原则上要积极予以从宽处理，贯彻落实罪责刑相适应原则，对人身危险性降低的犯罪分子予以从宽处罚。《刑法》第六十三条规定的“在法定刑以下处刑”，在有多个量刑幅度时，并非僵硬地只能在法定量刑幅度的下一个量刑幅度内判处刑罚。刑法规范的解释必须作类型化分析，并受体系解释和当然解释的逻辑制约。[①] 如当行为人具有可以（或者应当）“减轻或者免除处罚”的法定情节，而又不宜免除处罚时，出于罪责刑相适应的目的，减轻处罚时可以下降两个量刑幅度。对于《刑法》第六十三条第二款的“酌定减轻处罚”情形，虽然程序上需要经最高院核准，具有一定的复杂性，但是根据案件的具体情况，若严格遵照规范适用，会导致严重的罪刑失衡进而产生不合比例的重罚时，司法人员就应当体现有效行使裁量权、追求量刑公正的担当。当行为人没有任何法定减轻处罚情节或者只有一个法定减轻情节，且相应的刑法规范又没有可以或者免除处罚规定内容时，司法人员应当充分论证减轻处罚的合理性而非直接拒斥适用减轻条款。

二、司法限制的具体路径

（一）预备行为实行化的限制

为了更好地预防犯罪和保护法益，防止发生更大的法益侵害结果，立法将某些本来是预备的行为入罪化，体现了积极一般预防的理念。只有当刑法分则明文规定处罚特定的预备犯时，才能将相应的预备行为作为犯罪处罚，因为预备行为和实行行为在法益侵害程度及其与结果的距离上存在巨大差异。预备行为实行化意味着刑法的提早介入，将事实性预备行为规定为独立犯罪，本质上是一种法律拟制。有学者指出，除独立预备罪的数量在立法上不断增多外，其在司法适用层面也存在兜底条款扩张适用、主观目的证明缺失、轻微危险入罪倾向、处罚必要性或者合理性存疑、处罚范围宽泛等过罪化问题，不少实质预备犯陷入“口袋罪”的泥沼。[②] 刑罚作为一种“必要

---

① 蔡道通：《论刑法中的减轻处罚与司法适用限度》，载《湖北社会科学》2023年第9期。

② 刘双阳：《论实质预备犯的处罚根据及其限度》，载《政治与法律》2024年第4期。

的恶”，若不加以限制，会导致安全秩序维护和自由权利保障出现严重失衡。追求“打早打小”的积极预防效果造成立法扩张之势，此时，为避免刑法沦为单纯的社会控制手段，在司法层面需要合理界定预备行为的处罚边界，将不值得科处刑罚的预备行为排除出犯罪圈。

1. 对行为的危险性进行实质上的限定，须具有使法益侵害风险凸显乃至实现的高度可能性。预备行为应当类型化为明显异常于符合社会规范要求的日常行为，且对于法益侵害而言具有高度的危险实现的可能的行为。[①]要成立实行行为，首先必须要求行为本身具备产生实害（如构成要件预定的结果）的一定程度的危险性。仅产生了社会生活上可以无视之程度的危险性的行为，因为缺欠实行行为性，即使因此而阴差阳错地造成了结果，也不符合构成要件，不构成犯罪。符合社会规范的或者具有社会相当性的日常生活行为，如购买作案所需的交通工具、为进行诈骗购买电子设备等，即使是为犯罪“准备工具、制造条件”的行为，但刑法没有必要为此而过度压缩公民自由权利的行使空间到为日常生活行为也要考察个人主观想法的程度。《刑法修正案（九）》新增非法利用信息网络罪属于典型的预备行为正犯化的立法例，其中包括“设立用于实施违法犯罪活动的网站、通讯群组”这一行为类型。司法实践中处罚这类行为，也是因为其本人或者他人利用所设立的网络、通讯群组发布了违法犯罪信息或者实施了诈骗、侵犯公民个人信息等具体违法犯罪活动。而单纯地为实施违法犯罪活动设立网站、通讯群组，只是非法利用信息网络罪的预备行为，轻微犯罪的预备行为通常不值得进行处罚。也即，对法益具有重大损害的预备行为进行处罚主要是基于立法的明确规定，但对其预备行为不宜再进行处罚。

2. 考察行为人的犯罪意图，将主观上没有实施后续犯罪目的的情形排除在外。刑法理论没有争议地认为，预备犯都是目的犯。因此，只有在行为人意欲实施进一步犯罪的情况下，预备行为加功于后续行为，才具备侵害法益的危险。如果行为人不寻求向前推进犯罪且未追求更为严重的危害后果，那么预备行为本身难以对法益产生实质威胁。基于主观目的佐证行为的危险性，从而根据罪责原理将不具有实施后续犯罪主观目的的预备行为排除在刑法处罚范围之外。

---

① 阎二鹏：《预备行为实行化的法教义学审视与重构》，载《法商研究》2016 年第 5 期。

3. 运用同类解释规则对预备行为的兜底类型进行严格限制。法律条文的列举不可能穷尽所有的行为类型，因此立法者在将部分预备行为独立成罪时，设置了相关的兜底条款以周延刑事法网。对于兜底条款，理论界通常采用同质性解释规则，以抑制兜底条款不当扩张的“冲动”，保持同一规范条文内部规制对象之间法律评价的一致性。兜底条款的适用要和已有的行为类型进行“等价性”“相当性”的判断，只限于包括未列举的同类情况，而不包括不同类情况。[①] 非法利用信息网络罪的第二项规定中其他违法犯罪信息的认定，在性质上法益侵害危险性应当基本相当于有关制作或者销售毒品、枪支、淫秽物品信息，即仅限于具有刑事违法性的信息，而不包括单纯具有行政违法性的信息，嫖客、吸毒者自己在信息网络上发布招嫖、求购毒品等信息的行为就和上述明示行为不具有相当的法益侵害危险。

（二）共犯行为正犯化的限制

和预备行为实行化的初衷相同，共犯行为正犯化的规制同样是为了避免处罚漏洞。特别是在网络时代，共犯行为在形式上虽然对法益侵害只有间接作用，但实际上发挥了关键性作用，成为网络黑灰产业链中不可或缺的一环。但也应当看到，共犯行为正犯化的立法会在一定程度上限缩共同犯罪从属性法理的适用。因此，应当将其限定在一定范围之内，避免刑罚的泛化适用。组织行为的正犯化、教唆行为的正犯化以及帮助行为的正犯化是我国共犯行为正犯化的三种类型。其中，帮助行为的正犯化在我国的司法实践中最为常见，故下文试以帮助信息网络犯罪活动罪的限制解释为例展开论述。

1. 全面考察行为是否具有业务行为的外观以及是否存在法益侵害的现实危险性，准确区分可罚的帮助行为和中立的帮助行为。一方面，若行为本身已经偏离了日常行为、业务行为的范围，而具有一定行业规范、法律规范的规范违反性，则其丧失了中立帮助行为的中立性，可以通过帮助行为的正犯化立法对其进行客观归责。如网络服务提供商提供网络接入，属于中立的业务行为，但若帮助创建钓鱼网站，则超出了中立帮助行为的范畴。另一方面，借助客观归责理论，综合帮助行为实施时的所有客观情况，判断行为是否制造了法所不允许的危险。在明知他人正在利用信息网络实施犯罪活动，或者正犯行为明显具有法益侵害的紧迫危险性的场合，行为人仍为其提供网络技术帮助的，客观上可以归责。反之，若被帮助对象距离构成要件行为较

---

① 储槐植：《刑事一体化与关系刑法论》，北京大学出版社 1996 年版，第 359 页。

远，尚处于不具有可罚性的预备阶段，那么为此提供中立帮助的行为就更不应受到处罚。

2. 正确认定帮助犯罪活动的主观“明知”，确立“明确知道”的标准，排除“应当知道”但确实不知的情形。帮助信息网络犯罪活动罪作为帮助行为正犯化的立法例，从主观内容上看，其他犯罪共犯的成立要排除该罪的适用。区别于诈骗罪等罪的共犯，其主观内容具有概括性，只要能认识到帮助行为会产生诱发违法犯罪的抽象可能即可。允许认识对象具有一定的概括性存在规范上的依据，这也是帮助行为正犯化的重要理由。但是，在认识程度上必须有所限定。司法解释对分则“明知”的理解多采用“应当知道”的标准，但“应当知道”包括“明确知道”和“可能知道”，后者意味着行为人基于行为时的客观条件也可能不知道，容易造成客观归罪，违反主客观相统一的刑法基本原则。“明确知道”的主观标准限定体现在行为人基于当时的客观情形，能够判断其帮助行为存在诱发违法犯罪活动的高度可能性。根据《电信诈骗意见》第四部分第三条的规定，应当结合被告人的认知能力、既往经历、行为次数和手段、和他人关系、获利情况、是否曾因电信网络诈骗受过处罚、是否故意规避调查等主客观因素来综合分析认定诈骗罪共犯的“明知”。因而要重视基于客观证据的综合推定模式，摆脱有罪推定、主观定罪的错误思维。

（三）危险要件的限制

抽象危险犯符合现代社会对风险管控的要求，日益成为立法机关进行社会治理、回应民意和热点的常用手段。然而，这种立法模式天然具有扩张倾向，如何避免刑法处罚范围的过度扩张成为现实问题。将实质上无法益侵害性或者缺乏相当法益侵害性的行为入罪有悖刑法的人权保障机能。在个案司法认定中，应当限缩抽象危险犯的成立范围，对其中的内在危险进行体系性控制。

1. 通过对背后法益的关联与还原，实质限定对法益侵害的危险。抽象危险是行为的客观不法基础或者客观处罚根据，对抽象危险犯的处罚需要进行实质判断，从而确保受处罚的行为是可能侵害法益的行为，单纯的不服从行为不应作为处罚对象。有学者认为，抽象危险的实质损害性在于法益主体被剥夺了安心支配法益的外在条件。也有学者认为，对抽象危险的理解必须基于抽象危险犯的双层法益结构来看，处罚某一侵害阻挡层法益（秩序法益）的行为须是为了保护背后层的法益（个人法益）。抽象危险犯所保护的阻挡层法益应当同背后层法益具有实质上的关联性。一般而言，应当将秩序法益的内容还原到和个人相关的利益，即维护秩序而对个人权利所作的限制是为了保护背后更广泛的个人自由和权利。在极个别领域，即使无法将秩序法益还原到个人法益，但秩序法益维护了个人在特殊领域安心支配和参与的制度性条件的，也是正当的。因为这种对秩序法益的保护也是重要且必需的，如对金融安全的保护就是在维护投资者对于金融市场的信赖。当然，在确定了和背后法益的关联及其实质侵害性之后，仍然要考虑确保对个人自由的限制和所实现的利益之间符合比例原则的要求。若动用刑罚处罚某一行为会极大剥夺公民的行动自由，且被剥夺的自由远大于所保护的利益时，就不应通过抽象危险的审查。

2. 允许通过反证排除危险要件。通说对抽象危险犯的理解建立于行为不法模式之上，认为抽象危险犯的重点在于行为描述中所蕴含的一般或者典型危险性，这种判断基于一般经验认知，是一种事前观察的结果。抽象危险犯的危险是由立法者推定的危险，因而只要行为人实施了立法者所建构的特定行为，就符合了抽象危险犯所定型的一般危险。但是，这并不意味着立法推定的罪责具有不可反驳性。一方面，抽象危险犯的设置中蕴含着举证责任倒置的法经济学考量，立法者规定抽象危险犯是出于控制风险和减少证明责任的目的。通过反证的方式证明立法推定的危险行为实际上在个案中并不存在，是在司法环节实现对抽象危险犯处罚范围限制的可行路径。另一方面，抽象危险犯和法定犯之间的界限越来越模糊，且法定犯的行为类型和违法行为类型存在极大的重合和包容关系，通过行为人反证、排除未制造法律禁止风险的行为也是应有之义。以醉酒型危险驾驶罪为例，控方只要证明行为人实施了“醉酒驾驶机动车”的行为，即可完成醉驾行为制造法不允许风险的推定；但若行为人能够提出优势证据否定这一推定、反证醉驾行为没有制造风险，则不应否定反证的效力。

（四）刑罚适用灵活化的完善

刑事处罚灵活化的程度取决于对刑罚的理解以及刑罚的正当性根据。现实的刑罚制度并不是用某种单一的理论就能说明的。刑罚的目的是要从多方面来观察的。[①] 当今的通说采取的是并合主义，亦即刑罚的正当化根据是报应的正义性和预防犯罪目的的合理性。对刑罚适用灵活化和规范化的发展，

① 李海东主编：《日本刑事法学者》，法律出版社 1995 年版，第 63 页。

应当以报应和预防目的为正当性基础，在具体路径上，可以从完善轻微犯罪的二元化处罚以及完善无限额罚金刑的灵活适用等展开。

1. 完善二元化的轻微犯罪处罚模式。正如有学者所言，在我国，选择犯罪化的目的是通过严密法网来强化人们的规范意识，而不是用严厉的刑罚来处罚轻微犯罪。因此，在将原行政违法行为纳入犯罪圈时，必须要注重刑罚设置上的节制。针对轻微犯罪设置和重罪不同的处罚模式。以逃税罪的规定为例，《刑法》第二百零一条第四款规定，有第一款行为，经税务机关依法下达追缴通知后，补缴应缴税款，缴纳滞纳金，已受行政处罚的，不予追究刑事责任；但是，五年内因逃避缴纳税款受过刑事处罚或者被税务机关给予二次以上行政处罚的除外。其中，“补缴应缴税款，缴纳滞纳金，并且接受行政处罚”就是非犯罪化事由，行政处置程序是认定为逃税罪的前置程序。属于初犯的行为人，如果经税务机关指出后积极补缴税款和滞纳金，履行了纳税义务，接受行政处罚的，可不再作为犯罪追究刑事责任，这样处理既实现了维护税收征管秩序的目的，又较好地体现了宽严相济的刑事政策。在司法适用中探索二元处罚模式，对侵犯国家管制秩序的犯罪寻求行政处罚的替代之道，体现了刑罚的灵活化处置，有益于实现报应和预防的双重目的。

2. 规范无限额罚金刑的适用，确立“以责任刑为基准，以预防刑为调节”的量刑标准。罚金刑的无限额化特征自《刑法修正案（七）》就开始凸显，《刑法修正案（十一）》进一步扩大了金融犯罪及其他犯罪中无限额罚金刑的适用。相较于限额罚金刑和倍比罚金刑，无限额罚金刑具有更高的灵活性，便于司法人员根据个案情况作出更贴合实际的罚金判决。无限额罚金制度加强了法官的自由裁量权，但在司法适用中也出现了不均衡现象，需要引入量刑的规范适用标准予以约束。法定刑的设置充分考虑了一般预防的需要，而对具体被告人的量刑则需要充分考虑特殊预防的必要性。现行 2021 年《关于常见犯罪的量刑指导意见》中仅仅对主刑的量刑做出了指引，罚金刑的适用仍然采用的是综合判断的传统观念，而对无限额罚金刑的司法适用更是语义含糊，存在缺憾。因此，在罚金刑裁量方面，还需要探索出一套符合司法实践规范体系，又能实现责任刑和预防刑相区分的精准量刑方法。

司法人员在量刑过程中：一要确定责任刑，这是责任主义的要求。确定对不法事实具有何种形式的责任，才能成为增加责任刑罚的情节，对此，应当根据法益侵害的内容以及刑法的相关规定进行具体分析。以生产、销售、提供假药罪为例，首先要考虑损害的法益是否重大，如销售金额是否巨大、违法所得数额是否巨大、是否造成人员伤亡等。二要考虑行为形态与情节是否严重，如是否多次实施生产、销售行为，行为属于作为还是不作为，以及是否向多人贩卖等。是否存在团伙作案、是否成立犯罪集团等，也是决定客观违法性的事实，足以影响量刑。三要分析与刑罚直接相关的违法性事实，如是否属于邻里纠纷、是否属于从犯、是否有未遂或者中止情节等，这些也会影响对违法事实的判断，从而影响刑罚上限。而在罪责层面，被告人的年龄、故意和过失、违法性认识可能性、期待可能性等要素同样影响行为人可谴责性的认定，需要法官在适用时进行详细说理。

除了责任刑情节以外，司法人员还要综合预防功能和刑事政策目的的实现进行考量。如行为人是否有愿意回归社会的态度是裁量预防刑时要重点关注的。对任何一个案件的量刑而言，责任刑是上限，是不可逾越的量刑“天花板”，预防刑是调节，而且只是采取微调的观念，在量刑理论中并不处于核心地位。司法人员可以遵循“责任刑—预防刑”的依序考察方式，先根据责任刑的情况，对罚金数额的上限做出判断，再通过预防刑情节进行调节，确定该上限增加或者减少；最后在经调节后的责任刑上限内做出罚金数额判断。

第七章　积极刑法观在轻微犯罪处置中的实现

刑法观服务于刑法规制的需要，积极刑法观的采纳是符合我国国情和发展阶段的时代选择。目前，我国罪名规制体系尚存在欠缺，社会犯罪结构仍处于快速变化阶段。在日益复杂的犯罪结构形势下，积极刑法观能够精准呼应预防刑法观念，强化社会维稳力度，积极刑法观的合理性和重要性便由此凸显。轻微犯罪立法是积极刑法观的理念彰显和实践表现，刑事立法在积极主义刑法观影响下更加重视刑法的预防功能，不断通过增设新罪来满足保护法益的需求，如规定抽象危险犯、帮助行为正犯化以及预备行为实行化等。同时，立法并未对大量增设的罪名配备较高的法定刑，新增罪名的刑罚设置整体呈现轻缓化趋势。犯罪化成为常态，犯罪圈不断扩大，这孕育了轻微犯罪立法的必然性与必要性基础。由于积极刑法观的实践不断加强，轻微犯罪立法呈增量趋势，轻微犯罪规制的任务日益繁重。因此，与此相互伴随、密切相关的轻微犯罪办理机制如何健全完善则至关重要。

从社会治理需要来看，轻微犯罪立法仍是未来主要趋势。在犯罪分层体系下，轻微犯罪部分的轻缓性和预防性立法的前置性相协调，重罪部分的严苛性与传统的威慑性相呼应，重罪部分主要扮演威慑、保障角色，轻罪部分配合发挥预防、治理作用，二者相辅相成，在发挥刑法预防机能的同时保留刑法的威慑性，在重刑结构趋轻但未根本改变的今天，健全完善轻微犯罪办理机制有助于提升犯罪治理质效。

在宽严相济刑事政策的指导下，司法改革探索已经为轻微犯罪办理机制改革提供了丰富的经验，而系统构建轻微犯罪办理机制也有助于反哺轻微犯罪立法；轻微犯罪立法多指向新兴领域与重点领域，在大力发展新质生产力的倡导下，立法政策的指引和刑法理论的完善也为构建轻微犯罪办理机制提供了契机。

第一节　轻微犯罪处置的理论概述

梳理当前刑法理论界对轻微犯罪问题的研究，大致围绕轻微犯罪问题本体论、轻微犯罪立法体系价值论和轻微犯罪规制方法论展开。在本体论上主要针对何为轻微犯罪以及轻微犯罪界分标准展开讨论。如轻微犯罪概念有形式标准和实质标准，形式标准主要根据刑罚的轻重确定犯罪层次，其中又有宣告刑和法定刑标准，亦有根据不同期限有期徒刑进行区分的讨论。实质标准则主张根据犯罪行为的性质和危害程度进行犯罪分类。在价值论上主要探讨轻微犯罪立法的正当性问题，形成了积极主义刑法观与消极主义刑法观之间的对立。在方法论上的研究则详细讨论轻微犯罪相关的机制构建问题。总之，以我国刑法的轻罪化现象为研究基础，梳理学理上的各种立场和观点，总结研究的现状，能够对轻微犯罪办理机制有更为深刻的认识，从而较为清晰地描述轻微犯罪办理机制的理论样态。

一、我国犯罪结构的变化

（一）严重暴力犯罪得到遏制

目前，我国犯罪结构正在经历的重大变动仍在持续中。从数据上来看，《最高人民检察院工作报告》（2023 年）指出，2018 年至 2022 年，全国检察机关共办理各类案件 1733.6 万件，比前五年上升 40%。并指出 2022 年受理审查起诉杀人、放火、爆炸、绑架、抢劫、盗窃犯罪为近二十年来最低，人民群众收获实实在在的安全感。从严惩治、有效遏制严重暴力犯罪和涉枪涉爆、毒品犯罪，起诉 81.4 万人，比前五年下降 31.7%。《最高人民检察院工作报告》（2024 年）指出，全年批准逮捕各类犯罪嫌疑人 72.6 万人，提起公诉 168.8 万人，同比分别上升 47.1% 和 17.3%。对涉嫌犯罪但无逮捕必要的，决定不批捕 26.6 万人；对犯罪情节轻微，依法不需要判处刑罚或者免除刑罚的，决定不起诉 49.8 万人，同比分别上升 22.5% 和 12.6%。《最高人民法院工作报告》（2023 年）指出，五年来全国各级人民法院审结一审刑事案件 590.6 万件，判处罪犯 776.1 万人。并指出严重暴力犯罪案件总体呈持续下降态势，人民群众安全感显著增强。《最高人民法院工作报告》（2024 年）指出，审结涉毒品犯罪案件 3.3 万件 5 万人，同比下降 10.4%，对大宗走私、制造毒品犯罪分子、累犯等坚决重判。严厉惩治境内外电信网络诈骗犯罪，审结电信网络诈骗案件 3.1 万件 6.4 万人，同比增长 48.4%。根据近两年检法工作报告数据显示，在我国刑事案件总量不断递增之际，重罪案件占比稳步下降，轻微犯罪案件的占比快速提升，呈现出“总量持续递增”“内部轻、重犯罪加速分化”的突出特征。

（二）新增大量轻微犯罪罪名

为顺应轻微犯罪发展趋势，社会治理方式在不断转型。据统计，1979 年我国刑法颁布时，罪名为 130 个，然后 1997 年《刑法》全面修订的时候变为了 412 个罪名，到《刑法修正案（十一）》的时候，刑法罪名达到了 483 个。以《刑法修正案（十一）》为例，共增加 17 个罪名，为十一个刑法修正案中创设罪名之最。可以看到，在刑事实体法上，2011 年以后历次刑法修正中的轻罪化趋势日渐明显，刑法修正案中不断频繁地增设了新的轻微犯罪罪名，严重犯罪、暴力犯罪占比下降，轻微犯罪占比上升，在犯罪增量中，轻微犯罪是主流。如《刑法修正案（十一）》中增加了高空抛物罪、冒名顶替罪、妨害安全驾驶罪等。面对不断涌现的新型社会风险，在积极刑法观的倡导下，刑法通过增设轻微犯罪积极介入社会治理，以此应对社会全面转型时期不断出现的安全威胁。

（三）宽严相济刑事政策得到贯彻

宽严相济刑事政策体现了法治社会中对于刑事司法公正、平衡和效果的追求。该政策强调在处理各类犯罪案件时，要在严格执行法律的前提下，充分考虑被告人的情节和社会效果，使刑罚在维护社会秩序的同时，能够最大限度地实现人性化、公正和改造的目标。对待不同犯罪行为时综合运用宽和严两种手段，注重宽和严的辩证关系，该严则严，当宽则宽，对严重犯罪依法从严打击，对轻微犯罪依法从宽处理，对严重犯罪中的从宽情节和轻微犯罪中的从严情节也要依法分别予以宽严体现，对犯罪的实体处理和适用诉讼程序都要体现宽严相济的精神。

我国犯罪结构的转变，将会引发刑罚体系构建和适用的新问题，在此情形下，统合宽严相济刑事政策和社会治理目标，推进轻微犯罪处置势在必行。司法实践中，宽严相济刑事政策旨在维护社会秩序的同时兼顾刑罚的公正性和改造效果。司法机关应切实根据不同情况灵活运用该政策，确保刑罚既能对罪行做出恰当回应，又能为犯罪人的改造创造条件。目前公安机关、检察机关、审判机关等多方协作，不断深入贯彻宽严相济刑事政策，以实现刑事司法的平衡、公正和有效。通过多方共同努力、形成治理合力，宽严相济刑事政策持续发挥其应有的作用，为社会的发展稳定提供坚实的法治基础。目前，如何在新形势下深入贯彻宽严相济刑事政策，更好地处理轻微犯罪案件，促进国家治理体系和治理能力现代化，成为当下重点目标。

二、轻微犯罪处置的概念解读

（一）轻微犯罪的概念

1. 轻罪、微罪与重罪

轻微犯罪界定主要依赖犯罪分层理论，其核心在于犯罪分层模式和犯罪分层标准的确定。近现代意义上的轻微犯罪概念起源于1791年的《法国刑法典》。1810年《法国刑法典》将犯罪分为重罪、轻罪和违警罪，这种分类模式随后被许多国家的刑法典所采纳。我国对于犯罪分层模式理论界主要有“两分法”和“三分法”之说。前者将犯罪划分为重罪和轻罪两类，我国、德国、意大利、瑞士等国家等采取这一方式。依照这种划分方式，轻微犯罪和轻罪属于同一概念。后者将犯罪划分为重罪、轻罪和微罪（或者称违警罪）三类，美国、法国、俄罗斯等国家则采取这一方式。依照这种划分方式，轻微犯罪包含轻罪和微罪两类。如在大陆法系国家，德国犯罪分为重罪和轻罪，重罪指最低刑为1年或者1年以上的自由刑的违法行为，轻罪指最高刑为1年以下或者科处罚金刑的违法行为。意大利刑法将犯罪划分为重罪和违警罪两大类，意大利刑法中的违警罪和重罪相对应，相当于其他国家刑法中的轻罪。① 总体而言，无论是以上主流区分，还是进一步分四类、分六类，背后均是宽严相济刑事政策的体现，通过对犯罪行为划分层次，做到该严则严，当宽则宽，罚当其罪。

2. 纯粹轻罪与相对轻罪

所谓纯粹轻罪，是指最高法定刑为3年有期徒刑以下的犯罪。这个意义上的轻微犯罪是一种独立的犯罪类型，因而也可以称为罪名意义上的轻微犯罪。所谓相对轻罪，是指无论犯罪的最高法定刑是否是3年有期徒刑，只要该罪的法定刑中包含3年以下有期徒刑的量刑幅度，该部分犯罪就属于轻微犯罪，因而也可以称为罪量意义上的轻微犯罪。有学者指出，在我国刑法理

① 张勇：《轻罪的界定标准与分类治理》，载《社会科学辑刊》2024年第2期。

论对轻微犯罪的讨论中，没有严格区分纯粹轻罪和相对轻罪这两种性质不同的轻微犯罪，因为在我国，犯罪存在数量要素，也即“罪量”，同一种行为，根据情节轻重不同，存在不同的法定刑，因而我国刑法中呈现出纯粹轻罪和相对轻罪并存的立法局面。但是学者认为，纯粹轻罪和相对轻罪在性质上存在明显区分，如果将其混为一谈，则刑事政策就会失去针对性。如犯罪化或者非犯罪化的刑事政策主要是针对纯粹轻罪而言的；至于刑罚轻缓化或者非监禁化的刑事政策则主要是针对相对轻罪而言的。

3. 事实轻罪与法定轻罪

从理论上说，轻微犯罪可以划分为事实轻罪和法定轻罪，即刑法分则规定的最高刑为 3 年有期徒刑的犯罪属于法定轻罪，犯罪人所犯之罪的最高刑为 3 年以上有期徒刑，但因为具有减轻处罚情节使得法院在 3 年有期徒刑以下判处刑罚的，属于事实轻罪。不过，如果刑法明文区分轻罪和重罪，则宜以法定刑为标准，而不应以被告人被实际判处的刑罚为标准，否则就会导致刑法中和轻微犯罪相关的规定不具有明确性和合理性。如倘若刑法规定轻微犯罪的未遂不受处罚，那么，当行为人抢劫未遂时，就不能因为行为人自首应当减轻处罚（只能判处 3 年以下的徒刑），进而否认对抢劫未遂的处罚。

由于轻微犯罪应当以法定刑为标准，故犯罪的不法构造、责任形式等不影响轻微犯罪的判断。如虽然犯罪可以分为实害犯和危险犯，但不能认为实害犯是重罪、危险犯是轻罪，也不能认为刑法不得将实害结果作为轻微犯罪的构成要件要素。这是因为在值得刑法保护的范围之内，法益有位阶之分，刑法完全可能将针对位阶较低的法益实施的犯罪规定为实害犯，同时规定较低的法定刑。如我国《刑法》第二百五十二条规定的侵犯通信自由罪的法定最高刑为一年有期徒刑，但应认为本罪属于实害犯；第二百二十一条规定的损害商业信誉、商品声誉罪也是实害犯，但其法定最高刑是两年有期徒刑。又如，犯罪有故意犯和过失犯之分，两类犯罪中都存在轻罪和重罪，而不能认为过失犯罪都是轻微犯罪。①

（二）建立轻微犯罪处置机制的必要性

1. 符合司法实践变化的时代需求

目前，轻微犯罪案件成为刑事犯罪的主流。为持续推进刑事司法发展，

① 张明楷：《轻罪立法的推进与附随后果的变更》，载《比较法研究》2023 年第 4 期。

不断推进国家治理体系和治理能力现代化，如何推进轻微犯罪规范办理、机制建设则成为至关重要的时代命题。根据司法实践中轻微犯罪司法的基本样态，刑事案件总量仍在高位徘徊，不过刑事犯罪形态和犯罪结构发生了重大变化。严重暴力犯罪数量不断下降，轻微犯罪占比显著上升，刑事犯罪形态和犯罪结构的“双降双升”。不同于重罪案件，轻微犯罪危害较小、罪责更轻，犯罪人主观恶性、社会危险性、再犯可能性均较小，社会关系往往也较好修复。建立轻微犯罪处置机制事关民生和谐，必须始终坚持人民至上，始终把司法为民作为工作的出发点和落脚点，把以人民为中心的发展思想贯彻落实到履行职责的全过程和各环节，真正体现人民利益、反映人民愿望、维护人民权益、增进人民福祉。近年来司法机关已在积极探索犯罪治理模式和司法体制改革，在惩治犯罪的同时加强人权保障，区分对待罪行较轻的犯罪群体，体现宽严相济、不枉不纵，充分实现罪责和刑罚的均衡，为轻微犯罪处置工作作出持续努力。

2. 契合全面依法治国的价值追求

习近平总书记多次强调，法治建设既要抓末端、治已病，更要抓前端、治未病。以人民为中心是全面推进依法治国的根本立场，必须坚持法治为了人民、依靠人民、造福人民、保护人民。加强人权法治保障，把体现人民利益、反映人民愿望、维护人民权益、增进人民福祉落实到依法治国全过程。党的二十大强调，深化司法体制综合配套改革，全面准确落实司法责任制，加快建设公正高效权威的社会主义司法制度，努力让人民群众在每一个司法案件中感受到公平正义。犯罪结构的转变不仅是社会转型时期的产物，而且是社会现实的司法映照。新时代，刑事司法不仅要严格公正，还要通过诉讼内外多种治理手段预防、分流、处理刑事案件，更好地发挥法治固根本、稳预期、利长远的保障作用，轻微犯罪处置也正是将人民为中心作为根本价值遵循，兼顾打击犯罪和权利保障，不仅能够维护法治的公正和权威，而且有利于恢复社会关系和社会秩序。目前，司法机关将司法办案融入国家治理大局，促进治罪和治理有机结合，这也是纵深推进全面依法治国的应有之义。

3. 深入贯彻积极刑法观的必然要求

在社会反馈层面，积极刑法观要求刑事立法紧跟时代动态、关切民众诉求，及时将具备严重社会危害性的行为纳入犯罪圈，以维护社会秩序并保障民众权益。在法律体系层面，在积极刑法观的指引下，刑法在一定程度上突破，甚至脱离前置法的制约，成为规制触法行为首要依据。在治理手段层面，积极刑法观反映了一定范围内，刑事制裁手段在社会治理手段中的优先地位。

基于积极刑法观的观点，轻微犯罪立法扩张具有实践基础，符合现实需要。基于我国的实际情况，罪名规制体系仍然疏阔，无法对法益有完整的保护，新罪的增设是必然趋势。网络技术的发展、生物技术的进步等现实对已有的刑法犯罪结构带来一定的冲击，新型的法益以及侵犯法益的行为层出叠见，我国现有的罪名无法完全规制、评价这些犯罪行为，犯罪圈扩大、轻微犯罪扩张理所应然。积极刑法观认为，轻微犯罪立法扩张不违背刑法的谦抑精神。谦抑性精神并非是迂执原则，而是具有延展性。刑法谦抑性的延展，是在刑法特定历史条件下，针对某些特定犯罪的积极应对，并非总是在穷尽其他法律手段之后才被推至幕前，而是积极运用刑法手段保护国家、社会、人民群众的利益，发挥刑法规范引领和推动人们社会行为的价值功能，以期实现良好的社会效果和法律效果。刑法的谦抑性本质上并非反对罪名的新增，而是在增设时思考其增设的必要性。轻微犯罪立法扩张，促以刑法法网更为周严，虽扩大了犯罪圈，但使得刑法罪刑更加趋于缓和。我国刑法规制体系因厉而不严、重刑主义而被诟病，轻微犯罪立法扩张在一定程度上移改了这一局面，从"厉而不严"向"严而不厉"转变，更加契合谦抑性的内核精神。

4. 原劳教制度部分内容纳入轻微犯罪处置机制的合理性

劳动教养制度的废止为建立轻微犯罪处置机制提供了良好的契机。立法者将废除后的一些劳动教养行为予以犯罪化，又将其他一些较为严重的违法行为转化为轻微犯罪，降低入罪门槛。这基本上是将劳动教养制度的废除作为轻微犯罪处置的主要始端，也是将其当作轻微犯罪化的体系缘起。废除劳动教养制度确实会导致将一些介于行政处罚和刑罚之间的"行为"纳入刑法。即《行政处罚法》无法衔接的部分情形，会分流至刑法并通过轻微犯罪立法的方式容纳，废除劳动教养制度属于轻微犯罪处置的部分情形。当然，轻微犯罪处置的论题缘起，首先是基于全面推进依法治国的基本方针而逐渐成型，我国当前的犯罪态势以及治理需求相互匹配，积极预防刑法理念等多重基础因素是轻微犯罪立法的根本动力。劳动教养制度的废除是轻微犯罪处置机制完善的重要基础，通过全面审视轻微犯罪处置问题的真正源头以及外部需求，方能制定出具有综合性的轻微犯罪处置工作机制。

5. 剥夺人身自由的行政处罚轻罪化的合理性

随着刑法修正案陆续将醉驾、替考、恶意欠薪、使用虚假身份证件、冒名顶替上大学或者入职公务员、高空抛物等一批过去只给予行政处罚的行为升格为犯罪，我国刑事立法出现了将一般违法行为犯罪化的明显倾向。犯罪圈不断扩大的立法事实表明，我国刑法的犯罪化立场，已经由过去的相对消极、谦抑，悄然转向相对积极，这也是我国刑事立法现代化的标志。

当前，许多国家都面临大量轻微违法犯罪行为的处置难题。将国家有限的刑事司法资源大量用于轻微违法犯罪的处理，整个刑事司法系统将会难以承受。而犯罪圈的扩大，让原本有限的刑事司法资源变得更加捉襟见肘。因此，对扩大犯罪圈的刑法活性化立法趋向，世界各国都存在反对和肯定的尖锐意见分歧。在德国，轻微犯罪的出罪模式可以总结为“程序为主、实体为辅”；相比之下，我国的轻微犯应对模式则体现出了与此完全不同的特征。《刑法》第十三条“但书”条款和分则罪名中广泛存在的罪量要素共同构成了我国独具特色的罪量立法模式。在这种模式下，绝大部分没有达到实体法罪量标准的轻微违法行为就直接被出罪或者纳入行政处罚的管辖范围，不仅能够提高治理违法犯罪的效率，而且在客观上也能起到维持刑法处罚谦抑性的作用。

6. 有利于构建轻缓刑法体系

轻微犯罪处置是一个系统工程，需要司法机关协调配合，需要立法、司法同步配套，否则难以实现轻微犯罪处置的系统化。无论是立法还是实践都应当关注。一是促进“严而不厉”轻缓刑法结构的构建。储槐植教授针对传统的刑罚构造提出了“厉而不严”的概念，并指出“严指刑事法网严密，刑事责任严格；厉主要指刑罚严苛，刑罚过重”。当前犯罪结构的转变意味着轻缓刑法结构在不断形成。对此，要从实体法上推行犯罪分层，区分重罪和轻罪尤其要在刑罚科学适用方面有所作为；深入贯彻谦抑、审慎、良法善治司法理念、重视司法程序领域，做好制度设计和安排，构建多层次的立体结构，从而深入推进轻微犯罪处置各项工作进程。二是回应人民对轻缓刑法的新期待。加强轻微犯罪处置是回应人民群众新时代法治新需求新期待的必然要求。轻微犯罪处置机制的建立不仅能够有效满足人民群众对更好、更快实现公平正义的现实需要，也能够为公民行为提供明确的规范指引，为构建和谐的社会环境提供强有力的保障。当前，如何强化轻微犯罪处置，进一步回应人民对轻缓刑法的新期待，让刑法真正发挥维护国家、社会和人民安全的“最后一道防线”作用，是亟待理论界和实务界回应的现实问题。

第二节 轻微犯罪处置的运行困境

伴随着轻微犯罪案件占比上升，相应的刑事政策、刑事立法、刑事司法都有待调整，亟须实现犯罪治理领域的深化变革。探寻轻微犯罪的应对之策在法治现代化语境下具有重要意义，但在既有讨论中轻微犯罪处置面临着概念界定不清晰、立法正当性不充分、配套措施不完善等质疑。如我国刑法的罪名规制体系还存在漏洞，对法益的保护尚未实现周延。社会转型时期的巨大变化对犯罪结构产生了巨大冲击，各种新型法益侵害行为不断涌现，我国原有的罪名规制体系无法规制和评价所有新型犯罪行为。我国犯罪态势、犯罪结构的变化，导致刑事司法体系如何根据最新的犯罪治理需求，与时俱进地积极供给应对之策，成为摆在当前的重要任务。为了更好地发挥法治固根本、稳预期、利长远的保障作用，有必要对轻微犯罪处置的现实困境展开分析。

一、立法层面的困境

（一）轻微犯罪刑事立法尚不完善

1. 犯罪分层体系尚不完备

犯罪分层是指按照一定的标准，将犯罪分为不同层次的犯罪分类方法。犯罪分层针对不同的犯罪采取不同的对策，实现对犯罪的精准治理，国外许多国家将犯罪分层应用于立法实践中，有的国家采取犯罪二分法，即将犯罪分为“重罪—轻罪”；有的国家采取犯罪三分法，即“重罪—轻罪—违警罪”；如法国刑法典第一条对于犯罪的定义规定，法律以违警罚所处罚之犯罪，为违警罪。法律以惩治刑所处罚之犯罪，称轻罪。法律以身体刑或者名誉刑所处罚之犯罪，称重罪。有的国家还将犯罪细分为更多的层次。我国早在很多年前就有众多学者呼吁将犯罪进行分层，但立法对犯罪分层关注仍然存在欠缺。随着我国犯罪结构出现重大变化后，犯罪分层的理论意义和司法价值就更加凸显出来。概言之，有必要对犯罪进行更加精细化的分类，实施分类治理，精准施策，不能“一刀切”，笼统地加以治理。而且，对犯罪进行分类并区分处置，既应当是最基本的刑事法治经验之一，也应当是最基本的刑事诉讼规则之一。其中，对轻微犯罪进行专门、特别的处置，并和重罪处置加以区分，是当前的首要任务。尤其是在轻微犯罪的程序治理上，应当立足中国式刑事诉讼现代化的原理和机理，充分尊重中国特色刑事诉讼规律、逻辑以及现代化要求，重整司法资源投放、机制建设等，不断优化轻微犯罪处置的程序面向。

建立轻微犯罪处置机制需要解决的前提问题是轻微犯罪范围如何划定。轻罪是和重罪相对的概念，将全部犯罪划分为轻罪和重罪，并通过简易程序，用较轻的刑罚方法制裁轻罪，是域外许多国家的普遍做法。其采用的是“重罪—轻罪—违警罪”三分的犯罪分层体系。反观我国立法和司法并未对轻罪和重罪的区分标准进行明确的界定，理论界关于轻微犯罪的概念、标准和范围等问题的讨论始终存在。围绕如何进行犯罪分层，鉴于我国尚无犯罪分层的立法规定，因而，理论界对于如何界分重罪、轻罪提出了很多方案。有所谓的形式标准、实质标准和混合标准，而在形式标准内部，又有法定刑和宣告刑的区分。对轻微犯罪划分的刑期限度上，我国传统刑法理论长期以三年为分水岭将犯罪体系分为重罪和轻罪，但也有观点主张应当以五年区分重罪和轻罪。正是由于存在这些理论争议，最终导致了我国轻微犯罪处置机制构建上的裹足不前。

2. 我国刑事制裁体系存在缺损

我国的刑事制裁体系存在缺损。不仅非刑罚处罚方法被忽视，而且保安处分不够成型，由此形成以刑罚为主的单轨制制裁模式。在国外刑法中，保安处分是一类重要的刑事制裁措施。我国刑法中并不存在保安处分的概念，更缺乏系统的规定，仅仅在刑法条文中分散地规定了几项具有保安处分性质的措施，其中，禁止令和职业禁止还是《刑法修正案（八）》和《刑法修正案（九）》增设的。以预防为主，注重对犯罪人教育、矫治的保安处分在我国刑事制裁体系中未能占据应有地位，明显反映出刑事制裁体系的不合理性。另外，虽然现行刑法中规定有非刑罚处罚方法，但仅在《刑法》第三十七条中做出概括规定，并且是规定在刑罚的种类这一节中，由此使得理论上对其性质产生诸多争议。这一方面反映了立法的粗疏，另一方面也反映出立法对其的忽视。与之形成鲜明对比的是刑法对刑罚的规定。刑法总则共五章 101 个条文，其中两章 58 个条文是关于刑罚和刑罚具体运用的规定。这和刑罚在刑法中的地位密切相关，但也反映出立法者对其的重视。虽然刑罚是承担刑事责任的主要方式，在司法实践中被大量运用，但不能由此忽视甚至否定非刑罚处罚方法的地位。非刑罚处罚方法和刑罚均是刑事责任的承担方式。尤其是在刑罚轻缓化已经成为刑罚改革不可阻挡的趋势的今天，非刑罚处罚方法应当得到立法和司法的重视。

3. 重刑结构趋轻但未根本改变

在刑罚结构中，重刑比例大，受到立法和司法实践的重视。受传统法律文化的影响，现行刑法的刑罚结构依然偏重。储槐植教授将刑罚结构划分为五种类型：死刑占主导地位、死刑和监禁刑共同占主导地位、监禁刑占主导地位、监禁刑和罚金占主导地位、监禁替代措施占主导地位，并在进一步分析后，对这五种类型进行了评价，认为以死刑为主导的刑罚结构和以监禁替代措施为主导的刑罚结构一个已成历史，一个尚未出现，在当前各国采取的刑罚结构主要是中间三种。在这三种刑罚结构中，以监禁、罚金共同为主导的属于轻刑刑罚结构，以死刑、监禁共同为主导的属于重刑刑罚结构。关于我国刑罚结构的判断，我们赞同梁根林教授的观点，即我国的刑罚结构是以监禁刑为中心、以死刑为重要刑罚方法，属于封闭性重刑刑罚结构，我国的刑罚结构并未发生根本变化。虽然《刑法修正案（九）》在《刑法修正案（八）》废除8种犯罪死刑的基础上，又进一步废除了6种犯罪的死刑，使得刑法中保留死刑的罪名由68个逐渐减少，极大地推进了死刑改革的进程。但是，由于立法中废除诸多罪名的死刑，为了做好和无期徒刑、有期徒刑的衔接，避免出现生刑过轻的问题，立法做出了相应调整，将死缓减为有期徒刑的刑期由以前的十五年以上二十年以下提高到二十五年。同时，规定了限制减刑制度，提高了被限制减刑的死缓犯实际执行的刑期。另外，刑法还将有期徒刑数罪并罚的上限由二十年提高到二十五年，无期徒刑减刑和假释实际执行的刑期由不少于十年提高到不少于十三年。对于犯贪污罪、受贿罪被判处死缓的，还增设了不得减刑和假释的终身监禁制度。废除死刑的22个罪名，多数属于备而少用甚至不用的罪名，废除死刑的宣示意义重于实质意义，对实践中适用死刑的情况影响不大。另外，由于生刑的严厉性加强，这就使得我国的刑罚结构并没有因为削减死刑罪名而明显变轻，反而显示出趋重的倾向，依然属于封闭性的重刑结构。与此相对应，罪犯实际承担的刑罚较之过去也有所加重。尤其是不得减刑和假释的终身监禁，其残酷性未必比死刑更轻。从轻刑的配置上来看，在《刑法修正案（八）》之前，没有一个罪名不配置有期徒刑，法定刑最轻的主刑是一年以下有期徒刑、拘役或者管制。直到《刑法修正案（八）》增设危险驾驶罪，才改变了主刑均配置有期徒刑的现状，之后的《刑法修正案（九）》增设的使用虚假身份证件、盗用身份证件罪和代替考试罪延续了主刑不配有期徒刑的做法。而《刑法修正案（十一）》新增的17个罪名主刑均配有期徒刑。因此，从总体上来，轻刑的比例依然偏低，在法定刑中配有管制的罪名较少；配置罚金的罪名虽然大幅提高，但单处罚金的比例较低。《刑法修正案（九）》的制定是大幅增设新罪的一次修法活动，而且增设的多是轻微犯罪，即便如此，单处罚金的情形也不多。我国目前以重刑刑罚结构为主的刑事制裁体系属于封闭的重刑刑事制裁体系。

（二）轻微犯罪刑事诉讼立法尚不完善

1. 刑事协商制度不健全。从立法层面看，现有的制度设计中并不存在真正意义的控辩协商程序机制。刑事诉讼法在法条中回避了"协商""协议"等字眼。尽管司法实务部门在执行中将"控辩平等协商一致"作为开展认罪认罚从宽的基本要求，但这并非制定法的明确规定。尽管为了保障认罪认罚案件中犯罪嫌疑人的基本权利，促进量刑建议的公允公正，立法者也作出了一定的努力，然而这些努力对于推进控辩协商作用十分有限。值班律师的身份特点以及相应的薪酬标准决定了其只能提供应急性的法律帮助或者短暂衔接性质的咨询服务，实践中值班律师作用有限，常常沦为维护程序表面正当性的见证人。事实上，由于立法并未对控辩协商作明确规定，协商程序的启动、协商的流程、协商的后果等具体内容都不甚明了，实践中控辩双方如何协商总体上缺乏明确而具体的法律指引。①

2. 起诉裁量制度不完备。检察机关在行使起诉裁量权过程中所出现的裁量差异和说理不足，这二者也可归纳为起诉裁量权适用标准范畴内的问题。在起诉裁量权的实际应用中，裁量权主要应用范围不同、同一检察机关和不同检察机关对案件的裁量差异，其实都是裁量权实际应用中标准不一的问题。原因在于：其一，各检察机关对具体个案裁量的考量并不完全一致。对于同一个案，不同检察官可能会有不同的看法，自然会形成个案中不同的裁量考量和标准。因此在实践层面上，检察官在现有规定的起诉裁量框架内对相当的同类型案件，在不同检察机关有不同裁量标准的情况是不可避免的，并形成裁量标准差异。其二，制约程序发挥规制作用有限。我国刑事诉讼法对于检察机关的起诉裁量决定并没有予以过多救济途径，只主要规定了几种

① 卞建林、张可：《构建中国式认罪协商制度：认罪认罚从宽制度的反思与重构》，载《政法论坛》2024年第4期。

制约方式：一是公安机关的申请复议，若复议意见不被接受则可向上一级人民检察院申请复核；二是被害人向上一级人民检察院申诉；三是被不起诉人向人民检察院提出申诉；四是根据公安机关、被害人或者被不起诉人等的申请，经检察长决定可进行公开审查；五是被害人直接向人民法院提起自诉。但上述五项制约途径在实践中较难产生制约裁量权适用的作用，发挥作用有限自然也谈不上依靠此类制约程序达到规制裁量权适用标准的目的。

3. 附条件不起诉制度有待深化。近年来，检察机关面对数量激增的轻微犯罪案件和形势紧迫的轻微犯罪处置需求，也在积极完善不起诉制度，因司法改革都要于法有据，整体设计坚持在刑事诉讼法现行法律框架内进行。最具代表性的改革举措如：醉驾案件在作出不起诉决定的同时，根据案件情况，对被不起诉人予以训诫或者责令具结悔过、赔礼道歉、赔偿损失，本质上是依据酌定不起诉制度。醉驾不起诉法律依据是《刑法》第三十七条规定，处理方式基本和不起诉决定同步作出，并无太多合法性限制。总结而言，酌定不起诉制度的事后监管和矫正效果难以保障，且对于轻微犯罪处置工作举措的支持力度明显不足。

二、司法层面的困境

（一）轻微犯罪协同处置有待形成

轻微犯罪处置是系统性工程，需要站在社会治理的全局视野，而不能局限于刑事诉讼程序内部，如何推动轻微犯罪区分标准适用，实现刑事诉讼的内外一体协调，将轻微犯罪区分标准从刑事司法实务向社会治理传导，实现治罪和治理并重，仍然任重而道远。一是行刑双向衔接机制不完备。深化轻微犯罪处置，需要行政执法和刑事司法共同努力，实现有效的“双向衔接”。然而，在司法实务中，轻微犯罪领域行政执法和刑事司法双向衔接机制存在一定不足，不但移送标准的弹性较大导致移送上的罅隙，而且行政执法机关和刑事司法机关在案件移送过程中缺乏有效的双向配合和互动。二是执法司法理念和办案标准未能统一。司法实践中，个别地区执法司法机关和不同部门的办案理念不够统一，办案尺度把握存在不一致，不同机关间的协作还缺少更高层次、更宽领域的指导推动，跨部门常态化、制度化协作机制尚不健全；执法司法和办案标准、程序不统一，掣肘共同开展执法司法协作；缺乏指引和规范执法司法协作的规范性文件，常态化的协调推进机制还未形成；情报互通、资源共享不够，执法司法协作多数还停留在会议交流、材料寄送、个案沟通层面等。

（二）轻微犯罪案件非羁押措施有待优化

1. 非羁押方式适用规范性有待加强。一是羁押替代措施发展不完善影响其适用范围和管控效果。对于取保候审，现有的保证金和保证人范围过窄，特别是贫困的犯罪嫌疑人无法提供足额保证金或者合适的保证人；部分保证人文化程度不高，不能清晰地理解保证期间所负担的义务，从而无法协助监管机关承担一定的监督职责；违反取保候审义务的，除了逮捕、没收保证金、对保证人罚款以外，缺乏其他有效的惩罚措施。二是社会危险性判断的主观化造成审查逮捕的罪名差异和地区差异。《刑事诉讼法》第八十一条采用了“可能”“企图”“现实危险”等表述，使得社会危险性判断具有不确定性。由于缺乏客观标准，实际操作中社会危险性判断往往受到审查者的个人经历和生活认知等因素的影响，导致了逮捕标准在罪名和地域上的差异。在社会危险性评估中，还有一些规范之外的弹性考虑因素，如户籍、家庭、工作、教育等，不同检察官对这些因素的考量不同，进一步加大了社会危险性判断的随机性。

2. 矫正帮教工作有待加强。一是《社区矫正法》的实施反映了国家对社区矫正制度的重视。然而，实际执行中面临多项挑战，尤其是矫正工作专业化有待提升。社区矫正工作人员的专业技能需要提升，尤其是在心理和行为矫正方面的专业知识不足，造成矫正效果有限。社区矫正的经费持续减少，不均等的经费分配也加剧了地区间的差异，限制了司法行政机关在社区矫正方面的工作效能。二是安置帮教主体单一，缺乏社会参与。安置帮教工作的最终目的是让刑释解矫人员重新被社会所接纳，而目前我国大多数地区的安置帮教工作都是以政府为主导，极度缺乏社会力量的参与。而安置帮教工作本身就是一项应当由社会主导的系统工程，需要社会各方面参与才能达到良好的效果。

（三）轻微犯罪处置配套举措有待完善

轻微犯罪案件往往是老百姓身边发生的“小案”，本质上属于人民群众间常见的冲突侵害行为。但是“小案”背后可能存在诸多压抑已久、亟待化解的矛盾纠纷，况且轻微犯罪案件数量大幅增加，也意味着困扰人民群众的矛盾纠纷数量不断攀升，为推进轻微犯罪处置机制，司法机关应当切实加强矛盾纠纷源头化解、前端化解、实质化解，让矛盾纠纷止步于诉前，探求矛盾纠纷有效预防、提前化解的规范路径。司法机关在具体推进落实社会治理的过程中，缺乏精细化的指引、一体化的整合，仍面临着诉调机制等制度如何对接，释法说理、解忧纾困如何以看得见的方式落实，矛盾纠纷化解如何落实等问题。

同时，1997年现行刑法颁布以来，我国犯罪治理仍然延续了以刑为主刑治模式，可以说，以刑为主刑治模式一直是我国犯罪治理的主导模式。此外，刑事政策为主导的犯罪治理模式仍然是刑字当头，是刑事治理而不是民事或者其他法律手段的治理。无论是刑事政策主导的犯罪治理模式还是刑事政策和刑法并重的双轨型模式，都只是刑事治理内部刑事政策和刑法的关系问题，民事法律适用空间较小，作用有限，对犯罪治理仍然采取重刑轻民、以刑为中心的传统路径。即便民法典制定实施以后，社会治理的刑法依赖症依然存在，把社会问题的治理简单等同为刑法治理的做法依然存在。在中国式法治现代化的背景之下，如何对犯罪治理的刑治模式进行转型，成为理论和实务中的难题。①

此外，在轻微犯罪案件办理过程中，司法机关也缺乏全流程智能化的动态监控，轻微犯罪案件数量庞大、规律明显，如何经由工作系统实现类型化、自动化、智能化的分析研判，也有待完善，工作系统有待进一步进行数字化升级。目前，轻微犯罪处置的相关大数据法律监督模型仍在如火如荼地进行着，已经涌现了诸多优秀轻微犯罪处置的数字项目成果，但诸多成果如何进一步进行培养升级，助力社会治理仍需探索。此外，考虑到非监禁刑可能要投入大量人力物力，所以虽然轻微犯罪案件大幅增长，但非监禁刑适用率仍旧不高，通过数字赋能非羁押诉讼模式存在可圈可点之处，但如何保障非羁押诉讼模式的数字化转型能够正常运转、构建非羁押诉讼社会支持体系仍需要进一步探索。

第三节　轻微犯罪处置的完善

如何满足时代发展与实践需求，实现高质效轻微犯罪案件办理，已然成为国家治理的新命题。中国特色轻微犯罪办理机制应当是立体化的构造，具

① 刘艳红：《民刑共治：中国式现代犯罪治理新模式》，载《中国法学》2022年第6期。

有多元化的结构要素，立足于我国轻微犯罪案件办理的现实情况，深入贯彻习近平法治思想，准确把握宽严相济刑事政策，坚持刑事一体化的思路，覆盖立法与司法、实体与程序、刑事与行政、刑罚轻缓化与前科封存等内容。在立法与司法关系方面，既需要积极主义立法主导下的轻微犯罪立法，也需要谦抑主义司法的轻罪化处理；在实体与程序关系方面，实体上倡导实质解释的出罪机制与程序上的不起诉、快速分流程序相互贯通；在行刑衔接方面，既要发挥行政处罚的前端截堵作用而不轻易动用刑罚，又要激活非刑罚处罚的后端治理效能；在刑罚轻缓化和前科封存方面，既要推动针对轻微犯罪的刑罚轻缓化，扩大并优化管制刑、罚金刑的适用，又要对轻微犯罪前科建立封存制度。同时，围绕轻微犯罪案件办理机制同步调整配套设施举措，形成涵盖前端预防到末端治理的全链条治理模式，促进分类、精准、综合办理。

一、树立科学的轻微犯罪处置理念

（一）深入贯彻习近平法治思想

在刑事法治深入发展的历程中，如何把控好权利保护和社会防卫之间的关系至关重要。刑法的修订应当关注并回应所处时代的现实问题，突出立法的中国特色。在新时代的背景下，贯彻落实习近平法治思想，是引领并确保刑事立法把握正确方向、精准抓住难点和重点的必然要求。作为全面依法治国的根本遵循和行动指南，习近平法治思想不仅指引立法活动，而且对司法、执法活动的方向重点和未来发展具有引领作用。关于刑事法治的论述是习近平法治思想的重要部分，要求刑事法治必须从我国具体实际出发，坚持人民性、科学性、法治化。轻微犯罪处置作为横跨立法、司法、执法的系统工程，不仅属于刑事法治的重要内容，也属于社会治理的重要方向。在习近平法治思想引领下，我国刑事立法在扩大犯罪圈、完善罚则体系的同时，通过不起诉等方式，强化宽严相济刑事政策对社会发展的适应性。在刑事立法方面，通过刑法修正案的颁布完善罪名体系，并通过司法解释、专门立法等进一步推动刑事法治的均衡发展，对于推动轻微犯罪刑事立法具有举足轻重的重要意义。在司法方面，推进以审判为中心的刑事诉讼制度改革，加强实体法和程序法的协同发展，维护司法公正和社会公平正义，深化矛盾纠纷彻底性化解，对于建立轻微犯罪处置机制发挥着重要的推动作用。

（二）回应中国式现代化的现实问题

刑法在调整社会关系中具有关键作用，充分发挥刑法对国家、社会、个人的保障功能至关重要。在社会关系的不断变化中，刑法应当承担起历史使命，不断适应社会发展、回应社会需求。有学者指出，安全保障已经成为当代刑法所必须直面的重大议题，中国式现代化所面临的安全稳定需求，不断推动安全刑法、积极刑法的进一步发展，引导刑法进一步建构、完善安全保障体系。刑事立法是建构和维护国家安全、社会安全、人民安全的重要手段，基于我国人口规模巨大的现实，完善轻微犯罪处置的基本原则、工作策略、方法手段，必须立足以人民为中心的价值原点，放在全面回应中国式现代化的大局中来考量。因此，轻微犯罪处置必须顺应以新安全格局保障新发展格局、以高水平安全保障高质量发展的重大任务，积极回应人民群众对于民主、法治、公平、正义、安全、环境的新需求、新期待，不断提高人民群众的获得感、幸福感、安全感，充分回应中国式现代化面临的现实问题。

（三）准确把握宽严相济刑事政策

宽以济猛，猛以济宽，政是以和。宽严相济刑事政策是我国的基本刑事政策，贯穿于刑事立法、刑事司法和刑罚执行的全过程，是司法机关惩罚犯罪，预防犯罪，保护人民，保障人权，正确实施国家法律的指南。宽和严一直以来都是具体的、历史的统一。随着经济不断发展，社会治安形势发生变化，司法办案更要用好用足宽严相济刑事政策，依法该严则严、当宽则宽，最大限度地减少社会对立面，促进社会内生稳定。完整准确全面贯彻宽严相济刑事政策，应当切实做到严中有宽、宽中有严、宽严有度、宽严审时。既要抓实“严”的一手，毫不动摇保持高压态势严惩严重犯罪，严密法度、织密法网，严格犯罪证明标准，做到该严则严，不枉不纵；又要规范“宽”的一面激活起诉裁量权，依法通过层层过滤、分类处理，倡导恢复性司法理念，修复社会关系，减少社会对立面，做到当宽则宽，理性平和。对于具体案件应当区分情形、区别对待，充分考虑危害程度、犯罪情节和社会公众的心理感受，需要从严处置的，依法严处。

二、统筹推进轻微犯罪立法进程

（一）推进刑事立法完善

1. 科学构建犯罪分层体系

目前，我国重罪和轻罪的基本犯罪分层模式仅停留于学理讨论层面，刑事立法并未对犯罪分层做出明确性、权威性的规定。而且，无论从层级划分角度，还是从刑罚幅度基准角度而言，犯罪如何分层在理论界仍争讼纷纷。根据刑法理论，轻罪和重罪的划分体现为两个标准：一是以法定刑为标准；二是以宣告刑为标准。应当从法定刑的角度来界定轻微犯罪，即重罪是法定最低刑为三年以上有期徒刑的犯罪，反之为轻微犯罪。纵观世界诸国，现代法治国家均存在关于治罪治理的专门性诉讼制度。如美国以重罪、轻罪和微罪为最基础的犯罪分层标准，二者在刑事司法中有存在不同的处理模式和价值偏向。而在德国，德国刑事司法更为注重轻微犯罪犯罪人的社会化，限制监禁刑的适用。以追诉权为例，追诉权的从宽行使、免于起诉、检察官中止诉讼等制度机制，均旨在加强对于犯罪嫌疑人的人权保障。应当适当借鉴国外犯罪分层模式和刑事诉讼制度，构建中国特色的重罪、轻罪的犯罪分层体系，并围绕重罪、轻罪的基本划分，在立法层面率先完善轻微犯罪处置的配套制度，为轻微犯罪处置各项工作提供规范基础。

2. 完善轻微犯罪刑罚制度

一是丰富非刑罚措施。完善制裁措施主要由增加丰富非刑罚措施种类和推动量刑精细化两方面组成。晚近以来我国轻微犯罪立法仍在重罪刑罚框架内展开，不论是刑罚种类抑或者执行制度均未彻底性嬗变；轻微犯罪处罚措施阙如正是阻却刑事立法和司法的缺损。对刑法来说，较轻的手段应当永远优先适用，因为它对公民自由的限制轻于一种经常危及生存的刑事惩罚。需要指出的是，犯罪化的目的不在于通过严苛的刑罚惩戒犯罪，而在于严密刑事法网。在轻微犯罪的犯罪圈扩大背景下，理应实现刑罚执行去场所化、去监禁化及非监禁刑的多元化，尤其是对人身自由刑的司法化改造，以达小罪防大害的成效。伴随着轻微犯罪圈扩大和犯罪门槛降低之趋势，作为配套体制的刑罚论也必须作出回应，以使刑责相当。对于轻微犯罪而言，应当以非刑罚处罚为原则，刑罚处罚为例外。虽然非刑罚措施的扩张趋势也并非无迹可寻，晚近非刑罚措施在我国刑事立法日益增多，但就轻微犯罪高发性和域外立法而言，我国非刑罚处罚种类依然稀缺。可以参照域外轻微犯罪专项刑罚之经验，以减少自由刑为旨趣，增添善行保证、公益劳动、素质教育提高、社会服务义务、周末拘禁和日罚金刑等新型制裁种类。

二是减少适用短期自由刑，增加单处罚金的适用。对于轻微犯罪案件，因为其犯罪情节轻微，社会危害性较小，域外各国普遍比较克制短期自由刑的适用，尽量减少对犯罪者的监禁，更多地采用罚金等刑罚手段。在德国，

《德国刑法典》规定了对于轻微犯罪审慎适用短期自由刑的原则，对于可以判处六个月以下自由刑的轻微犯罪，一般应当适用罚金刑等非监禁刑。只有为实现特殊预防和维护社会秩序的需要，必须对实施较重轻微犯罪的及具有较大人身危险的轻微犯罪被告人判处监禁刑时，才能适用六个月以下自由刑。在美国，一般仅对违警罪和轻罪处以罚金，仅犯罪较为严重的才能同时处以监禁刑。目前在我国，尚未广泛适用罚金刑，在现行刑法460多个罪名中，设置了单处罚金刑的罪名仅有58个，占比10%左右。尽管在现行刑罚中，规定了不少的并处罚金的罪名，但是在轻微犯罪案件中，单处罚金的处罚方式相比于短期自由刑更加能够保障轻微犯罪案件当事人的人身权利，同时也能够有效缓解司法压力，更具有一定的可操作性和灵活性。因此对于轻微犯罪案件，应当在犯罪情节轻微、社会危害性不大的情况下，尽量在立法上为轻微犯罪案件配置单处罚金这种处罚方式，增加轻微犯罪案件罚金刑的适用。

3. 规范犯罪附随后果

我国犯罪附随后果的刑事立法，主要体现在刑法第三十七条之一的职业禁止和第一百条的前科报告制度。此外还有其他涉及犯罪人犯罪附随后果的法律法规、规章制度、行业规定等。这些规定对有前科者的就业资格进行严厉的限制，除公职人员外，有前科者还不得从事特定职业，如《中华人民共和国企业破产法》《中华人民共和国拍卖法》《中华人民共和国公证法》《中华人民共和国律师法》等均将“因故意受刑事处罚”作为限制从业的条件。除就业限制外，犯罪附随后果还包括禁止或者限制考试资格、限制落户、限制信誉或者荣誉的获得、排斥社会保障、限制有关风险性作业或者收养等行为、一定时间内不予签发护照等限制。必要限制措施是应当的，如果不加区别地对所有犯罪人施加同样的附随后果会严重违反罪责刑相适应原则。对涉及职业禁止、资格丧失、户籍限制、开除公职、解除合同、降低信誉等方面的附随后果应当严格规范，防止出现轻微犯罪处罚不重但附随后果不轻的情况。比如对“酒驾”类轻微犯罪案件，什么情况下开除公职，什么情况下保留公职，都要有明确的规定，不能一律附随开除公职、解除合同等。

为此，当下最重要的是限定附随后果的产生条件。在我国，大多数情况下只要犯罪产生即引发附随后果，并未限定犯罪附随后果的产生条件。这不仅违反了比例原则的要求，还不利于社会效益的实现，有必要予以调整。总体而言，除犯罪人的主观有责性外，还需要通过以下方面对犯罪附随后果的产生进行限定。

一方面，按照犯罪类型设置犯罪附随后果的产生条件。现行法不加区分地设置犯罪附随后果，实际上是将对犯罪人的刑责评价转化为道德评价，默示或者推定犯罪人的道德皆存在重大缺陷。如《公证法》第二十条、《人民陪审员法》第七条、《司法鉴定人管理办法》第二十一条等的规定，就是典型的基于道德评价的职业禁止。然而，在法定犯盛行的当下，且不论其与自然犯在伦理层面的可谴责性是否相当，此种做法显然超出了通过道德进行善恶评价的合理范围。我们并非否定一切基于犯罪的道德评价，而是认为只有当犯罪类型和犯罪附随后果存在实质性关联时，道德评价才应当成为考虑因素，继而才能通过犯罪附随后果的设立来实现预防之目的。基于此，可将这种实质性联系具化为犯罪行为侵犯的法益和附随后果保护的法益具有同质性或者高度相似性。如危险驾驶犯罪人限制其担任拍卖师没有正当性，但对犯罪人不授予驾驶资格证却是合理的。此外，犯罪附随后果的设置应当根据限定条件而尽量细化，现行法已经有类似的规定，如《食品安全法》第一百三十五条规定了，对因食品安全犯罪被判处有期徒刑以上刑罚的人，禁止从事食品生产经营管理工作以及担任食品生产经营企业食品安全管理人员。

另一方面，按照犯罪性质、情节和悔罪态度等设置犯罪附随后果的产生条件。犯罪性质和情节偏重于考察犯罪人的罪刑轻重、法益侵害性和在共同犯罪中的地位问题，悔罪态度则通过是否认罪认罚、赔偿损失、取得被害人谅解等方面来体现，两者都能够在一定程度上说明犯罪人的社会危险性，而社会危险性的高低也决定了预防必要性，因而在原则上对于罪刑轻微、情节较轻、悔罪态度较好的犯罪人不应设置犯罪附随后果，在特定情形下，可以根据犯罪类型，在审慎考量预防必要性和比例原则的前提下，设置个别的犯罪附随后果。而对于罪刑较重、情节和悔罪态度恶劣的犯罪人，可以设置犯罪附随后果，但是同样应当遵循比例原则，并且仅在保护法益的需要具有紧迫性时，才能涉及犯罪人的家庭成员和亲属。

4. 完善轻微犯罪前科封存制度

目前，有轻微犯罪前科的人员大量存在。原来“一刀切”的前科制度易导致刑罚附随后果过度扩张，不仅使本人“犯罪标签”如影随形，难以回归社会，而且牵连其子女的就业、入伍，影响社会稳定，社会治理代价和成本过高。《刑事诉讼法》规定犯罪的时候不满 18 周岁，被判处五年有期徒刑以下刑罚的，应当对相关犯罪记录予以封存。犯罪记录被封存的，不得向任何单位和个人提供。但司法机关为办案需要或者有关单位根据国家规定进行查询的除外。依法进行查询的单位应当对被封存的犯罪记录的情况予以保密。在当前背景下，配套建立中国特色轻微犯罪前科封存制度势在必行。一方面，可以借鉴未成年犯罪人前科封存制度的立法经验，对轻微犯罪前科进行封存而非消灭，以增强社会公众的可接受度；另一方面，明确前科封存的适用范围，将前科封存对象限定为轻微犯罪，即被判处三年有期徒刑以下刑罚或者一年有期徒刑以下刑罚的犯罪，并明确排除危害国家安全犯罪、恐怖活动犯罪、黑社会性质组织犯罪、毒品犯罪、暴力性犯罪以及累犯、惯犯，同时设置一定的考验期，进行循序渐进式立法。

（二）推进刑事诉讼制度完善

1. 完善刑事协商制度

在犯罪轻缓化背景下，和刑事实体法修改相协调，认真总结认罪认罚从宽制度试点经验，完善速裁程序、简易程序，推动轻重分离、快慢分道，构建起中国特色轻微犯罪诉讼制度体系，让正义更快实现，是我国刑事程序法改革的现实追求。而其中，刑事协商制度的完善是我国轻微犯罪诉讼制度建设的重要一环。刑事协商制度的完善能够提高轻微犯罪审理的效率，促进刑法机能的更快发挥，有利于实现“惩罚性司法”到“恢复性司法”的转变。

（1）完善协商平等性保障

一是设立明确的“自愿性”标准以供操作。部分学者提出了“合致性标准”作为审查标准，即法官从被追诉人认罪认罚时的人身状态、侦查机关的取证行为、被追诉人接受法律帮助等因素综合考察被追诉人认罪认罚的自愿性。该主张确有合理性，但认罪认罚案件往适用简易程序或者速裁程序进行审理，法官倾向于减少单个案件的工作量。因此，可以对该标准进行一定程度的简化，以询问自愿性及被追诉人对认罪认罚制度的理解方式对其主观自愿性进行判断，同时依据被追诉人认罪认罚时的人身状态、律师介入情况等因素从客观上进行考察。除设置更为完善的自愿性标准外，加强法院对认罪认罚自愿性的实质性审查也是保障被追诉人自愿性的重要环节。《最高人民法院、最高人民检察院、公安部、国家安全部、司法部关于适用认罪认罚从宽制度的指导意见》（以下简称《指导意见》）仅要求法官以发问的形式对被追诉人认罪认罚的自愿性和真实性进行审查，实践中这一审查往往仅体现为裁判文书数语，而无具体的审查过程。因此，针对认罪轻微犯罪案件，可设立专门的审查环节对“自愿性”标准的诸要素进行审查，在判决书中以说理的方式体现。同时为提高激励，可以在认罪认罚案件中被追诉人以认罪认罚自愿性提出异议的上诉比率等指标建立一定的联系，以充分发挥其主观能动性。

二是实现轻微犯罪案件协商的平等性，应当加强被追诉人享有的程序性权利。认罪认罚制度蕴含着提高诉讼效率的立法目的和赋予被告人更为充分的程序性权利是不冲突的。借助于诉讼权利的完善，司法机关在刑事协商程序中会更为考虑被追诉人自身的意愿，增强其进行协商的主动性和全面性，从而进一步增加认罪认罚案件的服判率，减少被追诉人否定认罪认罚的概率和上诉率，整体上提高刑事诉讼程序的效率。因此，结合我国实际，可赋予被追诉人更为广泛的请求司法机关调查证据、申请证人出庭的权利，以同意调取和申请为原则，不同意时应当以书面形式说明理由，留待上一级司法机关抽查。还应当给予司法机关更富强制性的听取意见的义务，对犯罪嫌疑人、被告人、辩护人提出的意见应当以书面形式说明理由。此外，为了保障刑事协商制度在信息相对平等基础上运行，赋予被追诉人阅卷权也势在必行。虽然我国的认罪认罚从宽制度适用于侦查、起诉、审判的全过程，但鉴于侦查的现实需要和侦查阶段不会因认罪认罚确定量刑的立法现实，故阅卷的权利可限于审查起诉和审判阶段。该程序的启动可以以文书的形式提出，同时为避免过度耗费司法资源，可根据阅卷这一时间节点之前是否认罪认罚给予不同的从宽幅度。同时应当加强刑事辩护律师的地位，赋予刑事辩护律师以合法手段不受限地调取证据的权利，完善刑事辩护律师和被追诉人的交流机制，避免存在的将交流证据视为串供甚至毁灭证据、伪造证据、妨害作证罪的做法。针对值班律师功能形式化的弊端，应当赋予值班律师对认罪认罚案件更多的介入权。《指导意见》规定，犯罪嫌疑人、被告人认罪认罚且没有辩护人，司法机关才有义务通知值班律师为其提供法律帮助。但此时被追诉人已经作出认罪认罚的意思表示，值班律师往往只能为其提供程序性的咨询建议，作用相当有限。因此应当将值班律师的介入条件前移，在被追诉人存在认罪倾向的时候便可申请值班律师的帮助。同时为了保障值班律师能够在平等的基础上和司法机关进行协商，避免公权力的不当影响，可以通过网络视频的形式申请异地值班律师的法律帮助。

（2）加强刑事责任承担方式的宽宥

针对轻微犯罪案件刑事责任承担方式的宽宥，有学者主张应当扩大轻微犯罪刑罚从宽的幅度，增加量刑减免对被追诉人的激励。还有学者主张，应当扩大裁量不起诉的适用范围，对“犯罪情节轻微”作出新的解释。我们在从宽的视角上支持对被诉人刑罚的宽宥，但同时认为对认罪认罚案件的从宽不应仅限于刑罚本身的减让，而是刑事责任承担方式的实质宽宥。因此，为避免过大的减免幅度突破罪责刑相适应原则和有罪不诉扩大化引发的不利影响，应当结合轻微犯罪立法的目的，探索更为多元化的刑事责任消灭方式。

在传统的“惩罚性司法”的理念中，刑事责任的实现以报应论为基础，主张对犯罪的严厉惩罚和公平报应，认为刑法目的仅借由刑事司法机关来实现。而随着社会的不断发展和社会交往的复杂化，众多由一般违法行为转变而来的新兴轻微犯罪往往系法定犯，刑事犯罪和民事侵权、行政违法之间没有刚性的区别，且不存在对具体的被害人的法益的侵犯，自然也无从谈其刑罚报应。为实现这一目标，可探索刑罚和公益性负担相结合的方式使被追诉人承担刑事责任，恢复犯罪行为对社会法益造成的损害。如借鉴德国“木材防护剂”案判例之精神，建立公益豁免制度。公益宽宥制度适用对象可以限于法定刑可能被判处三年以下有期徒刑、拘役，并且认罪认罚的被追诉人；程序的启动可以由人民检察院提出公益方式作为监禁刑替代的量刑建议，适用方式可以由人民法院根据被追诉人的犯罪情节和认罪认罚表现，在判决宣告的时候要求被追诉人完成一定的公益行为以替代监禁刑，如在法定期间内未能完成判决所要求的公益行为，则收监执行原监禁刑。监督适用实效可以由现有的社区矫正机构进行监督，公益行为的对象通常应当和轻微犯罪行为人所实施的犯罪行为具有一定的相关性，如对危险罪驾驶罪的犯罪人，可通过在一定的期限内定期辅助交通管理的行为弥补自身的行为对社会法益造成的损害。同时，也可以结合数字时代对人员流通管理的一些有益经验，使用电子定位装置、场所码等方式监督轻微犯罪案件被追诉人公益行为实施的实效。借助刑事协商制度的有效运行，国家、被追诉人和被害人（或者社会法益）相互之间可以建立起一种沟通机制，从而肯定了公民作为独立个体的价值，使其可以自由行使权利，以自己的实际行为弥补犯罪所造成的损害。

必须明确，宽宥应当包括对犯罪附随后果的减免。在刑法暂无轻重罪分离的二元前科制度的前提下，通过认罪认罚从宽制度实现前科消灭是轻微犯罪处置中刑事责任承担实质公正的重要一环。对此可以借鉴我国缓刑制度的立法经验，将认罪认罚制度中前科消灭的被追诉人范围界定为轻微犯罪案件的犯罪人；消灭的方式为对于判处定罪免刑的犯罪分子，由人民法院在判决宣告的时候规定一定的考验期，若在考验期内没有犯新罪则封存犯罪记录；对于判处管制、拘役或者三年以下有期徒刑或者单处附加刑的犯罪分子，则在刑罚执行完毕后，开始起算考验期。通过综合考察轻微犯罪犯罪人犯罪后认罪认罚的表现和刑罚执行完毕（被判处定罪免刑的犯罪分子除外）之后的表现，宽宥部分轻微犯罪犯罪人的前科惩罚，帮助其更好地重返社会，从而实现更加完善的轻微犯罪处置机制。

（3）坚持庭审中心主义

效率追求是认罪认罚从宽制度改革过程中的重要追求。为提高认罪认罚的轻微犯罪案件程序效率，有学者主张应当改变刑事案件统一的证明标准，而是根据案件认罪与否、轻重程度采取分层化的证明标准。也有学者提出应当取消认罪认罚案件中被追诉人无条件上诉的权利以更有效地利用司法自愿。效率价值虽然是认罪认罚从宽制度构建的最具现实意义的价值，但并非首要价值。轻微犯罪案件的审理，也要立足于客观真实和实体公正的立场。要做到这一点，离不开对庭审中心主义的追求。以往对庭审中心主义的强调主要是基于我国长期以来“以侦查为中心”的刑事司法实践，致力于强调中立独立审理，查明真相，并由追诉人和被追诉人在相对平等的地位上进行对抗，从而实现打击犯罪、保障被追诉人权利的目的。而认罪认罚制度广泛适用的当下，庭审中心主义亦有了新的要求。

认罪认罚从宽制度并不免除法官查明案件事实真相的义务，通过审前程序的审查实现对刑事案件的分流和简化审理是认罪认罚从宽制度的重要追求，但这一追求切不可违背庭审中心主义的理念。和现行认罪认罚从宽制度相配套的简易程序和速裁程序虽然简化或者省略了调查、辩论等程序，而将庭审的着重点置于对认罪认罚自愿性和真实性的审查，但法院仍应当基于实体真实的要求，对案件证据作出全面审查。因此，认罪认罚案件应当采取和普通案件相同的证明标准。刑事诉讼效率的提升可以借助认罪认罚案件中被追诉人自愿供述带来的证据收集的便利和对诉讼程序的配合来实现。对上诉进行先行审查固然能减少法院案件负担，形式上更有效地利用司法资源。但我国目前二审法院作出维持一审判决的比例本就处于高位，故若剥夺被追诉人无条件上诉的权利，将会减少上一级法院对下级法院的监督力度，损害被追诉人权益。刑事诉讼程序效率的提高应当是实现公平正义的手段，而不是目的本身。

刑事和解一方面可以弥补被害人的损失，另一方面也可以提高诉讼效率。因此，在我国轻微犯罪案件日渐增加的情况下，也应当积极扩大刑事和解的范围，努力引导双方当事人在各个环节进行和解。如果能够通过当事人的刑事和解，高效、妥善地处理大量的轻微犯罪案件，必然能够极大地缓解司法工作人员的办案压力，也能达到当事各方满意的效果。同时，也需要进一步明确双方当事人刑事和解适用条件，如要求行为人必须是初犯、必须具有认罪认罚情节、必须在期限内赔偿到位等，这样才可以保证在快速处理这些轻微犯罪案件的同时，避免刑事和解手段被滥用，架空其预防、打击犯罪的功能。

2. 完善起诉裁量制度

《刑事诉讼法》第一百七十七条第二款就检察机关酌定不起诉划定了两个基本条件：一是犯罪情节轻微；二是依据刑法规定无须判处刑罚或者免除刑罚。同时为了防止绝对不合理的裁量决定出现，最高人民检察院还出台了《人民检察院办理不起诉案件质量标准（试行）》（以下简称《质量标准》），以确保裁量决定符合最基本的质量要求。可见，我国立法对于起诉裁量权的规制构建了三个层面。第一个层面是《刑事诉讼法》第一百七十七条第二款的规定，这一条款划定了起诉裁量权适用的基本范围；第二个层面是《质量标准》，此规定划定了起诉裁量决定的基本质量要求；而第三个层面便是在前二者所划定的框架之内检察机关可自由裁量的范围。

（1）质量标准补充

鉴于更好适用起诉裁量权、社会发展以及轻微犯罪处置的需要，有必要作出以下两点质量标准补充。一是涉及特定公共利益不得作出酌定不起诉决定。一般而言，涉及特定公共利益如环境破坏、公共资源流失、食品药物安全等，因为此类案件所影响的主体广泛，且和国家社会成员的直接利益关联密切，故对此类案件的处理应当被放在审判阶段经过一系列严格的举证质证认证程序方可作出，否则很难说如此涉及人民利益、事关重大的案件得到了最为严谨、认真的处理，如此司法在人民心中自然难有权威性可言。二是对于存在其他手段即可达到惩戒效果的案件，不得作出起诉处理。这一点的直接依据是刑罚谦抑原则，同时也是轻微犯罪处置的直接要求。刑罚谦抑原则和轻微犯罪处置理念要求对于其他手段就能够达致惩戒效果的犯罪行为人，就不应当对其动用刑罚，刑罚的适用应当处于保守状态，而起诉裁量权的设计目的也在于更好地修复社会关系，减少社会对抗，最终达致实质正义。因此，当存在刑罚的替代性措施时就应当采用其他的惩戒手段，而不能作出起诉处理，否则既不符合刑法谦抑性原则和轻微犯罪处置理念，亦违背了起诉裁量权制度的设计初衷。需要明确的是，遵行以上质量标准所作出之处分，并不就代表其达到了合乎目的性的要求，而只能认为其达到了基本的法定条件。而据以判断一项起诉处分是否合乎目的性的重要方式，便是检察官的说理。

（2）检察官的特别说理

检察官作出的起诉裁量不仅要求符合上述裁量之准则，而且应当就其酌定不起诉的决定作出说理和论证，并要求具有充分的说服力。通过检察官的特别说理可以判断其处理决定是否符合法律规定、目的性要求及社会和谐及法和平性的修复，同时也得以进一步明晰实践中检察官会基于何种原因而行使起诉裁量权，从而将标准逐渐清晰化，并形成事实层面之规范。我们要求检察官通过提供特别论证的方式将裁量理由予以充分说明，目的在于使检察官作出裁量决定时进行充分考虑，并逐步形成事实层面上裁量权的标准规范。可以说，这是一种较为行之有效的方法。一来在法律规范层面上并未对检察机关的起诉裁量权设置过多限制，二来也能使检察机关在行使起诉裁量权的标准上逐渐形成共识，利用检察官的特别说理以使裁量权的行使去除神秘化，既充分发挥了便宜主义所期望的检察官的主观能动性，又缓和了量刑均衡、罪刑法定原则等被冲击的矛盾。同时，在经过长期的有效积累并形成事实层面的实质性规范后，也并未限制起诉裁量权的作用。

另外，随着数字时代的到来，检察文书说理中存在的既未达致具有说服力的标准、也未发挥统一裁量权适用标准效果的问题都能通过技术层面上的改进得到解决。人工智能、大数据等现代技术手段已经在司法领域形成了巨大冲击，使司法运作方式产生了深刻变革。如2019年上海市第二中级人民法院首次使用了智能办案系统。该系统主要是充分运用多项人工智能技术，通过制定统一适用的证据标准指引、证据规则指引，并依托互联网、大数据、云计算等现代科技，嵌入公检法等机关刑事办案系统中，为办案人员收集固定证据提供指引，减少司法任意性。同样，在检察机关行使起诉裁量权时也可以参考使用此类辅助系统，利用人工智能辅助技术来协助裁量权的适用，并减轻检察机关之工作量。我们可以在现有所公开检察文书的基础上，将文书内容进行整合，以形成案件大数据，利用案件大数据对检察机关的起诉裁量权适用加以辅助。而这个智能辅助系统至少应当包含两个功能。一是在这个系统内部，检察官作出起诉裁量时可以看到既往类似案件各检察机关的普遍做法以及支撑理由，从而为其提供参考指引，起到限制检察机关任意裁量、统一裁量适用标准的作用；二是检察官若认为系统中所显示的既往做法并不适合于其所处理之案件，也可以在系统中输入相应具有足够说服力的论证，以使个案更符合正义要求。而此种特别论证也将被系统记录，被进一步纳入裁量权适用标准中，以此形成良性循环。

（3）制约程序

通过上述裁量质量标准的确立补充和检察官提供充分说理的方式，起诉裁量权适用的标准混乱问题可能已经得到了一定程度的解决。但这两种途径均是在检察机关内部发生作用，因此仍有必要在制约程序上作出应对，以更好规范裁量权之行使。但如前文所述，就规范裁量权适用标准的问题而言，能更好发挥制约作用的途径，便是第四种公开审查，因此应当对公开审查程序进行一定改造，以便充分利用公开审查程序。一是公开审查的启动是在审查起诉的过程中，不起诉决定尚未作出前。应当在审查起诉之后仍可启动公开审查程序，如此才有可能产生制约效用。二是公开审查的案件范围比较狭窄，依据《人民检察院起诉案件公开审查规则（试行）》的规定，只有存在较大争议且在当地有较大的社会影响的不起诉案件才适用公开审查。对于被作出酌定不处分的案件来说，被害人及被不起诉人若对裁量处分有异议，其会首先向人民检察院申诉，然后才会选择进行公开审查，此时再对公开审查案件的范围作出过多限制并不利于裁量标准的规范。因此就被作出酌定不起诉的案件而言，应当考虑所有案件都可以被纳入公开审查范围之内。再者公开审查的召开必须经得检察长的同意。但酌定不起诉决定也正是经过检察长之批准才作出，此时再由检察长批准才可启动公开审查恐怕不大妥当。因此，可以考虑将公开审查程序的启动交由第三方如人民监督员等参与共同决定。

三、提升协同处置成效

（一）完善行刑衔接机制

行政执法和刑事司法衔接，是检察机关加强和行政执法机关衔接配合，共同促进严格执法、公正司法，共同推进法治中国建设的重要内容。随着立法不断完善，行政机关和刑事司法机关的互动协调不断被加强，行刑衔接的有关立法使得从前以罚代刑、有案不立的负面现象被规制，这有利于保证违法行为和法律责任之间的平衡性、明确性，也有利于规制部分立法缺位可能导致的徇私枉法行为。行刑衔接既包括行政执法机关向司法机关移送涉嫌犯罪案件的正向衔接，也包括司法机关向行政执法机关移送行政处罚案件的反向衔接。《中共中央关于加强新时代检察机关法律监督工作的意见》规定健全检察机关对决定不起诉的犯罪嫌疑人依法移送有关主管机关给予行政处罚、政务处分或者其他处分的制度，对反向衔接提出明确要求。2021 年 9 月，最高人民检察院印发《关于推进行政执法与刑事司法衔接工作的规定》，确定了检察机关开展行刑衔接工作的基本原则，将行刑衔接工作从互涉对象、内容、机制等方面进行了扩充，倡导实现无缝对接、双向衔接。2023 年 7 月，最高人民检察院发布《关于推进行刑双向衔接和行政违法行为监督构建检察监督与行政执法衔接制度的意见》，这是继 2021 年《行政处罚法》修订以来，对行政执法和刑事司法联动推进、协同处置、综合履职现实需求的回应和优化，也为该项工作提供了强有力的上层支撑，有利于提升法治效能，健全追责体系。

1. 健全行刑协同机制，促进监督规范性。健全行刑协同机制，对行刑部门之间案件线索移送、受理、审查、反馈等标准和程序进行详细规定，健全信息共享、案情通报、案件移送制度，实现行刑衔接闭环管理，成立行刑衔接检察办公室，形成行政检察和刑事检察一体联动履职的工作格局。办公室充分利用行政检察协调小组各项工作制度以及“两法衔接”信息共享平台，对各类信息及时审查梳理，按职能分类研判，细致化做好案件移交、常态化开展检察监督，推动行政执法和刑事司法“双向衔接”。

2. 打通“双向衔接”堵点，确保衔接顺畅性。一是疏通正向衔接堵点。针对可能涉嫌犯罪的案件证据材料是否移送齐备、某些专门性问题是否需要鉴定、证据移送是否标准、法律如何适用等争议问题，充分利用“侦查监督与协作配合办公室”平台，第一时间派员采取座谈、阅卷、会商等方式，及时提出意见建议，促成双方达成共识，优化行刑衔接工作流程，简化办案程序，提升办案质效。二是构建反向衔接运行模式。对作出不起诉决定的刑事案件，认为依法需要进行行政处罚的，检察机关充分发挥检察一体化优势，经刑事检察部门和行政检察部门充分沟通协商后，依法向行政机关发出检察意见，建议对有关责任人员或者单位予以调查处理，精准监督“不刑不罚”。

3. 完善行刑“无缝衔接”，实现监督长效性。持续完善行刑“双向衔接”工作机制，以更统一、更细致、更高效的监督标准和协作制度提升监督实效，主动和行政机关沟通交流，对于是否提出行政处罚的检察意见，充分听取各方意见，避免监督越位的情况。用好综合履职手段，进一步增强行政检察和刑事检察协作配合，充分发挥检察机关内部平台信息共享、资源整合的优势，规范线索移交、情况通报、跟踪问效等双向衔接机制，推进行刑双向衔接工作纵深发展。

（二）统一执法司法理念与标准

中共中央印发《关于加强新时代检察机关法律监督工作的意见》，要求建立检察官和法官、人民警察、律师等同堂培训制度，统一执法司法理念和办案标准尺度。聚焦“高质效办好每一个案件”，对公安、检察在办理刑事案件过程中存在的多发性问题、争议焦点进行梳理分析，如对于轻微犯罪案件证据收集、执法规范等方面的突出问题提出针对性对策，重点阐明轻微犯罪案件需要重点关注的程序、实体问题，由执法司法机关联合出台相关类案办理指引，依法、客观、准确、科学处理轻微犯罪案件。增强检察机关、公安机关的交流沟通，统一办案标准，促进侦诉司法理念同步更新，推动侦诉机关在程序意识、证据意识等多方面凝聚共识、减少分歧、同向发力。比如，可以结合已开展的“检护民生”专项行动，坚持双赢多赢共赢理念，进一步畅通检警协作渠道，统一执法司法理念和办案标准，用心用情办好人民群众身边的“小案”，坚决维护人民群众生命财产安全和道路交通安全，持续增强群众的获得感、幸福感、安全感，更加有力服务和保障经济社会高质量发展。

（三）完善轻微犯罪案件羁押制度

1. 构建社会危险性量化评估标准。从目前的司法实践看，是否对犯罪嫌疑人采取羁押强制措施的风险评估主要依赖办案人员的工作经验，缺乏具体操作标准。为进一步规范适用非羁押措施，应当建立科学、统一、量化的社会危险性评估机制，通过量化人身危险性、社会危险性等指标，提高风险评估的科学性。如可以由检察机关和公安机关共建提请逮捕协商工作机制，出台《关于办理轻微刑事案件有关问题的意见》，明确非羁押诉讼案件的适用标准、案件范围和提捕条件，统一司法尺度。设立检警协作办公室，公安机关刑事立案后及时通报检察机关同步介入，听取检察机关意见，对醉驾等轻微刑事案件，公安机关原则上不提请逮捕，采取非羁押方式直接起诉。

2. 数字赋能非羁押诉讼模式。一是大力推进非羁押诉讼模式。完善羁押必要性审查社会危险性量化评估机制，丰富完善取保候审保证方式，规范监视居住措施适用，大力推广信息化、科技化监管手段，加强动态跟踪监督管理，构建非羁押诉讼社会支持体系。二是深入推进数字检察战略。以科技手段提升治理成效，研发非羁押协同监管智能平台，逐步建立“电子手环＋非羁押码＋传统手段”相结合的分层次监管系统，明确对拟采取非羁押强制措施的犯罪嫌疑人，以适用“非羁押码”监管为原则，以电子手环监管为补充，以传统保证人或者保证金担保为例外的分类司法监管处遇模式，确保非羁押强制措施监管工作有序运行，保证后续刑事诉讼活动正常开展。

（四）加强社区矫正与特殊群体帮教

1. 以制度建设为立足点，完善社区矫正和安置帮教工作运行机制。一是建立联席会议制度，司法所、综治办、派出所等部门及社区定期召开联席会议，研究解决社区矫正和安置帮教工作出现的困难和问题，确保问题不积压，困难早解决。二是建立了社区矫正和安置帮教信息共享制度，由司法所牵头，派出所、社区全力配合，逐一核对社区矫正人员和刑释人员的档案信息、工作、生活、思想等多方面情况，实现了社区矫正和安置帮教工作全覆盖与工作无缝对接。三是建立定期分析研判制度，每月召开社区矫正、安置帮教风险分析研判会，认真排查社区矫正、安置帮教工作中的风险点，对排查出的风险点制定具体措施及时化解。

2. 以规范执法为切入点，提升社区矫正、安置帮教工作质量水平。一是明确社区矫正、安置帮教管理档案责任，定岗定责，每月对社区矫正、安置帮教档案实施责任人自查、工作人员互查、所长抽查三级审查制度，及时发现社区矫正、安置帮教监督管理中存在的问题和不足，并及时整改落实，以加强档案管理为抓手不断提升社区矫正、安置帮教执法规范化水平。二是对社区矫正对象管理严格按照相关规定落实分类管理、信息化核查、重要事项报告、外出请假、集中教育学习等管理措施，以最严的管理措施确保社区矫正工作质量。三是创新开设“司法小讲堂”，通过每月“工作人员上讲台”讲理论、讲法规、讲政策、讲业务，引导全体工作人员做通公共课、做实必修课、做精专业课，起到了“抓学习促提升”，着力营造比学赶超、竞相发展浓厚氛围的良好效果，以强化学习为抓手提高工作人员规范执法能力。

3. 以强化宣传为支撑点，营造社区矫正和安置帮教工作良好氛围。一是常态化组织全体社区矫正对象集中教育学习刑法、社区矫正法等相关内容，同时以社区矫正对象身边发生的典型案例，警示社区矫正对象在工作和生活中，严格用法律约束自己。二是有效落实刑释解矫人员无缝衔接机制，落实帮教措施，进行初次谈话，了解他们的心理状况、工作打算、家庭及生活上存在的困难等，同时向他们宣传有关法律法规和刑释解矫人员安置帮教有关政策，并鼓励他们树立生活信心，尽快适应当前的生活环境，开启新的生活。三是依托公众号、社区法律顾问法治讲座、干部学法会议等广泛宣传社区矫正、安置帮教工作的意义，进一步消除就业歧视，保障刑释人员依法获得平等就业和自主择业的权利。

4. 以回归社会为落脚点，提高社区矫正和安置帮教工作社会效果。一是注重整合力量对社区矫正对象和安置帮教人员实施人文关怀，坚持做到“三不三多”，即不嫌弃、不歧视、不纠缠旧账，思想上多交流、生活上多关心，就业、就学、社会保障等方面多帮扶，做到思想教育从严，生活关心到位，促使其静心改造，尽早融入社会，最大限度地降低重新违法犯罪风险，促进社会和谐稳定。二是邀请专家为社区矫正对象开展心理健康疏导。结合社区矫正对象的心理特点，围绕认识情绪、察觉情绪、控制情绪三个方面，用通俗易懂的语言、典型深刻的案例进行讲解，引导社区矫正对象做好情绪识别和自我调解，帮助社区矫正对象树立正确的人生观和价值观，重新融入社会。三是坚持实地走访。走访中，工作人员和矫正对象、安置帮教对象进行细致深刻的谈话，了解他们近期的思想状况和身体情况，提醒他们加强法律法规学习，做到办事依法、遇事找法、解决问题用法、化解矛盾靠法。同时，对矫正对象和安置帮教对象家属进行相关法律法规的宣传教育，共同督促矫正对象和安置帮教对象，使他们顺利回归社会。

四、完善轻微犯罪处置配套机制

（一）加强矛盾纠纷化解

轻微犯罪案件虽多是小案，但不代表办案风险也小，因此应当常态化开展办案影响、风险研判工作，建立健全案件矛盾风险发现、评估、处置机制，持续探索采取多元化防范化解矛盾纠纷措施，促进矛盾纠纷源头预防、前端化解。加大刑事和解力度，健全“警调对接”“检调对接”“诉调对接”“仲调对接”“访调对接”相关工作机制，对各类非诉纠纷实现“一站受理、精准分流、纠纷调处、跟踪回访”的工作闭环和责任闭环，主动融入社会治理大格局，确保各类非诉纠纷化解在基层，解决在萌芽。坚持应救助尽救助，持续加大司法救助力度，建立司法救助和社会救助衔接联动机制。加大非刑罚处罚措施适用，深入贯彻刑事诉讼法律规范。根据案件的不同情况，对被不起诉人予以训诫或者责令具结悔过、赔礼道歉、赔偿损失，促进社会关系及时修复。

（二）善用民事方式参与犯罪治理

目前，受我国传统犯罪治理模式的影响，国家对犯罪的治理仍然停留在对犯罪的制裁和控制，体现的是犯罪之制而不是犯罪之治。基于法秩序统一原理，需通过民刑共治的犯罪治理范式，将刑治模式的犯罪之制转化为治理现代化的犯罪之治。刑民共治，是指在立法和司法的共同作用下，充分发挥发挥民法治理社会的作用，将犯罪尽量拦截在民事的领域内。为了实现犯罪治理的民刑共治，无论是在立法还是司法上都要做到先民后刑，民进刑退；对于必须追究刑事责任的行为，则做好民刑衔接，以图共治。在立法层面，民事违法行为的犯罪化立法尤其是轻微犯罪立法应当慎重，能由民法调整的就尽量由民法调整，而不要仓促犯罪化。在司法层面，能够以民事违法处理的尽量不以刑事犯罪处理，在民刑处理上做好衔接。① 总之，国家治理的目的是在各种不同制度关系中运用权力规范社会中的各种活动，治理不是单纯的控制，而包含有共建共治共享之意；治理不是盲目的制裁，还包含引导和协商的含义在内。对犯罪的治理必须善用民事的方式，民事则意味着契约精神和意思自治的贯彻，它有利于发挥各个主体在国家治理中的作用，更好地实现治理犯罪的效果。

（三）强化数字技术运用

以数字赋能新时代司法机关全流程运作体系构建，推动数字化转型，是以司法工作助推国家治理现代化的重要引擎。以检察机关为例，司法实践中，部分地区检察机关在运用现代科技提高检察工作质效方面进行了许多创造性的探索，如公开听证语音识别、法律文书自动生成、量刑建议智能纠错等。以法律文书自动生成为例，人工智能通过储存和分析大量的案件信息和与素式文书架构，通过人工算法、智能识别等智能技术，辅助进行法律文书要素式拟写，现阶段在诸多地区司法机关工作中有所体现。未来，人工智能的发展将在法律文书运作体系中发挥更大效用，如依托大数据和人工智能技术的发展，深度契合法律文书格式统一、内容精确、高效管理等质效需求；又如依托人工智能深度学习技术实现文书自动生成和个案定性的预判，加强

① 刘艳红：《民刑共治：中国式现代犯罪治理新模式》，载《中国法学》2022年第6期。

对已有司法裁判的研究和法律文书的辅助制作，有效提升司法实务人员相关司法研究和法律文书撰写工作效率。

1. 数字赋能检察工作系统智能化转型。以上海市检察院为例，该院正联合技术部门，深入研究案卡数据传递规律，运用数字管理思维对案管数据进行优化重组，构建检察系统全流程全息在线监控系统，综合案件流程监管、数据填录、文书识别抓取、案件质量评查等功能，系统运用数据库编程技术、构建数据模型，将“数据字典”概念引入管理流程，能够对轻微犯罪案件数据指标精准动态监控，实现数据失真预警，解决案件管理中的深层次问题，在案卡信息填录、核对过程中，节约大量人工成本，有效提升工作效率；实现轻微犯罪案件数据规范化的动态监控，为轻微犯罪案件的检察处置提供技术支持。

2. 深入研发轻微犯罪大数据法律监督模型。形成“数据碰撞—线索形成—监督治理—成效反馈”的轻微犯罪处置模式，选取多发、典型轻微犯罪案件，根据不同类型案件特点，通过机器学习从法律文书、办案系统中智能提取犯罪主体、犯罪地点、犯罪行为等案件信息中的关键要素，进行聚合计算，并借助区域电子地图对数据进行可视化呈现，既可以探测犯罪热点区域，结合不同地理因素、时间因素、行业因素发现了诸多类型化轻微犯罪案件暴露的社会治理问题，通过设定业务规则，实现智能化、信息数据分析、线索推送、成效评估，形成线索自动推送和社会治安状况量化评估，并通过制发检察建议、和有关职能部门建立协作机制、多样化开展法治宣传等方式，推动城市治理。

参考文献

一、专著类

1. 刘宪权:《刑法学名师讲演录》，上海人民出版社 2021 年版。

2. 高铭暄、马克昌:《刑法学》，北京大学出版社 2019 年版。

3. 张明楷:《刑法学》，法律出版社 2021 年版。

4. 陈兴良:《刑法的价值构造》，中国人民大学出版社 2017 年版。

5. 卓泽渊:《法的价值论》，法律出版社 2018 年版。

6. [德] 埃里克·希尔根多夫:《德国刑法学：从传统到现代》，江溯等译，北京大学出版社 2015 年版。

7. [英] 密尔:《论自由》，顾肃译，中译出版社 2016 年版。

8. [美] 柏克:《法国大革命反思》，何兆武译，江西人民出版社 2015 年版。

9. [英] 查尔斯·霍顿·库利:《人类本性与社会秩序》，包凡一译，华夏出版社 2020 年版。

10. [美] 博登海默:《法理学：法律哲学与法律方法》，邓正来译，中国政法大学出版社 2022 年版。

11. [美] 罗斯科·庞德著:《普通法的精神》，唐前宏等译，法律出版社 2018 年版。

12. [德] 克劳斯·罗克辛:《德国刑法学总论》，王世洲译，法律出版社 2022 年版。

13. [美] 杜威:《确定性的寻求：关于知行关系的研究》，傅统先译，华东师范大学出版社 2019 年版。

14. [英] 霍布豪斯:《自由主义》，朱曾汶译，商务印务馆 2022 年版。

15. [德] 李斯特:《德国刑法教科书》，徐久生译，北京大学出版社 2021 年版。

16. [美] 道格拉斯·胡萨克:《刑法哲学》，谢望原译，中国法制出版社

2015 年版。

17. [日]松原芳博:《刑法总论重要问题》，王昭武译，中国政法大学出版社 2015 年版。

二、期刊类

1. 刘宪权:《ChatGPT 等生成式人工智能的刑事责任问题研究》，载《现代法学》2023 年第 3 期。

2. 高铭暄、孙道萃:《总体国家安全观下的中国刑法之路》，载《东南大学学报》2021 年第 2 期。

3. 陈璇:《责任原则、预防政策与违法性认识》，载《清华法学》2018 年第 5 期。

4. 王俊:《积极刑法观的反思与批判》，载《法学》2022 年第 2 期。

5. 付立庆:《论积极主义刑法观》，载《政法论坛》2019 年第 1 期。

6. 孙国祥:《反思刑法谦抑主义》，载《法商研究》2022 年第 1 期。

7. 周光权:《法定刑配置的优化：理念与进路》，载《国家检察官学院学报》2022 年第 4 期。

8. 付玉明:《立法控制与司法平衡：积极刑法观下的刑法修正》，载《当代法学》2021 年第 5 期。

9. 田宏杰:《人格权刑法保护：挑战与应对》，载《中国人民公安大学学报》2023 年第 1 期。

10. 陈烨:《法定犯违法性认识必要说：我国现行刑事立法框架下如何坚守》，载《政治与法律》2017 年第 7 期。

11. 王钢:《论刑法对意志自由的保护》，载《政法论丛》2020 年第 6 期。

12. 欧阳本祺、秦长森:《积极刑法观的实践修正与功能完善》，载《东南大学学报》2023 年第 2 期。

13. 刘艳红:《民刑共治：中国式现代犯罪治理新模式》，载《中国法学》2022 年第 6 期。

14. 刘瑞瑞:《积极刑法立法观下法益论局限分析》，载《社会科学战线》2021 年第 9 期。

15. 高颖文:《论现代刑法中的抽象法益》，载《荆楚法学》2023 年第 2 期。

16. 刘浩:《我国抽象危险犯立法的整体考察及法益分析》，载《比较法研究》2024 年第 3 期。

17. 姜敏:《积极刑法观之面相、根据和实践限度的教义学分析》，载《法学评论》2022 年第 6 期。

18. 何荣功:《预防刑法的扩张及其限度》，载《法学研究》2017 年第 4 期。

19. 陈金钊:《法律如何调整变化的社会》，载《清华法学》2018 年第 6 期。

20. 徐剑锋:《互联网时代刑法参与观的基本思考》，载《法律科学》2017 年第 3 期。

21. 马荣春:《犯罪概念的新展开：从定义到本质再到本质特征》，载《关东学刊》2024 年第 1 期。

22. 叶建勋:《在商法和刑法之间》，载《商事法论集》2019 年第 8 期。

23. 劳东燕:《从权利保障到风险控制》，载《检察日报》2020 年 5 月 5 日，第 3 版。

24. 周亦峰、张晶:《刑法预防机能的现代展开》，载《江西社会科学》2021 年第 7 期。

25. 韩友谊:《积极的一般预防》，载《河北法学》2015 年第 2 期。

26. 张明楷:《预备行为与实行行为一体化立法例下的实质解释》，载《东方法学》2023 年第 4 期。

27. 陈兴良:《共犯行为的正犯化：以帮助信息网络犯罪活动罪为视角》，载《比较法研究》2022 年第 2 期。

28. 李婕:《限缩抑或分化：准抽象危险犯的构造与范围》，载《法学评论》2017 年第 3 期。

29. 郝艳兵:《抽象危险犯立法的正当化判断标准》，载《北方法学》2024 年第 3 期。

30. 袁彬:《刑法制裁措施多元化的功能审视与结构完善》，载《法学评论》2018 年第 4 期。

31. 李岚林:《刑法典新增预防性措施之立法定位与规范建构》，载《刑法论丛》2019 年第 1 期。

32. 黎宏:《终身监禁的法律性质及适用》，载《法商研究》2016 年第 3 期。

33. 姜涛:《中国刑法走向何处去：对积极刑法立法观的反思》，载《国家检察官学院学报》2021 年第 5 期。

34. 冀洋:《逻辑与经验：刑法积极一般预防理论质疑》，载《现代法学》2016 年第 2 期。

35. 张永强:《预防性犯罪化立法的正当性及其边界》，载《当代法学》

2020 年第 4 期。

36. 储陈城:《刑法修正的趋势与约束机制的演变》，载《青少年犯罪问题》2021 年第 2 期。

37. 杜小丽:《社会治理视角下拒不履行信息网络安全管理义务罪再审视》，载《中国法律评论》2024 年第 3 期。

38. 梁根林:《刑法修正：维度、策略、评价与反思》，载《法学研究》2017 年第 1 期。

39. 徐伟:《积极一般预防正当性的反思与重塑》，载《西南政法大学学报》2017 年第 4 期。

40. 冯卫国、方涛:《预防性刑法观视域下冒名顶替罪的法教义学阐释》，载《政法学刊》2022 年第 4 期。

41. 张翔:《刑法体系的合宪性调控》，载《法学研究》2016 年第 4 期。

42. 吴亚可:《系统论视阈下刑法立法观的当代中国选择及其展开》，载《政治与法律》2023 年第 10 期。

43. 卢建平、张力:《如何实现刑罚在质上的谦抑》，载《检察日报》2021 年 9 月 1 日，第 3 版。

44. 陈伟、李晓:《积极主义刑事立法的理性限制：比例原则的植入》，载《河北法学》2020 年第 12 期。

45. 彭文华:《刑法第 13 条但书规定的含义、功能及其适用》，载《法治研究》2018 年第 2 期。

46. 蔡道通:《论刑法中的减轻处罚与司法适用限度》，载《湖北社会科学》2023 年第 9 期。

47. 刘双阳:《论实质预备犯的处罚根据及其限度》，载《政治与法律》2024 年第 4 期。

48. 阎二鹏:《预备行为实行化的法教义学审视与重构》，载《法商研究》2016 年第 5 期。

49. 张勇:《轻罪的界定标准与分类治理》，载《社会科学辑刊》2024 年第 2 期。

50. 卞建林、张可:《构建中国式认罪协商制度：认罪认罚从宽制度的反思与重构》，载《政法论坛》2024 年第 4 期。

51. 于冲、朱亮宇:《“真正”轻罪立法的犯罪化与司法的出罪化》，载《广西大学学报》2024 年第 3 期。

52. [德] 米夏埃尔·库比策尔:《德国刑法典修正视野下的刑事政策与刑法科学关系研究》，谭淦译，载《中国应用法学》2019 年第 6 期。

53. [德] 弗兰克·萨利格:《积极主义刑法与象征性刑法》，郑童译，载《国外社会科学》2022 年第 3 期。